Pareceres Jurídicos

Pareceres Jurídicos

DIREITO PENAL E PROCESSUAL PENAL
DIREITO REGULATÓRIO
DIREITO TRIBUTÁRIO
RESPONSABILIDADE CIVIL

2017 · Volume 1

Joaquim Barbosa

PARECERES JURÍDICOS
DIREITO PENAL – DIREITO REGULATÓRIO – DIREITO TRIBUTÁRIO – RESPONSABILIDADE CIVIL
© Almedina, 2017
AUTOR: Joaquim Barbosa
DIAGRAMAÇÃO: Almedina
DESIGN DE CAPA: Lucas Tarante Lucchesi
FOTO DE CAPA: JR Duran
ISBN: 978-858-49-3208-5

Dados Internacionais de Catalogação na Publicação (CIP)
(Câmara Brasileira do Livro, SP, Brasil)

Barbosa, Joaquim
Pareceres jurídicos, volume 1 / Joaquim Barbosa. -- São Paulo : Almedina, 2017.
Conteúdo: Direito penal -- Direito regulatório – Direito tributário -- Responsabilidade civil.
Bibliografia
ISBN: 978-85-8493-208-5
1. Direito penal - Pareceres - Brasil 2. Direito tributário - Pareceres - Brasil 3. Regulação - Brasil 4. Responsabilidade civil I. Título.

17-01770   CDU-34(81)(094.98)

Índices para catálogo sistemático:
1. Pareceres jurídicos : Brasil 34(81)(094.98)

Este livro segue as regras do novo Acordo Ortográfico da Língua Portuguesa (1990).

Todos os direitos reservados. Nenhuma parte deste livro, protegido por copyright, pode ser reproduzida, armazenada ou transmitida de alguma forma ou por algum meio, seja eletrônico ou mecânico, inclusive fotocópia, gravação ou qualquer sistema de armazenagem de informações, sem a permissão expressa e por escrito da editora.

Março, 2017

EDITORA: Almedina Brasil
Rua José Maria Lisboa, 860, Conj.131 e 132, CEP: 01423-001 São Paulo | Brasil
editora@almedina.com.br
www.almedina.com.br

PREFÁCIO

A presente coletânea de pareceres retrata uma parcela importante das atividades profissionais a que venho me dedicando desde que, em 2014, após 41 anos de serviços prestados ao Estado brasileiro (na qualidade de membro do Ministério Público Federal, professor universitário, ministro do Supremo Tribunal Federal, entre outros), decidi, após ponderada reflexão, abandonar a esfera pública de trabalho e ingressar no mundo dos negócios privados.

De pronto, o leitor perceberá que a maioria dos temas tratados nesta compilação versa sobre problemas e conflitos que surgem das múltiplas relações que se travam cotidianamente entre o particular (aqui incluído, é claro, o empreendedor individual e a empresa ou corporação) e o ente jurídico que personifica a sociedade organizada, o Estado.

O Direito, como se sabe, é um instrumento de regulação da vida em sociedade e, como tal, de pacificação dos inúmeros conflitos engendrados, de um lado, pela interação horizontal entre os seres humanos e, de outro, pela intervenção maciça e pesada na vida das pessoas de um personagem incontornável, o Estado.

Regular e pacificar as relações entre particulares é, portanto, apenas uma das facetas do Direito. Nela, boa parte dos conflitos se resolvem por meio de soluções que excluem a participação de entes estatais, tais como a autocomposição, a arbitragem, a mediação. De outra natureza são os conflitos que opõem o particular ao Estado. Aliás, é nessa área específica de incidência do fenômeno jurídico, saliente-se, é que se construiu paulatinamente nos últimos trezentos da história do chamado mundo ocidental um formidável acervo de pensamento que serve a um único e preciso objetivo: criar mecanismos e instrumentos hábeis à contenção da irreprimível tendência do Estado ao arbítrio. Note-se que a própria noção de que cada Estado soberano deve reger-se por uma Constituição – e, portanto, submeter-se às suas normas e princípios – é tributária dessa soma de conhecimentos acumulados no campo da história, do direito, da sociologia, da antropologia, da política. Em suma, de todo esse edifício político-ideológico-jurídico resultaram algumas características marcantes das democracias dos séculos 20 e 21: a garantia de que o Estado deve sempre respeitar as regras que ele mesmo impõe aos membros da coletividade; o imperativo de que é seu dever observar e proteger os direitos dos cidadãos; a necessidade de agir em consonância com pautas constitucionais e legais previamente estabelecidas; a consciência de que certas ações estatais que eventualmente possam causar prejuízos ao patrimônio e à liberdade do cidadão devem ser conduzidas em conformidade a regras de procedimento padronizadas e previamente estabelecidas. Eis aí, em breve síntese, um pequeno panorama do que comumente se chama Estado de Direito.

A sucinta coletânea que ora vem a público – elaborada entre novembro de 2015 e dezembro de 2016 – expõe ao leitor uma pequena amostra da incessante necessidade de busca de equilíbrio nas relações entre o Estado e o indivíduo, seja no campo do direito penal, na seara das relações tributárias ou no vasto espectro do chamado poder de regulação estatal. Num país tão desigual e vasto como o Brasil, que sofre o peso da sua tradição patrimonialista, são graves os conflitos gerados pelas tentativas de apropriação do público pelo privado, pela irreprimível tentação de consolidar regras e procedimentos que se distanciam do ideal de justiça a que todo país que se quer democrático sempre almeja atingir. De certo modo, os pareceres aqui organizados bem retratam esse tipo de conflito.

Em matéria tributária, os textos reproduzem a narrativa feita pelos consulentes sobre a violação da regra da legalidade, que é o pilar de todo regime democrático: não há, ou não deveria haver, poder sem consentimento popular. Esse consentimento se exterioriza num primeiro momento na escolha pelo povo dos dirigentes máximos da nação e, num segundo momento, pelas leis regularmente promulgadas pela via do processo legislativo. Ao ultrapassar os limites traçados pela lei, o agente público em última análise viola o contrato social em cujas bases se sustenta todo o edifício social e conspurca a franquia simbolizada no voto, com o objetivo de fazer valer uma concepção muito própria de justiça. Nessa mesma nar-

rativa também se encaixam outros temas de direito tributário, como, por exemplo, a frequente negativa, por parte do Estado, de seguir à risca as regras atinentes aos institutos da prescrição e da decadência em matéria de tributação, preferindo, ao contrário, sacrificar as garantias do cidadão-
-contribuinte.

No campo penal, as consultas versaram sobre aspectos importantes do conjunto de garantias processuais de diversas categorias de acusados – empresários, executivos e cidadãos comuns. As questões formuladas pelos consulentes versaram sobre temas variados da problemática processual-penal, tais como a higidez de certos procedimentos legais, os deveres do Estado-acusador, o alcance e a eficácia de determinadas provas para o efeito de condenação criminal, bem como o conceito de certos crimes e tipos penais. Evidentemente, a preocupação primordial sempre foi a de alertar para o fato de que o exercício da função punitiva pelo Estado deve ser posta em marcha num ambiente de absoluto respeito aos direitos constitucionais da pessoa investigada ou acusada e ao devido processo legal.

Merece registro a forma como algumas consultas chegaram ao meu conhecimento. Certo, muitas delas foram propostas por colegas advogados, como forma de robustecer suas próprias análises, lançar luzes sobre aspectos específicos da problemática jurídica em discussão ou para acrescentar um ponto de vista novo sobre casos sob sua responsabilidade. Algumas consultas, porém, foram fruto da iniciativa dos próprios interessados, isto é, dos titulares dos respectivos direitos.

Por fim, gostaria de agradecer a participação e a colaboração técnica inestimável dos Drs. Thiago Buschinelli Sorrentino e Cesar Luiz de Oliveira Janoti, sócios do meu escritório de advocacia, parceiros e colaboradores de longa data (desde a intensa jornada iniciada nos meus primeiros anos no Supremo Tribunal Federal), bem como à Editora Almedina, pela oportunidade de levar ao conhecimento da comunidade acadêmica e de um público mais amplo as questões tratadas nestes pareceres.

São Paulo/Brasília, fevereiro de 2017

JOAQUIM BARBOSA

SUMÁRIO

DIREITO PENAL E PROCESSUAL PENAL

PARECER – CRIMES CONTRA A ORDEM TRIBUTÁRIA
1. A Consulta — 15
2. Relatório — 16
3. Da Inépcia da Denúncia — 17
    3.1. Da deficiente exposição do fato criminoso, da ausência de individualização das condutas e da insuficiência da condição de administrador como elemento caracterizador da autoria de crimes societários — 17
    3.2. Da capitulação equivocada dos delitos imputados a JLCM e da falta de condição de procedibilidade — 27
    3.3. Da inexigibilidade de conduta diversa, do erro de tipo, da ausência de dolo e do direito penal como *ultima ratio* — 31
4. Conclusões e Respostas aos Quesitos da Consulta — 36

PARECER – CRIME DOLOSO CONTRA A VIDA
1. A Consulta — 39
2. Relatório e Consulta — 39
3. Da Inépcia da Denúncia — 41
4. *Hearsay Testimony*: a Testemunha do "Ouvi Dizer" e sua Insuficiência Probatória para o Caso em Análise — 45
5. Da Presunção de Inocência e do *In Dubio Pro Reo* — 50
6. Conclusões e Respostas aos Quesitos da Consulta — 52

PARECER – PRISÃO EM FLAGRANTE
1. A Consulta — 55
2. Relatório — 55

3. Das Circunstâncias Fáticas ... 56
   3.1. Da falta de plausibilidade da versão fática apresentada pelos policiais civis ... 57
   3.2. Da verossimilhança da versão sustentada por GS ... 58
4. Da Falta de Fundamentação da Custódia Cautelar ... 60
5. Das Condições Pessoais Favoráveis de GS ... 63
6. Conclusões e Respostas aos Quesitos da Consulta ... 64

DIREITO TRIBUTÁRIO

PARECER – TRIBUTÁRIO. SUJEIÇÃO PASSIVA INDIRETA OU POR DERIVAÇÃO. GARANTIAS DO DEVIDO PROCESSO LEGAL ... 69
1. Consulta e Relatório ... 71
2. Quesitos ... 76
3. Exame do Quadro Fático-Jurídico ... 77
   3.1. Sujeição Passiva Tributária por Responsabilidade ou Interesse Econômico e sua Atribuição ... 77
      3.1.1. Obrigatoriedade da Observância da Ampla Defesa, do Contraditório e do Devido Processo Legal para a Atribuição de Responsabilidade Tributária ... 77
   3.2. Decadência e Prescrição ... 84
      3.2.1. Quadro geral ... 84
      3.2.2. Decadência ... 86
      3.2.3. Prescrição ... 94
4. Resposta aos Quesitos ... 98
5. Conclusões ... 99
6. Referências ... 101

PARECER – CONSTITUCIONAL. TRIBUTÁRIO. PROCESSO ADMINISTRATIVO-TRIBUTÁRIO ... 103
1. Consulta ... 104
2. Relatório ... 105
3. Análise ... 108
4. Resposta aos Quesitos ... 117
5. Conclusões ... 118

PARECER – PARCELAMENTO CONDICIONADO À CONFISSÃO E À RENÚNCIA DE DIREITOS. EVENTUAL HIPÓTESE DE INDEFERIMENTO. INVALIDADE ... 121
1. Exposição da Questão e dos Quesitos ... 122

2. Exame e Fundamentação … 126
   2.1. Ineficácia de Confissão e de Renúncia a Direito Decorrente da Rejeição de Pedido de Parcelamento de Créditos Tributários … 126
      2.1.1. Manter a Confissão e a Renúncia a Direito na Hipótese de Rejeição do Parcelamento Implica Desvio de Finalidade … 127
      2.1.2. Manter a Confissão e a Renúncia a Direito na Hipótese de Rejeição do Parcelamento Implica Violação da Regra da Legalidade … 129
      2.1.3. Manter a Confissão e a Renúncia ao Direito na Hipótese de Rejeição do Parcelamento Viola o Direito Constitucional de Acesso ao Judiciário e ao Controle Administrativo a e Legalidade … 134
      2.1.4. Manter a Confissão e a Renúncia a Direito na Hipótese de Rejeição do Parcelamento Significa Vilipendiar a Capacidade Contributiva Substantiva … 136
      2.1.5. Manter a Confissão e a Renúncia a Direito na Hipótese de Rejeição do Parcelamento Quebra a Boa-Fé … 137
3. Vinculação Estrita do Juízo sobre Previsibilidade do Parcelamento … 138
   3.1. Ausência de Previsão Legal da Hipótese de Exclusão do Parcelamento … 139
   3.2. Negar Acesso ao Parcelamento ou Excluir o Contribuinte do Respectivo Programa em Decorrência da Amplitude do Prazo ou do Baixo Valor da Parcela Viola o Princípio da Preservação da Empresa … 141
   3.3. Negar Acesso ao Parcelamento ou Excluir o Contribuinte do Respectivo Programa em Decorrência da Amplitude do Prazo ou do Baixo Valor da Parcela Viola a Capacidade Contributiva Substantiva … 145
4. Recolhimento Mensal do ICMS como Condição para Permanência no Regime de Parcelamento … 146
5. Alcance da Comissão … 148
6. Resposta aos Quesitos … 152
7. Conclusões … 154

PARECER – RECURSO ESPECIAL – AÇÃO COBRANÇA – COBRANÇA DE VALOR REFERENTE À RELAÇÃO JURÍDICA DE GESTÃO DE BENS, NEGÓCIOS E INTERESSES ALHEIOS … 157
1. Quadro … 157
2. Quesito … 159
3. Análise … 159
4. Conclusões … 166
5. Resposta ao Quesito … 167

DIREITO REGULATÓRIO

PARECER – CONSTITUCIONAL. ADMINISTRATIVO. REGULATÓRIO	171
1. Consulta	171
2. Quesitos	172
3. Relatório	172
4. Análise do Quadro Fático-Jurídico	175
4.1. Alcance da competência da Agência XX	175
4.2. O alcance do art. 5º da Lei 9.432/1997	182
4.3. A ausência de regulamentação e de efetiva fiscalização viola a soberania nacional	185
4.4. A falta de regulamentação e de fiscalização viola os direitos constitucionais da livre-iniciativa e altera as condições de concorrência equilibrada	188
4.5. A falta de regulação e de fiscalização pode implicar violações internacionais aos direitos humanos e à segurança sanitária brasileira	190
4.6. O efetivo e constante controle do atendimento dos requisitos legais é condição necessária para a devida regulação do transporte marítimo	192
5. O tratamento dado pela legislação à empresa estrangeira	192
6. Respostas aos Quesitos	196
7. Conclusões	198

RESPONSABILIDADE CIVIL

PARECER – RESPONSABILIDADE CIVIL – AÇÃO INDENIZATÓRIA – PROCEDIMENTO REALIZADO EM HOSPITAL PÚBLICO	203
1. A Consulta	203
2. Relatório	204
3. Do Laudo Pericial Inconsistente e Inconclusivo, da Incongruência entre Certas Constatações Periciais e a Sentença, da Obrigação de Meio, da Perda de uma Chance de se Evitar o Resultado Danoso e do Ônus Probatório	206
3.1. Da imprescindibilidade da perícia ao deslinde do caso	206
3.2. Das incoerências do laudo pericial e da incongruência intrínseca da sentença	206
3.3. Da perda de uma chance de tratamento, da obrigação de meio, da relação de consumo e do ônus da prova	209
4. Da Inaplicabilidade do Enunciado 7 da Súmula do STJ	214
5. Conclusões e Respostas aos Quesitos da Consulta	215

DIREITO PENAL E PROCESSUAL PENAL

Parecer

CRIMES CONTRA A ORDEM TRIBUTÁRIA – INÉPCIA DA DENÚNCIA – DEFICIENTE EXPOSIÇÃO DO FATO CRIMINOSO – AUSÊNCIA DE INDIVIDUALIZAÇÃO DAS CONDUTAS – CRIPTOIMPUTAÇÃO – INADMISSIBILIDADE – IMPOSSIBILIDADE DE EXERCÍCIO DA AMPLA DEFESA – CONDIÇÃO DE ADMINISTRADOR COMO ELEMENTO CARACTERIZADOR DA AUTORIA DE CRIMES SOCIETÁRIOS – INSUFICIÊNCIA – NECESSIDADE DE DEMONSTRAÇÃO DE LIAME CAUSAL – CAPITULAÇÃO EQUIVOCADA DOS DELITOS IMPUTADOS – INCONGRUÊNCIA ENTRE FATOS, PROVAS E REQUISITOS ESSENCIAIS DOS TIPOS IMPUTADOS – NULIDADE – FALTA DE CONDIÇÃO DE PROCEDIBILIDADE – ÓBICE AO EXERCÍCIO DA AÇÃO PENAL – INEXIGIBILIDADE DE CONDUTA DIVERSA – ERRO DE TIPO – AUSÊNCIA DE DOLO – INCIDÊNCIA DE CAUSAS EXCLUDENTES DE ILICITUDE – IMPOSSIBILIDADE DE UTILIZAÇÃO DO DIREITO PENAL COMO INSTRUMENTO COERCITIVO DE ARRECADAÇÃO – *ULTIMA RATIO* – AÇÃO PENAL JURIDICAMENTE INVIÁVEL.

1. A Consulta

O ilustre advogado CO solicita-me a elaboração de parecer sobre a atual situação jurídica do Sr. JLCM (qualificação), considerando-se a denúncia oferecida nos autos nº XXXX, em tramitação na XX Vara Criminal da Comarca da Capital do Rio de Janeiro.

2. Relatório

O Ministério Público do Estado do Rio de Janeiro ofereceu denúncia contra JLCM e outros três cidadãos, imputando-lhes a suposta prática das condutas penais descritas nos incisos I e II do artigo 2º da Lei nº 8.137/90.

Segundo a peça acusatória:

> "No período compreendido entre os meses de outubro de 2012 e janeiro de 2013, os denunciados (...) e JLCM, com vontade livre e de maneira consciente, em unidade de desígnio, na qualidade de administradores da referida sociedade empresária, utilizando-se das mesmas condições de lugar e da mesma forma de execução, por 4 (quatro) vezes, deixaram de recolher aos cofres públicos, na condição de sujeito passivo de obrigação submetida ao regime de substituição tributária conferida à empresa [XXXX], valor de tributo previamente descontado em operações tributáveis, mediante o emprego de fraude, creditando-se assim, e indevidamente, do ICMS incidente sobre tais operações, consoante se infere do quadro demonstrativo de fl. 08".

A denúncia foi recebida em 11.06.2015, dando origem à ação penal nº XXXX, em tramitação na XX Vara Criminal da Comarca da Capital do Rio de Janeiro, e JLCM apresentou resposta à acusação em 28.07.2015 (art. 396 do Código de Processo Penal).

Até a presente data, a resposta à acusação formulada por JLCM não foi apreciada pelo Juízo originário, tampouco as citações por meio de carta precatória foram cumpridas.

Diante deste quadro, a análise do caso compreenderá o exame dos seguintes quesitos:

a) A denúncia oferecida pelo Ministério Público do Estado do Rio de Janeiro em face JLCM atende aos requisitos formais exigidos pelo art. 41 do Código de Processo Penal?

b) As condutas imputadas a JLCM são tipicamente ajustadas aos crimes previstos nos incisos I e II do art. 2º da Lei nº 8.137/90, tal como consignado na denúncia?

c) A mera condição de administrador é suficiente à responsabilização penal de JLCM por crimes contra a ordem tributária decorren-

tes de hipotético descumprimento de obrigações tributárias pela pessoa jurídica à qual é funcionalmente vinculado?
 d) As condutas supostamente praticadas por JLCM configuram crimes?

É o que se passa a analisar e responder.

3. Da Inépcia da Denúncia
Quis? Quid? Ubi? Quibus auxiliis? Cur? Quomodo? Quando? [1]
A antiguíssima divisão sintética da Retórica, cunhada por *Marcus Fabius Quintilianus*, é utilizada até hoje como parâmetro de quesitação fático-circunstancial, com cuja resposta se considera esgotado determinado assunto.

No nosso ordenamento processual-penal contemporâneo, a resposta a tais perguntas (traduzidas como "Quem? O quê? Onde? Por quais meios? Por quê? Como? Quando?") constitui-se em ferramenta imprescindível à verificação da higidez da denúncia, peça inaugural da ação penal, cujos requisitos essenciais estão descritos no art. 41 do Código de Processo Penal Brasileiro, *verbis*:

> "Art. 41. A denúncia ou queixa conterá a exposição do fato criminoso, com todas as suas circunstâncias, a qualificação do acusado ou esclarecimentos pelos quais se possa identificá-lo, a classificação do crime e, quando necessário, o rol das testemunhas".

Lancemos, pois, de saída, um olhar atento sobre a denúncia oferecida pelo Ministério Público contra o acusado JLCM para em seguida tentarmos extrair respostas para as perguntas "quintilianusianas", de modo a concluirmos pelo atendimento, ou não, dos requisitos formais e materiais previstos no citado art. 41 do Código de Processo Penal.

3.1. Da deficiente exposição do fato criminoso, da ausência de individualização das condutas e da insuficiência da condição de administrador como elemento caracterizador da autoria de crimes societários
Especificamente em relação a JLCM, consta da denúncia o seguinte:

> "No período compreendido entre os meses de outubro de 2012 e janeiro de 2013, os denunciados (...) e JLCM, com vontade livre e de maneira consciente,

---

[1] Essas expressões correspondem ao denominado "sete W dourados" da criminalística alemã: *Wer? Was? Wos? Womit? Warum? Wie? Wann?*

em unidade de desígnio, na qualidade de administradores da referida sociedade empresária, utilizando-se das mesmas condições de lugar e da mesma forma de execução, por 4 (quatro) vezes, deixaram de recolher aos cofres públicos, na condição de sujeito passivo de obrigação submetida ao regime de substituição tributária conferida à empresa [XXXX], valor de tributo previamente descontado em operações tributáveis, mediante o emprego de fraude, creditando-se assim, e indevidamente, do ICMS incidente sobre tais operações, consoante se infere do quadro demonstrativo de fl. 08".

Pois bem. A simples leitura da peça acusatória expõe a sua vagueza e a sua imprecisão, o que constitui evidente inépcia por impossibilitar o exercício do direito de defesa por parte do acusado, conforme veremos.

Observa-se, de plano, que a denúncia se limita a parafrasear os tipos penais descritos nos incisos I e II do art. 2º da Lei nº 8.137/90 (*"deixaram de recolher aos cofres públicos (...), valor de tributo previamente descontado em operações tributáveis, mediante o emprego de fraude"*) quando necessariamente deveria ter descrito circunstanciadamente o **FATO** reputado criminoso.

A narrativa fática constante da denúncia é confusa, contém imputações implícitas, faz referência a circunstâncias imprecisas, menciona superficialmente elementos do tipo penal em abstrato e não demarca o alcance da pretensão punitiva estatal em concreto.

Se examinada à luz da abalizada doutrina de Antônio Scarance Fernandes, a denúncia oferecida contra JLCM poderia muito bem ser enquadrada na categoria de *"Criptoimputação"*, neologismo derivado do vocábulo "criptografia", inerente à técnica de confidencialidade na qual certas informações são codificadas por cifras em linguagem inacessível ou secreta. O destacado autor explica que:

> **"A doutrina denomina criptoimputação a imputação contaminada por grave situação de deficiência na narração do fato imputado, quando não contém os elementos mínimos de sua identificação como crime, como às vezes ocorre com a simples alusão aos elementos do tipo penal abstrato."** [2]

Nunca é ocioso reiterar que o acusado se defende dos **FATOS** que lhe são explicitamente imputados (*imputatio facti*) e não da tipificação jurídica que a legislação penal outorga em abstrato a cada tipo de conduta teori-

---

[2] FERNANDES, Antonio Scarance. *A reação defensiva à imput*ação. São Paulo: RT, 2002, p. 184

camente apta a gerar punição. Sem a descrição suficiente dos **FATOS** o réu de uma ação penal não terá segurança jurídica diante da acusação que o Estado lhe inflige e, o que é mais grave, verá tolhido o seu direito de defesa e ficará inapelavelmente vulnerável a eventual condenação por qualquer acontecimento que possa estar direta ou indiretamente associado ao tipo penal indicado na denúncia, o que é repudiado veementemente pelo ordenamento jurídico brasileiro.

A descrição minuciosa dos fatos e de todas as suas circunstâncias deve constar explicitamente na peça vestibular penal e é absolutamente imprescindível a uma finalidade importante: a imposição de limites à relação jurídico-processual entre Estado-acusador e cidadão-acusado, de modo a evitar a ocorrência de arbitrariedades no desempenho do *jus puniendi*, além, é claro, de possibilitar um real e efetivo exercício do direito à ampla defesa.

Nessa linha, confiram-se alguns cânones da jurisprudência do Supremo Tribunal Federal sobre este tema específico:

"O exame preliminar da denúncia é balizado pelos arts. 41 e 395 do Código de Processo Penal. **No art. 41, a lei adjetiva penal indica um necessário conteúdo positivo para a denúncia. É dizer: ela, denúncia, deve conter a exposição do fato normativamente descrito como criminoso, com suas circunstâncias, de par com a qualificação do acusado, a classificação do crime e o rol de testemunhas** (quando necessário). **Aporte factual, esse, que viabiliza a plena defesa do acusado, incorporante da garantia processual do contraditório.** Já o art. 395 do mesmo diploma processual, esse impõe à peça acusatória um conteúdo negativo. Se, pelo primeiro, há uma obrigação de fazer por parte do Ministério Público, pelo art. 395, há uma obrigação de não fazer" (Inq 2486/AC, Rel. Min. Ayres Britto, DJe-237, de 18.12.2009).

"1. **Denúncia que não descreve adequadamente o fato criminoso é inepta**. Precedentes. 2. Na espécie, **a denúncia não descreve minimamente quais os atos praticados pelo paciente** que, extrapolando sua mera condição de acionista minoritário (detentor de cerca de 1% das ações) de empresa utilizada para a prática de ilícitos, permitiriam afirmar que ele, em tese, para tanto concorreu. 3. Ordem de habeas corpus concedida para determinar o trancamento da ação penal em relação ao paciente" (HC 127.195/PA, rel. Min. Dias Toffoli, DJe-109, de 09.06.2015).

"Inquérito. 2. Competência originária. 3. Penal e Processual Penal. 4. Corrupção eleitoral. 5. Inépcia da denúncia. **A denúncia deve projetar todos os** elementos – essenciais e acidentais – da figura típica ao caso concreto. No caso concreto, a denúncia não passa por esse teste. Transcrição de interceptações, sem narrativa clara da conduta tida por típica. **Falta de explicitação dos limites de responsabilidade de cada réu**. Ausência de descrição do fim especial requerido pelo tipo penal – obter voto. 6. **Denúncia rejeitada por inepta**" (Inq 3752/DF, Rel. Min. Gilmar Mendes, DJe-208, de 22.10.2014).

No caso sobre o qual este Parecer se debruça, a denúncia não narra quais atos foram praticados por JLCM. Tampouco teve a mais singela preocupação de apontar como ele teria concorrido para a infração penal. Deixando de lado a exigência elementar de se expor o fato supostamente criminoso com todas as suas circunstâncias, a denúncia optou por enveredar pelo caminho fácil da utilização de referências circunstanciais genéricas e imprecisas, tais como as que se colhem em expressões como *"nas mesmas condições de lugar"*, *"da mesma forma de execução"* e mediante o *"emprego de fraude"*. Não são fornecidos esclarecimentos indispensáveis sobre elementos fundamentais tais como: em que consistiriam tais condições de lugar? Qual teria sido a forma de execução? Como a suposta fraude foi realizada e qual o dano foi produzido (*ubi, quibus auxiliis, quomodo* e *quid*)?

Não se desconhece que há precedentes dos Tribunais Superiores abrandando a exigência de descrição pormenorizada da conduta de cada um dos supostos envolvidos em crimes societários[3]. No entanto, esses mesmos julgados permissivos impõem de forma peremptória que a denúncia exponha ao menos o modo como os coautores podem ter concorrido para o crime ou o liame fático-causal entre o suposto autor e o ato ilícito, dados estes indispensáveis ao exercício da ampla defesa. Vejamos:

INQUÉRITO. LEI Nº 8.137/90, ARTS. 1º e 2º. DENÚNCIA. REQUISITOS. CPP, ART. 41. CRIME SOCIETÁRIO. 1. **O entendimento jurisprudencial, segundo o qual a peça acusatória, nos crimes societários, pode ser oferecida sem que haja descrição pormenorizada da conduta de cada sócio, não autoriza o oferecimento de denúncia genérica. 2. Denúncia que, ao narrar os fatos, deixa de demonstrar qualquer liame entre o acusado e a conduta a ele imputada, torna impossível o exercício do direito à ampla defesa**. Imprescindível a descrição da ação ou omissão delituosa praticada pelo acusado, sobretudo por não ocupar qualquer cargo administrativo

---

[3] Dentre outros: STF, HC 122.450/MG, Rel. Min. Luiz Fux, DJe-228, de 20.11.2014; e STF, HC 101.286/MG, Rel. Min. Dias Toffoli, DJe-163, publicado em 25.08.2011.

na associação e ostentar posição de um, dentre muitos, de seus integrantes.
3. **O sistema jurídico penal brasileiro não admite imputação por responsabilidade penal objetiva.** 4. "Denúncia rejeitada em relação ao denunciado que detém foro por prerrogativa de função" (STF, Inq 1656/SP, Rel. Min. Ellen Gracie, DJ de 27.02.2004).

"PROCESSUAL PENAL. HABEAS CORPUS SUBSTITUTIVO DE RECURSO ORDINÁRIO. CRIME CONTRA O SISTEMA FINANCEIRO (ART. 20 DA LEI N. 7.492/1986). PRETENSÃO DE TRANCAMENTO DA AÇÃO PENAL. INÉPCIA DA DENÚNCIA. EXCEPCIONALIDADE. EXORDIAL QUE IMPUTA A PRÁTICA DELITUOSA AOS PACIENTES SEM INDIVIDUALIZAR AS CONDUTAS NEM DEMONSTRAR O MÍNIMO VÍNCULO ENTRE O CRIME IMPUTADO E OS ACUSADOS. CONSTRANGIMENTO ILEGAL EVIDENCIADO.

(...)

3. Em relação aos feitos em andamento, nada impede que o Superior Tribunal de Justiça analise a questão de ofício se for hipótese de gritante ilegalidade, absurda teratologia, erro técnico grosseiro passível de ser constatado de plano.

4. Pretende o impetrante o trancamento da ação penal ao argumento de inépcia da inicial acusatória.

5. Esta Corte pacificou o entendimento de que o trancamento da ação penal pela via do habeas corpus é cabível apenas quando demonstrada a atipicidade da conduta, a extinção da punibilidade ou a manifesta ausência de provas da existência do crime e de indícios de autoria.

6. No caso dos autos, observa-se que **não se demonstrou de que forma os pacientes concorreram para o fato delituoso imputado na acusação, tendo sido imputada a conduta criminosa exclusivamente pelo fato de eles serem representantes legais da sociedade.**

7. **Esta Corte Superior de Justiça tem reiteradamente decidido ser inepta a denúncia que, mesmo em crimes societários e de autoria coletiva, atribui responsabilidade penal à pessoa física, levando em consideração apenas a qualidade dela dentro da empresa, deixando de demonstrar o vínculo desta com a conduta delituosa, por configurar, além de ofensa à ampla defesa, ao contraditório e ao devido processo legal, responsabilidade penal objetiva, repudiada pelo ordenamento jurídico pátrio.**

8. Writ não conhecido. Habeas corpus concedido de ofício, para trancar a ação penal proposta contra os pacientes, sem prejuízo de que outra denúncia

seja oferecida, desde que preenchidas as exigências legais" (STJ, HC 218.594/MG, Rel. Min. Sebastião Reis Júnior, DJe de 07.08.2013".

"CRIME CONTRA A ORDEM TRIBUTÁRIA. APROPRIAÇÃO INDÉBITA DE CONTRIBUIÇÃO PREVIDENCIÁRIA. DENÚNCIA GENÉRICA EM CRIME SOCIETÁRIO. INEXISTÊNCIA DE OFENSA AOS PRINCÍPIOS DA AMPLA DEFESA E DO CONTRADITÓRIO. AUSÊNCIA DE INQUÉRITO POLICIAL. DENÚNCIA EMBASADA EM PEÇAS DE INFORMAÇÃO. SUSPENSÃO DA PRETENSÃO PUNITIVA (ART. 9º DA LEI Nº 10.684/03). PARCELAMENTO DO DÉBITO NÃO COMPROVADO."

(...)

Não é inepta a denúncia que, conquanto não individualize a conduta de cada um dos imputados, em hipótese de crime marcado por pluralidade de agentes, **permita perfeita compreensão da imputação e abre oportunidade à ampla defesa**. Isto não importa violação ao princípio do *nullum crimen sine culpa*.

(...)

Precedentes deste STJ e do STF.

Writ DENEGADO" (STJ, HC 32.233/SP, Rel. Min. Paulo Medina, DJ de 01.08.2005).

"HC – Crime de sonegação fiscal – Inexistência de materialidade – Elementos indiciários de culpabilidade.

Não obstante considerar-se que nos crimes com pluralidade de agentes como nos societários, a não exigência da descrição pormenorizada de cada agente no ato tido por delituoso, necessário se faz afirmar que a peça acusatória não pode omitir os mais elementares requisitos que demonstrem estar presentes as indispensáveis condições para a *causa petendi*.

A atenuação do rigorismo do art. 41, do CP, não implica em admitir-se denuncia que, nem de longe demonstre a ação ou omissão praticada pelos agentes, o nexo de causalidade com o resultado danoso ou qualquer elemento indiciário de culpabilidade.

Evidenciado nos autos a inexistência do ilícito e menos ainda a pretensão dolosa afirmada na denuncia, é de ser tida esta por Inepta.

– Ordem de *habeas corpus* concedida para o fim de trancamento da ação penal" (STJ, HC 3.335/DF, Rel. Min. Cid Flaquer Scartezzini, DJ de 07.08.1995).

Um outro detalhe importante da denúncia ora sob escrutínio e que aponta para a sua inépcia diz respeito à imputação dos crimes contra a ordem tributária a JLCM unicamente em razão da sua condição de administrador da pessoa jurídica titular das obrigações tributárias supostamente não cumpridas.

Sabe-se nos dias atuais que a indicação randômica, impiedosa e irrestrita de todos os sócios e administradores de pessoas jurídicas como autores de crimes societários é prática jurídica condenável, mas não obstante recorrente no âmbito do Ministério Público que, diante de investigações mal conduzidas e pouco conclusivas, não hesita em formular denúncias genéricas e coletivas manifestamente ineptas, não raro alicerçadas na ideia de responsabilidade penal objetiva, não acolhida entretanto entre nós. A esse respeito, são judiciosas as lições de Tourinho Filho:

"A exigência de descrição circunstanciada, contida no art. 41 do CPP, torna-se mais essencial se a acusação é dirigida a diversas pessoas ou, melhor dizendo, quando convivem, na denúncia, várias acusações, e, muito especialmente se essas pessoas são reunidas pela circunstância de exercerem cargo de direção ou serem sócias de uma empresa, sob pena de estarmos face a face com uma espécie de "denúncia vazia", empregada essa expressão em todo o seu sentido semântico, gramatical. A propósito, sem a descrição de condutas específicas que vinculem cada diretor ao evento criminoso, não é possível viabilizar a denúncia. Esta, pelas consequências graves que acarreta, não pode ser produto de ficção literária. Não pode deixar de descrever o porquê da inclusão de cada acusado como autor, coautor ou partícipe do crime"[4].

Nessa mesmíssima direção é a sedimentada jurisprudência do Supremo Tribunal Federal e do Superior Tribunal de Justiça, no entendimento de que a denúncia deve estabelecer o vínculo do administrador com o ato ilícito que lhe é imputado, conforme se pode extrair dos seguintes julgados:

"HABEAS CORPUS. CRIME DE EMISSÃO DE DUPLICATA SIMULADA (ART. 172 DO CÓDIGO PENAL). **DELITO SOCIETÁRIO. ALEGADA INÉPCIA DA DENÚNCIA. FALTA DE INDIVIDUALIZAÇÃO DA CONDUTA. ORDEM CONCEDIDA.**"

(...)

---

[4] TOURINHO FILHO, Fernando da Costa. Processo Penal, volume I. 31 ed. ver. e atual. – São Paulo: Saraiva, 2009. , p. 409-410.

2. A denúncia discutida neste processo não descreveu, suficientemente, os fatos ilícitos, alegadamente protagonizados pela paciente. Paciente denunciada pelo crime de emissão de duplicata simulada (art. 172 do Código Penal) tão somente por figurar no contrato social da empresa sob investigação. Inicial acusatória que incorreu na impropriedade descrita no inciso I do art. 395 do Código de Processo Penal, a transformar a ampla defesa em curta defesa. 3. "Ordem concedida para reconhecer a inépcia da denúncia" (STF, HC 107.187/SP, Rel. Min. Ayres Britto, DJe-065, de 30.03.2012).

"HABEAS CORPUS. PENAL. PROCESSO PENAL TRIBUTÁRIO. DENÚNCIA GENÉRICA. RESPONSABILIDADE PENAL OBJETIVA. INÉPCIA."

Nos crimes contra a ordem tributária a ação penal é pública. Quando se trata de crime societário, a denúncia não pode ser genérica. Ela deve estabelecer o vínculo do administrador ao ato ilícito que lhe está sendo imputado. É necessário que descreva, de forma direta e objetiva, a ação ou omissão da paciente. Do contrário, ofende os requisitos do CPP, art. 41 e os Tratados Internacionais sobre o tema. Igualmente, os princípios constitucionais da ampla defesa e do contraditório. Denúncia que imputa corresponsabilidade e não descreve a responsabilidade de cada agente, é inepta. O princípio da responsabilidade penal adotado pelo sistema jurídico brasileiro é o pessoal (subjetivo). A autorização pretoriana de denúncia genérica para os crimes de autoria coletiva não pode servir de escudo retórico para a não descrição mínima da participação de cada agente na conduta delitiva. Uma coisa é a desnecessidade de pormenorizar. Outra, é a ausência absoluta de vínculo do fato descrito com a pessoa do denunciado. *Habeas* deferido" (STF, HC 80.549/SP, Rel. Min. Nelson Jobim, DJ de 24.08.2001).

"Penal. Processual. Sonegação fiscal. Inépcia da denúncia. Trancamento da ação penal. "Habeas Corpus"."

1. Nos chamados crimes societários, imprescindível que a denúncia descreva individualizadamente a participação de cada acusado; caso impossível, é preciso que descreva o modo como concorreram para o crime.

2. Ser acionista, sócio ou membro de conselho consultivo não é crime. Assim, a invocação dessa condição sem a descrição de condutas específicas não basta para viabilizar a peça acusatória, por impedir o pleno direito de defesa.

3. Inépcia da denuncia configurada.
4. Ordem concedida para trancar a ação penal quanto ao ora paciente" (STJ, HC 5.647/SP, Rel. Min. Edson Vidigal, DJ de 29.09.1997).

Em conclusão e como síntese de todos os argumentos sustentados neste item, valho-me da transcrição dos esclarecedores entendimentos expostos sinteticamente no acórdão exarado no julgamento do HC 88.875/AM, da relatoria do Min. Celso de Mello (DJe-051, de 12.03.2012), cuja ementa possui o seguinte teor:

"HABEAS CORPUS – (...) **RESPONSABILIDADE PENAL DOS SÓCIOS-ADMINISTRADORES – DENÚNCIA QUE NÃO ATRIBUI, AO PACIENTE (SÓCIO), COMPORTAMENTO ESPECÍFICO E INDIVIDUALIZADO QUE O VINCULE, COM APOIO EM DADOS PROBATÓRIOS MÍNIMOS, AO EVENTO DELITUOSO – INÉPCIA DA DENÚNCIA** – PEDIDO DEFERIDO, ESTENDENDO-SE, DE OFÍCIO, POR IDENTIDADE DE SITUAÇÕES, OS EFEITOS DA DECISÃO CONCESSIVA DE "HABEAS CORPUS" AOS DEMAIS LITISCONSORTES PENAIS PASSIVOS. PROCESSO PENAL ACUSATÓRIO – **OBRIGAÇÃO DE O MINISTÉRIO PÚBLICO FORMULAR DENÚNCIA JURIDICAMENTE APTA.**

O sistema jurídico vigente no Brasil – tendo presente a natureza dialógica do processo penal acusatório, hoje impregnado, em sua estrutura formal, de caráter essencialmente democrático – impõe, ao Ministério Público, notadamente no denominado *"reato societario"*, a obrigação de expor, na denúncia, de maneira precisa, objetiva e individualizada, a participação de cada acusado na suposta prática delituosa.

O ordenamento positivo brasileiro – cujos fundamentos repousam, dentre outros expressivos vetores condicionantes da atividade de persecução estatal, no postulado essencial do direito penal da culpa e no princípio constitucional do *"due process of law"* (com todos os consectários que dele resultam) – **repudia as imputações criminais genéricas e não tolera, porque ineptas, as acusações que não individualizam nem especificam, de maneira concreta, a conduta penal atribuída ao denunciado.** Precedentes.

A PESSOA SOB INVESTIGAÇÃO PENAL TEM O DIREITO DE NÃO SER ACUSADA COM BASE EM DENÚNCIA INEPTA.

A denúncia deve conter a exposição do fato delituoso, descrito em toda a sua essência e narrado com todas as suas circunstâncias fundamentais. **Essa narração, ainda que sucinta, impõe-se, ao acusador, como exigência** derivada do postulado constitucional que assegura, ao réu, o exercício, em plenitude, do direito de defesa. Denúncia que deixa de estabelecer a necessária vinculação da conduta individual de cada agente aos eventos delituosos qualifica-se como denúncia inepta. Precedentes.

CRIME DE DESCAMINHO – PEÇA ACUSATÓRIA QUE NÃO DESCREVE, QUANTO AO PACIENTE, SÓCIO-ADMINISTRADOR DE SOCIEDADE EMPRESÁRIA, QUALQUER CONDUTA ESPECÍFICA QUE O VINCULE, CONCRETAMENTE, AOS EVENTOS DELITUOSOS – INÉPCIA DA DENÚNCIA.

A mera invocação da condição de sócio ou de administrador de sociedade empresária, sem a correspondente e objetiva descrição de determinado comportamento típico que o vincule, concretamente, à prática criminosa, não constitui fator suficiente apto a legitimar a formulação de acusação estatal ou a autorizar a prolação de decreto judicial condenatório.

A circunstância objetiva de alguém ser meramente sócio ou de exercer cargo de direção ou de administração em sociedade empresária não se revela suficiente, só por si, para autorizar qualquer presunção de culpa (inexistente em nosso sistema jurídico-penal) e, menos ainda, para justificar, como efeito derivado dessa particular qualificação formal, a correspondente persecução criminal.

Não existe, no ordenamento positivo brasileiro, ainda que se trate de práticas configuradoras de macrodelinquência ou caracterizadoras de delinquência econômica, a possibilidade constitucional de incidência da responsabilidade penal objetiva.

Prevalece, sempre, em sede criminal, como princípio dominante do sistema normativo, o dogma da responsabilidade com culpa (*"nullum crimen sine culpa"*), absolutamente incompatível com a velha concepção medieval do *"versari in re illicita"*, banida do domínio do direito penal da culpa. Precedentes.

AS ACUSAÇÕES PENAIS NÃO SE PRESUMEM PROVADAS: O ÔNUS DA PROVA INCUMBE, EXCLUSIVAMENTE, A QUEM ACUSA.

Nenhuma acusação penal se presume provada. Não compete, ao réu, demonstrar a sua inocência. Cabe, ao contrário, ao Ministério Público, comprovar, de forma inequívoca, para além de qualquer dúvida razoável, a culpabilidade do acusado. Já não mais prevalece, em nosso sistema de direito positivo, a regra, que, em dado momento histórico do processo político brasileiro (Estado Novo), criou, para o réu, com a falta de pudor que caracteriza os regimes autoritários, a obrigação de o acusado provar a sua própria inocência (Decreto-lei nº 88, de 20/12/37, art. 20, n. 5). Precedentes.

Para o acusado exercer, em plenitude, a garantia do contraditório, torna-se indispensável que o órgão da acusação descreva, de modo preciso, os elementos estruturais (*"essentialia delicti"*) que compõem o tipo penal, sob pena de se devolver, ilegitimamente, ao réu, o ônus (que sobre ele não incide) de provar que é inocente.

Em matéria de responsabilidade penal, não se registra, no modelo constitucional brasileiro, qualquer possibilidade de o Judiciário, por simples presunção ou com fundamento em meras suspeitas, reconhecer a culpa do réu.

Os princípios democráticos que informam o sistema jurídico nacional repelem qualquer ato estatal que transgrida o dogma de que não haverá culpa penal por presunção nem responsabilidade criminal por mera suspeita."

3.2. Da capitulação equivocada dos delitos imputados a JLCM e da falta de condição de procedibilidade

É comum e bastante superficial a divisão dos delitos previstos nos artigos 1º e 2º da Lei nº 8.137/90[5] em dois grandes blocos: crime material e crime formal, respectivamente.

Com efeito, as nuances casuísticas ínsitas ao direito penal exigem uma análise parcimoniosa e aprofundada das condutas caracterizadoras de crimes contra a ordem tributária, pois o vasto espectro fenomenológico suscetível de enquadramento no domínio penal pode conduzir a que um delito classificado aprioristicamente como formal também possa exigir um resultado naturalístico para sua inequívoca configuração, sob pena de admitir-se imputações desprovidas de justa causa ou de se ignorar a ocorrência de causas excludentes de ilicitude.

Por outro lado, é sempre importante reafirmar a relação de subsidiariedade existente entre o artigo 2º e o artigo 1º da Lei nº 8.137/90. Isto é, apenas encontrarão adequação típica no art. 2º da Lei nº 8.137/90 as práticas engendradas com a **finalidade** (somente com o propósito e não com

---

[5] **Art. 1°** Constitui crime contra a ordem tributária suprimir ou reduzir tributo, ou contribuição social e qualquer acessório, mediante as seguintes condutas: (Vide Lei nº 9.964, de 10.4.2000)

a consumação) de redução ou supressão de tributos. Caso ocorra efetivo dano ao erário decorrente da redução ou supressão de tributos, configurado estará o tipo penal principal previsto no art. 1º da Lei nº 8.137/90.

Fixados esses parâmetros hermenêuticos, passemos à análise da adequação típica e da configuração das condições de procedibilidade necessárias à ação penal.

De saída, nota-se que a denúncia mostra-se confusa e ambígua até mesmo na simples tarefa de correlacionar a conduta imputada ao tipo penal supostamente violado.

Está consignado textualmente na peça inicial que os denunciados *"deixaram de recolher aos cofres públicos (...) valor de tributo (...) mediante o emprego de fraude, creditando-se assim, e indevidamente, do ICMS incidente"*. Ao final da denúncia, tais condutas foram classificadas como tipicamente adequadas aos incisos I e II do art. 2º da Lei nº 8.137/90.

I – omitir informação, ou prestar declaração falsa às autoridades fazendárias;
II – fraudar a fiscalização tributária, inserindo elementos inexatos, ou omitindo operação de qualquer natureza, em documento ou livro exigido pela lei fiscal;
III – falsificar ou alterar nota fiscal, fatura, duplicata, nota de venda, ou qualquer outro documento relativo à operação tributável;
IV – elaborar, distribuir, fornecer, emitir ou utilizar documento que saiba ou deva saber falso ou inexato;
V – negar ou deixar de fornecer, quando obrigatório, nota fiscal ou documento equivalente, relativa a venda de mercadoria ou prestação de serviço, efetivamente realizada, ou fornecê-la em desacordo com a legislação.
Pena – reclusão de 2 (dois) a 5 (cinco) anos, e multa.
Parágrafo único. A falta de atendimento da exigência da autoridade, no prazo de 10 (dez) dias, que poderá ser convertido em horas em razão da maior ou menor complexidade da matéria ou da dificuldade quanto ao atendimento da exigência, caracteriza a infração prevista no inciso V.
 Art. 2° Constitui crime da mesma natureza: (Vide Lei nº 9.964, de 10.4.2000)
I – fazer declaração falsa ou omitir declaração sobre rendas, bens ou fatos, ou empregar outra fraude, para eximir-se, total ou parcialmente, de pagamento de tributo;
II – deixar de recolher, no prazo legal, valor de tributo ou de contribuição social, descontado ou cobrado, na qualidade de sujeito passivo de obrigação e que deveria recolher aos cofres públicos;
III – exigir, pagar ou receber, para si ou para o contribuinte beneficiário, qualquer percentagem sobre a parcela dedutível ou deduzida de imposto ou de contribuição como incentivo fiscal;
IV – deixar de aplicar, ou aplicar em desacordo com o estatuído, incentivo fiscal ou parcelas de imposto liberadas por órgão ou entidade de desenvolvimento;
V – utilizar ou divulgar programa de processamento de dados que permita ao sujeito passivo da obrigação tributária possuir informação contábil diversa daquela que é, por lei, fornecida à Fazenda Pública.
Pena – detenção, de 6 (seis) meses a 2 (dois) anos, e multa.

Ao nosso sentir, aí reside o equívoco.

O ilustre membro do Ministério Público utilizou-se de **dois tipos penais subsidiários**, previstos nos incisos I e II do art. 2º da Lei nº 8.137/90, quando deveria, à luz dos princípios da especialidade e da consunção, ter resolvido o conflito aparente de normas e classificado as condutas imputadas a JLCM como supostamente subsumidas ao **tipo penal principal** descrito no art. 1º da Lei nº 8.137/90. Isto porque, segundo a própria acusação, teria ocorrido efetiva **redução ou supressão de tributo mediante fraude** nas Guias de Informação e Apuração de ICMS.

E por qual razão o órgão acusador teria optado pela capitulação fragmentada em dois incisos do art. 2º em detrimento do mais ortodoxo e previsível enquadramento no art. 1º, já que supostamente teria havido redução ou supressão de tributos mediante fraude nas guias do ICMS?

A resposta inequívoca é uma só: a acusação assim procedeu para, astuciosamente, remover o obstáculo inelutável e incontornável que é a condição de procedibilidade inerente aos crimes materiais previstos no art. 1º da Lei nº 8.137/90: **o lançamento definitivo do tributo devido**.

Aí está, em linguagem cristalina, a chave para o caminho tortuoso escolhido pelo órgão acusador no presente caso.

Como efeito, é sabido que a Súmula Vinculante 24 do Supremo Tribunal Federal sedimentou o entendimento de que **"não se tipifica crime material contra a ordem tributária, previsto no art. 1º, incisos I a IV, da Lei nº 8.137/90, antes do lançamento definitivo do tributo"**.

O enunciado vinculante acima citado resultou da evolução unidirecional da jurisprudência da Corte Suprema brasileira.

No **leading case** firmado no já remoto dia 10-12-2003, o Plenário do Supremo Tribunal Federal exarou acórdão cuja ementa possui o seguinte teor:

> "Crime material contra a ordem tributária" (L. 8137/90, art. 1º): **lançamento do tributo pendente de decisão definitiva do processo administrativo: falta de justa causa para a ação penal, suspenso, porém, o curso da prescrição enquanto obstada a sua propositura pela falta do lançamento definitivo**.
>
> 1. Embora não condicionada a denúncia à representação da autoridade fiscal (ADInMC 1571), **falta justa causa para a ação penal pela prática do crime tipificado no art. 1º da L. 8137/90 – que é material ou de resultado –, enquanto não haja decisão definitiva do processo administrativo de

lançamento, quer se considere o lançamento definitivo uma condição objetiva de punibilidade ou um elemento normativo de tipo.

2. Por outro lado, admitida por lei a extinção da punibilidade do crime pela satisfação do tributo devido, antes do recebimento da denúncia (L. 9249/95, art. 34), **princípios e garantias constitucionais eminentes não permitem que, pela antecipada propositura da ação penal, se subtraia do cidadão os meios que a lei mesma lhe propicia para questionar, perante o Fisco, a exatidão do lançamento provisório, ao qual se devesse submeter para fugir ao estigma e às agruras de toda sorte do processo criminal.**

3. No entanto, **enquanto dure, por iniciativa do contribuinte, o processo administrativo suspende o curso da prescrição da ação penal por crime contra a ordem tributária que dependa do lançamento definitivo**" (HC 81.611/DF, Rel Min. Sepúlveda Pertence, julgado em 10.12.2003, DJ de 13.05.2005)

Pouco tempo depois, em 20.04.2004, prosseguindo na mesma direção, a Corte reafirmou o entendimento firmado no HC 81.611/DF e assentou em bases inequívocas, em acórdão de que o signatário deste parecer teve a honra de ser o relator, o seguinte:

"O crédito tributário somente se constitui com o lançamento (art. 142 do Código Tributário Nacional). **Existindo controvérsia na esfera administrativa acerca da existência ou do montante do crédito tributário, é imperioso aguardar a conclusão do procedimento, que é o momento quando o lançamento do tributo se torna definitivo.**

Assim, conforme recente manifestação desta Corte sobre o assunto (HC 81.611, rel. min. Sepúlveda Pertence), **o prévio exaurimento da via administrativa é elemento normativo do tipo. Antes dele, não há que se falar em consumação do delito. Por via de consequência, é indevida a propositura de ação penal**" (HC 83.901/SP, Rel. Min. Joaquim Barbosa, julgado em 20.04.2004, DJ de 06.08.2004).

Na sequência e na mesma esteira, advieram muitos outros julgados, cujos entendimentos reiterados culminaram na edição da mencionada Súmula Vinculante 24.

Pois bem. Ciente da impossibilidade de ajuizamento de ação penal pela prática do crime previsto no art. 1º da Lei nº 8.137/90 que é manifestamente mais adequado, em razão do próprio relato feito pela acusação, à conduta descrita na denúncia, o ilustre promotor esquivou-se da necessidade de se aguardar o exaurimento da via administrativa e o lançamento definitivo do tributo, e classificou as imputações contra JLCM como violadoras do art. 2º da Lei nº 8.137/90. Uma vã tentativa, como se vê, de burlar a exigência de observância da condição de procedibilidade para o exercício da ação penal – objeto da já mencionada Súmula Vinculante 24 do Supremo Tribunal Federal.

Porém, apesar de basilar, não é jamais ocioso asseverar que a condição de titular da ação penal não confere ao Ministério Público a prerrogativa de escolher, ao seu alvedrio, o tipo penal que será imputado nas acusações por ele promovidas. A correta correlação entre a conduta descrita na peça acusatória e a classificação penal dos supostos delitos é imperiosa medida de justiça destinada a frear a sanha acusatória e a possibilitar o efetivo exercício da ampla defesa.

Ademais, não se pode jamais perder de vista que, acima de qualquer atribuição, o Ministério Público detém a prerrogativa de ser o fiscal da lei, tanto em relação às condutas praticadas por qualquer cidadão quanto no que diz respeito aos atos emanados dos seus próprios membros no exercício de sua nobre missão constitucional.

A bem da verdade, ainda que as condutas imputadas a JLCM estivessem corretamente enquadradas no tipo penal do art. 2º da Lei nº 8.137/90, o mesmo entendimento sobre a necessidade de se aguardar o exaurimento da via administrativa seria a medida mais acertada no caso, pois somente assim seria possível ter-se certeza quanto ao tributo supostamente não recolhido, suprimido ou reduzido, bem como em relação à fraude que se alega ter sido perpetrada como meio necessário a tal apropriação, elementos esses imprescindíveis ao exercício da ampla defesa.

3.3. Da inexigibilidade de conduta diversa, do erro de tipo, da ausência de dolo e do direito penal como *ultima ratio*

Consta dos autos da ação penal que a XXXX, empresa da qual JLCM seria um dos administradores, há muito estaria litigando judicial e administrativamente com a Fazenda Pública sobre a sistemática tributária aplicada ao recolhimento de ICMS incidente sobre suas atividades, sobretudo no tocante às operações interestaduais, à modalidade de substituição tributária e à não cumulatividade constitucional do tributo em comento.

Como exemplo, destaque-se o Mandado de Segurança nº XXXXX, que tramitou na XX Vara da Fazenda Pública de São Paulo, no qual foi concedida a segurança para que o Coordenador da Administração Tributária da Secretaria da Fazenda do Estado de São Paulo se abstivesse de *"cobrar e reter o ICMS no regime de substituição tributária relativo a todas as etapas das operações envolvendo combustíveis e derivados de petróleo, nas operações interestaduais"* envolvendo a XXXX e a XXXX.

Mais: no próprio Auto de Infração nº XXXXX, que serviu de base à propositura da ação penal ora em análise, houve acirrados debates sobre a cobrança do ICMS e a existência, ou não, de créditos tributários decorrentes de operações titularizadas pela XXXX.

É da mais singela compreensão da ciência jurídica, e até mesmo da sabedoria convencional, a intelecção jurídica segundo a qual a exigência de tributo não recolhido em razão de decisões judiciais ou administrativas não pode se voltar contra o contribuinte que agiu legitimamente ao amparo de regulares provimentos decisórios.

Noutras palavras: se há decisão judicial ou administrativa que isenta o contribuinte de determinada responsabilidade tributária, com muito mais razão deverá o contribuinte ser isentado de qualquer responsabilidade penal decorrente do mesmo fato.

Dentre os diversos ramos do Direito, o Direito Penal é a *ultima ratio*, ou seja, é o último instrumento a ser utilizado pelo Estado em situações suscetíveis de acarretar punição por condutas socialmente repugnantes. A ele só se deve recorrer, por óbvio, quando não for possível lançar mão de outros mecanismos assecuratórios daquilo aparenta ser uma das prerrogativas estatais, dentre as quais, a de recolher tributos.

Em respeito ao princípio fundamental da dignidade da pessoa humana, o uso do Direito Penal em última circunstância jamais deverá ocorrer em favor do Estado, mas sim em favor da sociedade e do cidadão, sob pena de transformar o Direito Penal em mero instrumento de repressão ou de arrecadação forçada.

As precisas lições de Hugo de Brito Machado bem elucidam a questão:

> "A pretensão de arrecadar tributos indevidos somadas às ameaças levianas do uso da lei penal contra contribuintes somente degradam a relação tributária e terminam por banalizar o Direito Penal. E não obstante seja o Direito Penal de grande importância como elemento de controle social, realmente a sua utilização não pode ser banalizada.
>
> (...)

O melhor instrumento para o combate ao crime, no que concerne especificamente aos crimes contra a ordem tributária, é o respeito ao contribuinte. Respeito que começa pela redução da enorme carga tributária a ele imposta. Passa pelo atendimento desatencioso e absolutamente inadequado e insuficiente a ele dispensado nas repartições da Administração Tributária. Vai até mesmo às interpretações inteiramente inadmissíveis, visivelmente distorcidas, das normas da legislação tributária, tendentes a lhes negar os direitos mais elementares. Enfim, a total falta de respeito na relação tributária, que induz no contribuinte o sentimento de que a lei só existe contra ele, ou pelo menos só é aplicada contra ele, posto que as disposições a ele favoráveis são sempre ignoradas pelas autoridades da Administração Tributária"[6].

Assim, parece cristalino que a utilização do Direito Penal no caso em análise, como instrumento coercitivo em prol da arrecadação, não encontra amparo no ordenamento jurídico do nosso país.

Em prol do denunciado, há, ainda, uma outra linha de argumentação que merece ser explorada. É que as condutas praticadas pelos administradores da XXXX no tocante ao recolhimento do ICMS, além de estarem amparadas em decisões judiciais e exaustivamente debatidas nos pertinentes processos administrativos fiscais, foram alicerçadas no princípio constitucional da não cumulatividade (art. 155, §2º, I, da Constituição Federal[7]), fundamento normativo suficiente à caracterização da causa excludente de ilicitude concernente à **inexigibilidade de conduta diversa**.

No ponto, vale a lembrança do seguinte julgado do Superior Tribunal de Justiça:

"O aproveitamento de crédito de ICMS decorrente de diferenças de alíquotas interestaduais, ainda que possa ser passível de eventual condenação no âmbito fiscal (pagamento de créditos glosados), não caracteriza o delito descrito no art. 2º, II, da Lei 8.137/1990.

Não se pode imputar a prática de crime tributário ao contribuinte que recolhe o tributo em obediência ao princípio constitucional da não-

---

[6] MACHADO, Hugo de Brito. Crimes contra a ordem tributária. 3. ed. São Paulo: Atlas, 2011. p. 21.
[7] Art. 155, §2º, I, da CF: "será não-cumulativo, compensando-se o que for devido em cada operação relativa à circulação de mercadorias ou prestação de serviços com o montante cobrado nas anteriores pelo mesmo ou outro Estado ou pelo Distrito Federal".

-cumulatividade, bem como mantém a fidelidade escritural dentro das normas (em princípio) válidas no âmbito dos respectivos entes da Federação" (EDcl no HC 196.262/MG, Rel. Min. Gurgel de Faria, DJe de 19.12.2014).

Ainda que se considerasse como correta a versão sustentada pelo Fisco fluminense no que diz respeito ao recolhimento do ICMS, isto é, de que deveria ter sido efetivado pela XXXX, nenhuma responsabilidade penal recairia sobre JLCM, pois teria ele incidido em erro na interpretação da lei tributária.

A propósito, é importante trazer à discussão o sedimentado entendimento do Supremo Tribunal Federal no sentido de que *"descabe confundir interpretação errônea de normas tributárias, passível de ocorrer quer por parte do contribuinte ou da Fazenda, com o ato penalmente glosado, em que sempre se presume o consentimento viciado e o objetivo de alcançar proveito sabidamente ilícito"* [8].

No que tange aos crimes contra a ordem tributária imputados a JLCM, o erro não está situado nas elementares do tipo penal, mas sim nas questões estritamente tributárias, como a identificação inequívoca, por exemplo, da base de cálculo ou da a forma correta de se calcular determinado tributo.

A liberdade do contribuinte na busca de uma interpretação adequada da norma tributária deve ser resguardada e eventual erro cometido na atividade interpretativa não lesiona a ordem tributária, bem jurídico penalmente tutelado. De fato, é menos lesivo deixar de se recolher determinado tributo do que suprimir a liberdade de interpretação, a qual, caso equivocada, poderá ser corrigida até mesmo na esfera administrativa.

Caso não seja adotado o entendimento de que o erro na interpretação da lei tributária afasta o dolo e, por consequência, a própria ilicitude penal, estaríamos repelindo por inteiro toda e qualquer garantia constitucional da tributação, especialmente a garantia consubstanciada no princípio da legalidade.

No respeitado entendimento de Hugo de Brito Machado:

> "Se o erro na interpretação das leis tributárias não fosse capaz de elidir a configuração do crime, a relação de tributação deixaria de ser uma relação jurídica, para voltar a ser como foi em sua forma primitiva, uma relação simplesmente de poder.

[8] HC 72.584/RS, Rel. Min. Maurício Corrêa, DJ de 03.05.1996.

Realmente, o tributo deixaria de ser devido nos termos da lei e passaria a ser devido nos termos da interpretação dada à lei pela Administração Tributária. Toda vez que o contribuinte tivesse dúvida teria de consultar a autoridade administrativa, e adotar o entendimento por esta preconizado. (...)

Não há dúvida, portanto, de que a evolução da doutrina do Direito Penal em torno do erro, efetivamente se deu positivamente, de sorte a contribuir para o aperfeiçoamento do Direito como sistema, e para o aprimoramento da Ciência Jurídica" [9].

No mesmo sentido, o eminente Ministro Celso de Mello consignou o seguinte entendimento ao acolher o requerimento de arquivamento formulado pelo Procurador-Geral da República no Inquérito nº 1.059/DF [10], *verbis*:

"O Ministério Público Federal, em parecer da lavra do Ilustre Vice-Procurador-Geral da República, Dr. HAROLDO FERRAZ DA NÓBREGA, aprovado pelo em. Chefe do Ministério Público da União, Dr. GERALDO BRINDEIRO, ao requerer o arquivamento do presente inquérito, assim se pronunciou (fls. 388/390):

(...) "Os réus, ora pacientes, podem não ter feito enfoque juridicamente correto do cálculo do ICMS devido. Mas evidentemente não cometeram fraude contra o Fisco. Não falsificaram documentos, ainda que sejam passíveis de culpa, no ângulo puramente fiscal, de não terem dado o enfoque jurídico adequado no cálculo do tributo. Do exame detido destes autos, chego à conclusão de que o presente processo nada mais é do que um subproduto da guerra fiscal que está grassando entre os Estados – como, aliás, a imprensa vem noticiando".

(...) O parecer, ante o exposto, é pela concessão da ordem para restabelecimento da sentença, que considerou a fato atípico, e absolvição dos réus.

A hipótese é similar. Por isso, entendo que não houve a sonegação fiscal apontada no pronunciamento de fls. 382/3 do MP do DF.

(...) Assim sendo, e tendo presentes as razoes expostas, defiro, nos termos do art. 3º, I., da Lei nº 8.038/90, o arquivamento do presente inquérito".

Diante de todas essas considerações, é patente a absoluta ausência de dolo de JLCM para o cometimento de qualquer crime contra a ordem tri-

---

[9] MACHADO, Hugo de Brito. Crimes contra a ordem tributária. 3. ed. São Paulo: Atlas, 2011. p. 73.
[10] Inq 1059/DF, Rel. Min. Celso de Mello, DJ de 25.08.95.

butária, não podendo os fatos a ele imputados ser considerados, ao menos por ora, como ilícitos penais.

4. Conclusões e Respostas aos Quesitos da Consulta

Em face de todo o exposto, passo a responder aos quesitos formulados:

a) **A denúncia oferecida pelo Ministério Público do Estado do Rio de Janeiro em face de JLCM atende aos requisitos formais exigidos pelo art. 41 do Código de Processo Penal?**

R: Não. A denúncia, extremamente vaga e imprecisa, não apresentou a descrição dos fatos com todas as suas circunstâncias e tampouco narrou como JLCM teria participado ou contribuído para a empreitada supostamente criminosa, o que impossibilita o exercício da ampla defesa por parte do acusado.

Ademais, não há congruência entre os fatos, entre a imputação e a classificação penal indicada na inicial acusatória, evidenciando um reprovável subterfúgio da acusação destinado ao oferecimento de uma denúncia desprovida de condição essencial de procedibilidade.

Portanto, a denúncia é inequivocamente **inepta**.

Maiores detalhes foram apresentados no **item 3** da presente Consulta.

b) **As condutas imputadas a JLCM são tipicamente adequadas aos crimes previstos nos incisos I e II do art. 2º da Lei nº 8.137/90, tal como consignado na denúncia?**

R: Não. Os delitos tipificados no art. 2º da Lei nº 8.137/90 se perfazem com a mera finalidade de se suprimir ou reduzir tributo. São crimes formais.

Sempre que houver efetiva lesão ao erário, decorrente da supressão ou redução de tributos, a conduta será tipicamente adequada aos crimes descritos no art. 1º da Lei nº 8.137/90.

No caso dos autos, colhe-se da própria denúncia que teria havido efetiva supressão ou redução de tributos.

É manifesta a impropriedade da denúncia.

Imperiosa, portanto, a reclassificação dos delitos imputados à luz da figura típica prevista no art. 1º da Lei nº 8.137/90. Por via de consequência, é imprescindível o lançamento definitivo do tributo como condição inafastável de procedibilidade, elemento essencial para a caracterização da materialidade delitiva, nos termos preconizados na Súmula Vinculante nº 24 do Supremo Tribunal Federal.

Ressalta-se que os princípios da especialidade e da consunção necessariamente deverão ser utilizados na solução do conflito aparente de normas e na precisa definição do crime imputado ao acusado, sob pena de se deixar ao alvedrio do Ministério Público a escolha arbitrária da imputação que recairá sobre o acusado e de quais requisitos se disporá a atender para o exercício da ação penal, tudo ao arrepio do princípio constitucional da ampla defesa.

Há de se ter muita cautela em relação aos crimes contra a ordem tributária para que o Direito Penal não perca sua essência como ramo autônomo do Direito e não seja desvirtuado pelo Estado que assume simultaneamente a condição de titular do poder-dever de punir e da atividade de arrecadação tributária.

Conforme já se sustentou neste parecer, não se pode confundir a defesa da ordem tributária – compreendida como bem jurídico tutelado – com uma ferramenta odiosa de coerção em prol da máquina arrecadadora estatal.

Maiores detalhes foram apresentados no **item 3.2** da presente Consulta.

c) **A mera condição de administrador é suficiente para a responsabilização penal de JLCM por crimes contra a ordem tributária decorrentes do hipotético descumprimento de obrigações tributárias da pessoa jurídica à qual é vinculado?**

R: Não. A mera invocação da condição de sócio ou de administrador de sociedade empresária, sem a correspondente e objetiva descrição de determinado comportamento típico que o vincule, concretamente, à prática criminosa, não constitui fator suficiente a legitimar a formulação de acusação estatal ou a autorizar a prolação de decreto judicial condenatório.

A torrencial jurisprudência emanada do Supremo Tribunal Federal e do Superior Tribunal de Justiça alicerça o entendimento ora exposto.

Maiores detalhes foram apresentados no **item 3.1** da presente Consulta.

d) **As condutas supostamente praticadas por JLCM configuram crimes?**

R: Não. Mesmo na hipótese de compreender como correta a interpretação do Fisco fluminense sobre o recolhimento do ICMS por substituição tributária, JLCM teria agido amparado em causas excludentes de ilicitude.

A existência de provimentos jurisdicionais desonerando o acusado de recolher tributos, a falta de exaurimento da via administrativa, o erro quanto à interpretação da norma tributária, a ausência de dolo, a liberdade interpretativa razoável e o entendimento doutrinário que vislumbra o direito penal como *ultima ratio* são motivos mais do que suficientes para a descaracterização da ilicitude penal das condutas imputadas a JLCM.

Maiores detalhes foram apresentados no **item 3.3** da presente Consulta.

Este é o nosso entendimento, s.m.j.

Brasília, 20 de setembro de 2015.

Joaquim Barbosa
OAB/DF 3.344

Parecer

CRIME DOLOSO CONTRA A VIDA – INÉPCIA DA DENÚNCIA – DEFICIENTE EXPOSIÇÃO DO FATO CRIMINOSO – AUSÊNCIA DE INDIVIDUALIZAÇÃO DAS CONDUTAS – INADMISSIBILIDADE – IMPOSSIBILIDADE DE EXERCÍCIO DA AMPLA DEFESA – INSUFICIÊNCIA PROBATÓRIA – "HEARSAY TESTIMONY" – TESTEMUNHA DE "OUVI DIZER" – IRRELEVANTE VALOR PROBATÓRIO – CONTRADIÇÕES E EXISTÊNCIA DE DÚVIDAS QUANTO À AUTORIA DELITIVA – INCIDÊNCIA DOS PRINCÍPIOS DA PRESUNÇÃO DE INOCÊNCIA E DO *IN DUBIO PRO REO* – IMPOSSIBILIDADE DE FORMULAÇÃO DE QUALQUER JUÍZO CONDENATÓRIO SEM BASE PROBATÓRIA IDÔNEA – ABSOLVIÇÃO COMO MEDIDA DE JUSTIÇA.

1. A Consulta
Os ilustres advogados TBO e CFTH solicitam-me a elaboração de parecer sobre a atual situação jurídica do Sr. SB, (qualificação), que responde à ação penal nº XXXXX, em tramitação na XX Vara do Júri do Foro Central Criminal de São Paulo/SP.

2. Relatório e Consulta
O Ministério Público do Estado de São Paulo ofereceu denúncia contra SB e outros dois cidadãos, imputando-lhes a suposta prática das condutas penais descritas no artigo 121, § 2º, incisos I, III e IV, e §4º, todos do Código Penal Brasileiro.

Segundo a peça acusatória:

"C. [a vítima], ainda criança, já trabalhava para traficantes num bairro próximo de sua casa. Dx endividou-se e o denunciado Lx, gerente de um outro ponto de tráfico, ofereceu-se para saldar a dívida em troca dos serviços do menino em seu ponto.

Dx começou a trabalhar para o denunciado Lx, mas contraiu novas dívidas. Além disso, vinha praticando furtos e roubos que prejudicavam a atividade de Lx que, em combinação com seus "funcionários", os denunciados Qx e SB e os adolescentes Gx e Nx, decidiram, para vingar-se, matar Dx.

Para praticar o crime, atraíram DX até o local e, com uma corda de nylon, o enforcaram, matando-o por asfixia, sem permitir-lhe qualquer defesa (exame necroscópico de fls. 99/101).

O crime foi praticado por motivo torpe, em vingança à conduta da vítima, que comprometeu a lucratividade da atividade criminosa a que se dedicavam os denunciados, bem como por asfixia e mediante recurso que dificultou a defesa da vítima, uma vez que havia superioridade numérica contra uma vítima de menos de 12 anos de idade.

Diante do exposto, denuncio Lx, Qx e SB como incursos no artigo 121, § 2º, incisos I, III e IV, combinados com o artigo 61, inciso II, letra h (criança), na forma do artigo 29, caput, todos do Código Penal".

A denúncia foi recebida em 02.03.2009 (fl. 325), aditada em 14.07.2009 (fls. 368-369 e 532) e a sentença de pronúncia foi proferida em 31.01.2013 (fls. 676-680).

Concluída a instrução criminal e apresentadas as alegações finais por meio de memoriais do Ministério Público (fls. 634-639) e da defesa de SB (fls. 651-661), a sessão plenária foi designada para o dia 06.07.2016.

Diante deste quadro, a análise do caso compreenderá o exame dos seguintes quesitos formulados textualmente pelos consulentes:

a) A denúncia oferecida pelo Ministério Público do Estado de São Paulo em face de SB atende aos requisitos formais exigidos pelo art. 41 do Código de Processo Penal e possibilita o exercício da ampla defesa?

b) O acervo probatório dos autos permite concluir sobre a autoria do homicídio de Dx e se o acusado SB concorreu de algum modo para tal crime?

É o que passo a analisar e a responder.

3. Da Inépcia da Denúncia

"No art. 41, a lei adjetiva penal indica um necessário conteúdo positivo para a denúncia. É dizer: ela, denúncia, deve conter a exposição do fato normativamente descrito como criminoso, com suas circunstâncias, de par com a qualificação do acusado, a classificação do crime e o rol de testemunhas (quando necessário). Aporte factual, esse, que viabiliza a plena defesa do acusado, incorporante da garantia processual do contraditório" (Inq 2486/AC, Rel. Min. Carlos Britto, DJe nº 237, de 17.12.2009).

Como se sabe, os requisitos essenciais da denúncia, peça inaugural da ação penal pública, estão descritos no art. 41 do Código de Processo Penal Brasileiro[1].

Dentre os atributos da denúncia, a exigência da descrição minuciosa dos fatos e de todas as suas circunstâncias é requisito absolutamente imprescindível a uma finalidade importantíssima: a imposição de limites à relação jurídico-processual entre Estado-acusador e cidadão-acusado, de modo a evitar a ocorrência de arbitrariedades no desempenho do *jus puniendi*, além, é claro, de possibilitar um real e efetivo exercício do direito à ampla defesa e ao contraditório.

Ademais, é sempre importante lembrar que o acusado se defende dos FATOS que lhe são explicitamente imputados (*imputatio facti*) e não da descrição jurídica genérica e abstrata que a legislação penal faz de cada tipo de conduta teoricamente apta a gerar punição. Ou seja: sem a descrição objetiva e suficiente dos FATOS o réu de uma ação penal não terá qualquer segurança jurídica diante da acusação que lhe é feita pelo Estado e, o que é mais penoso, terá cerceado o seu direito de defesa, ficando vulnerável à possibilidade de sofrer condenação criminal por todo e qualquer acontecimento direta ou indiretamente relacionado ao tipo penal indicado na denúncia, o que é repudiado veementemente pelo ordenamento jurídico brasileiro.

Feitas essas considerações básicas sobre os principais requisitos da peça acusatória, lançaremos um olhar atento sobre a denúncia formada contra SB, da qual extraímos o seguinte excerto:

---

[1] "Art. 41. A denúncia ou queixa conterá a exposição do fato criminoso, com todas as suas circunstâncias, a qualificação do acusado ou esclarecimentos pelos quais se possa identificá-lo, a classificação do crime e, quando necessário, o rol das testemunhas".

"Dx começou a trabalhar para o denunciado Lx, mas contraiu novas dívidas. Além disso, vinha praticando furtos e roubos que prejudicavam a atividade de Lx que, em combinação com seus "funcionários", os denunciados Qx e SB e os adolescentes Gx e Lx, decidiram, para vingar-se, matar Dx.

Para praticar o crime, atraíram Dx até o local e, com uma corda de nylon, o enforcaram, matando-o por asfixia, sem permitir-lhe qualquer defesa (exame necroscópico de fls. 99/101).

O crime foi praticado por motivo torpe, em vingança à conduta da vítima, que comprometeu a lucratividade da atividade criminosa a que se dedicavam os denunciados, bem como por asfixia e mediante recurso que dificultou a defesa da vítima, uma vez que havia superioridade numérica contra uma vítima de menos de 12 anos de idade.

Diante do exposto, denuncio Lx, Qx e SB como incursos no artigo 121, § 2º, incisos I, III e IV, combinado com o artigo 61, inciso II, letra h (criança), na forma do artigo 29, caput, todos do Código Penal".

Pois bem. Uma leitura rápida e superficial da peça acusatória permite de pronto extrair a sua característica mais marcante: o extraordinário e perturbador laconismo na descrição dos fatos tidos como criminosos que foram imputados a SB. A narrativa fática contida na denúncia não apresenta uma única palavra sobre quais atos teriam sido efetivamente praticados por SB e tampouco informa como ele teria contribuído, concorrido ou participado da prática criminosa. Não há uma linha sequer sobre essa importantíssima exigência legal.

A denúncia afirma textualmente que os três denunciados, *"para praticar o crime,* **atraíram** *Dx até o local e, com uma corda de nylon, o* **enforcaram***, matando-o por asfixia, sem permitir-lhe qualquer defesa".* Ou seja, segundo a versão constante da peça acusatória, **os três denunciados "atraíram" a vítima até o local do crime e os três acusados a "enforcaram" com uma "corda de nylon".**

Contudo, impõem-se indagar: seria isso possível? A narrativa acusatória é minimamente detalhada de modo a permitir que se saiba qual conduta foi praticada por cada um dos denunciados? Como ocorreu o crime? Como os três réus teriam atraído a vítima até o local do crime? Os três acusados enforcaram o menor? Somente um dos agentes enforcou o menor e os demais apenas o contiveram para impedir uma fuga?

Nenhuma dessas perguntas encontra resposta na descrição delitiva apresentada na denúncia, de modo que a vagueza, a pobreza descritiva e a generalidade da peça inaugural configuram inépcia por impossibilitar o exercício do direito de defesa por parte do acusado. Isto porque, obviamente, é impossível defender-se de algo que não se sabe o que é [2].

Em um caso análogo ao ora sob exame, o Supremo Tribunal Federal concedeu a ordem de *habeas corpus* para reconhecer a inépcia de denúncia desprovida da descrição minuciosa dos fatos, de todas as suas circunstâncias e dos atos efetivamente praticados pelos acusados, conforme se pode verificar pela leitura da ementa do HC 110.015/RJ, da relatoria do Ministro Luiz Fux, *verbis*:

> *"HABEAS CORPUS. PENAL. PROCESSUAL PENAL. **DENÚNCIA. INÉPCIA. TRANCAMENTO DA AÇÃO PENAL.** HABEAS CORPUS SUBSTITUTIVO DE RECURSO ORDINÁRIO CONSTITUCIONAL. INADMISSIBILIDADE. **VÍCIOS NA PEÇA ACUSATÓRIA. ORDEM CONCEDIDA, EX OFFICIO, PARA ANULAR PARCIALMENTE A DENÚNCIA, SEM PREJUÍZO DE QUE OUTRA SEJA OFERECIDA COM OBSERVÂNCIA DO DISPOSTO NA LEGISLAÇÃO PROCESSUAL PENAL.***
>
> *(...)*
>
> *4. O Código de Processo Penal, no artigo 41, prescreve que a denúncia deverá conter a exposição do fato criminoso, com todas as circunstâncias, a qualificação do acusado ou esclarecimentos pelos quais se possa identificá-lo, a classificação do crime (indicação de rol de testemunhas, se houver), exigências que encontram fundamento na necessidade de o representante do Ministério Público precisar os limites da imputação, possibilitando ao acusado, 'prima facie', o conhecimento da alegação de infringência à norma incriminadora e o exercício da ampla defesa.*
>
> *5. O artigo 41 do Código de Processo Penal é de necessária observância, posto que a inépcia da denúncia baseada em descrição do fato delituoso, viola as garantias constitucionais do devido processo legal e do contraditório, integrantes do núcleo essencial do 'due process of law'.*

---

[2] É importante ressaltar que o ordenamento processual-penal contemporâneo ainda se vale da antiguíssima divisão sintética da Retórica cunhada por Marcus Fabius Quintilianus consubstanciada nas perguntas *"Quis? Quid? Ubi? Quibus auxiliis? Cur? Quomodo? Quando?"* (traduzidas como "Quem? O quê? Onde? Por quais meios? Por quê? Como? Quando?" e que correspondem ao denominado "sete W dourados" da criminalística alemã – *Wer? Was? Wos? Womit? Warum? Wie? Wann?*), utilizadas como parâmetro de quesitação fático-circunstancial, com cujas respostas se considera esgotado determinado assunto. Assim, as respostas a tais perguntas no âmbito processual-penal constituem ferramenta imprescindível à verificação da higidez da denúncia, sendo certo que será inepta a denúncia de cuja descrição fática não se puder responder a qualquer uma das perguntas "quintilianusianas".

6. *'In casu', **a peça acusatória** – à exceção do crime de furto – **em relação ao crime de homicídio, não demonstra, sequer perfunctoriamente, a responsabilidade do denunciado e paciente, nem mesmo o nexo de causalidade entre a conduta deste e o crime supostamente cometido, nada dispondo quanto aos meios empregados ou de que maneira teria ele participado da suposta prática delituosa.*

6.1. *É que se impunha a narrativa dos fatos e das condutas empreendidas, conquanto não fosse exigida, desde logo, que a peça acusatória trouxesse a lume a comprovação dos fatos imputados em toda a sua inteireza, pois o que se exige é a exposição do fato criminoso com todas as suas circunstâncias, ainda que sucintamente, sob pena de, não o fazendo, vir a impossibilitar ou a dificultar o exercício da ampla defesa e do contraditório.*

7. *A denúncia oferecida perante o Juízo do Tribunal do Júri da Comarca de São Gonçalo/RJ – Cartório da 4ª Vara Criminal – em relação ao crime de homicídio, contém a seguinte narrativa: "No dia 02 de Maio de 2002, no período noturno, no interior do bar 'Maracanãzinho', localizado no nº 252 da Av. Maricá, bairro jardim Alcântara, nesta comarca, terceira pessoa, com vontade livre e consciente de matar em comunhão de ações e desígnios com os denunciados, desfecho vários golpes de faca contra Luiz Carlos Pereira dos Santos, causando-lhe as lesões descritas na AEC de fls. 23/26, que por sua natureza, sede e extensão foram a causa eficiente da morte da vítima. Os denunciados [leia-se Francisco Assis Custódio e Marcos Paulo Lucas Guimarães], livre e conscientemente concorreram de modo eficaz para o crime, determinando seu cometimento e estando encorajadamente presentes no momento de sua execução. (...)"*

8. *O voto proferido no âmbito do Superior Tribunal de Justiça pelo Ministro Celso Limongi (Desembargador convocado do Tribunal de Justiça do Estado de São Paulo), que, embora vencido, bem evidenciou a nulidade da denúncia oferecida perante o Juízo de Primeira Instância, merecendo, inclusive, a censura do Ministério Público nesta sede, in verbis: "(...) É da letra do art. 41 do Cód. de Pr. Penal que 'a denúncia (...) conterá a exposição do fato criminoso, com todas as suas circunstâncias...'* **Isso exige que se diga, a par de quem morreu, quem matou, onde, quando e como se fez, se sozinho ou com o auxílio de outrem, e de que forma foi prestado esse auxílio, qual a contribuição desse concurso no objetivo criminoso. Portanto, para atender às prescrições legais, deve conter os sujeitos ativos (quis), os meios empregados para atingir o resultado criminoso (quibus auxiliis), o resultado (quid), o lugar do delito (ubi), o modo pelo qual foi praticado o crime (quomodo) e o tempo do fato (quando). Ora, o que efetivamente se sabe a respeito do paciente é que estava presente no momento da ação delituosa, e nada mais. (...) A exordial acusatória é desprovida do quibus auxiliis e quomodo, pelo que contraria tanto a determinação processual, quanto à garantia da defesa ampla e contraditório".**

*9. Habeas corpus extinto sem julgamento do mérito, posto ser substitutivo de recurso ordinário constitucional, e **concessão, de ofício, da ordem, porque evidenciada a inépcia da peça acusatória em relação ao crime de homicídio, sem prejuízo de que outra seja elaborada em relação ao réu, com o cumprimento dos ditames processuais penais legais**"* (HC 110.015/RJ, rel. Min. Luiz Fux, DJe nº 066, de 11.04.2013).

Não se desconhece que há precedentes dos Tribunais Superiores abrandando a exigência de descrição pormenorizada da conduta de cada um dos coautores e partícipes de crimes praticados em concurso de agentes. Todavia, esses mesmos julgados permissivos impõem de forma peremptória que a denúncia (a) exponha o modo como os coautores e partícipes podem ter concorrido para o crime (o que, como já vimos, não consta da presente denúncia) e (b) seja instruída por prova suficiente da concorrência de todos, o que também não se verifica no caso sob estudo, conforme demonstraremos a seguir.

4. *Hearsay Testimony*: a Testemunha do "Ouvi Dizer" e sua Insuficiência Probatória para o Caso em Análise

"Quando as provas de um fato se apoiam todas entre si, isto é, quando os indícios do crime não se mantêm senão apoiados uns nos outros, quando a força de inúmeras provas depende de uma só, o número dessas provas nada acrescenta nem subtrai na probabilidade do fato: merecem pouca consideração, porque, se destruís a única prova que parece certa, derrocareis todas as demais" [3].

Além do laudo de exame necroscópico de fls. 99/101 (que serve apenas para demonstrar que a morte de Dx foi causada por asfixia), a prova testemunhal foi a única espécie probatória utilizada pela acusação para "comprovar" a prática do delito imputado a SB.

Nesse ponto, chama atenção o fato de que **NENHUMA das testemunhas arroladas presenciou o cometimento do delito**. Sem qualquer dissonância, TODAS as testemunhas afirmaram que apenas ouviram "boatos", "comentários no bairro" ou "alguém dizer" que determinadas pessoas teriam cometido o crime. É o que se extrai inequivocamente dos termos de

---
[3] BECCARIA, Cesare. **Dos Delitos e das Penas**. São Paulo: Martin Claret, 2002. p.27-28.

declarações de fls. 155-156 (prima da vítima), 157-158 (tia da vítima), 159-160 (irmão da vítima), 161-162 (irmão da vítima), 163-164 (irmã da vítima), 165-166 (testemunha protegida "A"), 169-170 (testemunha protegida "B"), 172-173 (testemunha protegida "C"), 254-255 (testemunha protegida "A"), 281-283 (Mx), 294-296 (Rx), 354-357 (Mx), 358-362 (Tx), 363-367 (Kx), 391-393 (testemunha protegida "B"), 395-397 (testemunha protegida "C") e 399-403 (testemunha protegida "A").

A fragilidade probatória de tais depoimentos é exposta de forma eloquente nas declarações prestadas pela "Testemunha protegida 'C'", que disse ter sabido da autoria do crime através de comentários feitos remotamente pela "**prima de uma amiga**" (fls. 395-397), e mais claramente nas declarações da "Testemunha protegida 'A'" que, em juízo, inovou ao declarar que "ouviu comentários" de uma pessoa chamada **NX** no sentido de que SB teria participado do crime (fls. 399-403).

Ouvida em juízo para ratificar ou não as informações prestadas pela "Testemunha protegida 'A'", NX afirmou que "não presenciou o homicídio", "não sabe como Dx morreu e nem quem o matou" (fls. 545-551). Noutras palavras: o depoimento de NX tornou completamente imprestáveis as declarações da "Testemunha protegida 'A'".

Todos esses elementos demonstram contradição entre as testemunhas e elevado grau de incerteza quanto às versões apresentadas, o que desaconselha a utilização de tais testemunhos como prova para fins de condenação.

Ora, TODAS as testemunhas arroladas no caso sobre o qual este Parecer se debruça podem ser classificadas como ***HEARSAY TESTIMONY***, ou seja, a testemunha indireta, do "ouvi dizer", pessoa que "não viu ou presenciou o fato e tampouco teve contato direto com o que estava ocorrendo, senão que sabe através de alguém, por ter ouvido alguém narrando ou contando o fato"[4]. Evidentemente, o valor probante de tais declarações há de ser severamente mitigado.

Ressalve-se que o ordenamento jurídico processual-penal brasileiro não obsta o depoimento da "testemunha de ouvi dizer". Contudo, ante a baixíssima credibilidade decorrente do distanciamento que a testemunha tem dos fatos, as declarações prestadas pela testemunha indireta devem ser desprezadas para fins de condenação quando estiverem desacompanhadas de provas irrefutáveis da autoria e materialidade delitivas.

---

[4] LOPES JR, Aury. **Direito Processual Penal.** 13. ed. – São Paulo: Saraiva, 2016. p. 485.

No plano doutrinário, são relevantes as reflexões de Aury Lopes Jr[5] sobre o tema:

> *"É ainda bastante manipulável* [a 'hearsay testimony'] *e pode representar uma violação do contraditório, eis que quando submetida ao exame cruzado ('cross examination') na audiência, não permite a plena confrontação, afinal, sobre o fato, ela nada sabe, apenas se limita a repetir o que ouviu e, eventualmente, fazer juízos de valor sobre isso (o que é vedado pela objetividade). Há ainda o imenso risco de existir uma verbalização ampliada, até para valorização do papel assumido.*
>
> **Ademais, a testemunha de 'ouvi dizer' nada presenciou e, portanto, não corresponde aos requisitos de objetividade e retrospectividade, na medida em que não teve a 'experiência probatória', não conheceu diretamente do fato objeto da discussão na dimensão de caso penal.** *A título de curiosidade, no sistema inglês existem três provas* **passíveis de exclusão** *(exclusionary rules) e proibição valoratória:*
>
> *a) 'hearsay': testemunha de 'ouvi dizer';*
>
> *b) 'Bad character': prova sobre o mau caráter. Importante para evitar o direito penal do autor (eis outra proibição de prova que poderíamos adotar, especialmente no tribunal do júri);*
>
> *c) Prova ilegal: concepção tradicional de proibição de valoração probatória da prova ilícita".*

Jurisprudencialmente, está sedimentado o mesmíssimo entendimento aqui sustentado, no sentido de se desconsiderar o valor da prova oriunda da testemunha de "ouvir dizer", merecendo destaque os seguintes julgados de diversos Tribunais, inclusive do Superior Tribunal de Justiça:

> *"****RECURSO EM SENTIDO ESTRITO – DECISÃO DE PRONÚNCIA – AUSÊNCIA DE INDÍCIOS DE AUTORIA – TESTEMUNHOS POR OUVIR DIZER – DESPRONÚNCIA – RECURSO PROVIDO.***
>
> *(...) Ora, apesar de não exigir a sentença de pronúncia juízo de certeza no que concerne à autoria criminosa, já que eventuais dúvidas existentes resolvem-se 'pro societate', não subsistem como elementos de motivação àquela decisão meros elementos de suposição ou simples conjecturas desprovidas de credibilidade, que é justamente o caso*

---

[5] _____. **Testemunho "hearsay" não é prova ilícita, mas deve ser evitada**. Disponível em: http://www.conjur.com.br/2015-out-30/limite-penal-testemunho-hearsay-nao-prova-ilicita-evitada2. Acesso em 05/06/2016.

*dos autos, onde não se vê desde logo relatos consistentes quanto à autoria delitiva imputada ao recorrente, já que nenhuma das testemunhas conseguiu trazer aos autos qualquer dado idôneo acerca de como teria se dado a participação delitiva do recorrente, trazendo, é bem verdade, a prova testemunhal dados probatórios apenas **"por ouvir dizer"** e ainda contraditórios, já que cada qual diz ter ficado sabendo dos fatos pela outra, não se sabendo, portanto, qual é a fonte de cada uma, certo, outrossim, de haver indícios de participação de um terceiro indivíduo, o tal de Milão, tal como se infere do relato da genitora da vítima, **revelando-se em tal ponto inteiramente frágil a prova vocal, não autorizando destarte a prolação de decisão de pronúncia"* (Recurso em Sentido Estrito nº 990092261185, Oitava Câmara de Direito Criminal, **Tribunal de Justiça do Estado de São Paulo**, Rel. Des. Fábio Aguiar Munhoz Soares, Acórdão publicado em 26.05.2010).

"RECURSOS EM SENTIDO ESTRITO. HOMICÍDIO QUALIFICADO. ***INDÍCIOS DE AUTORIA. INSUFICIÊNCIA. TESTEMUNHOS DE OUVIR DIZER.***

1. No procedimento dos delitos dolosos contra a vida, ao juízo de pronúncia exige-se o convencimento quanto à materialidade do fato e a constatação de indícios suficientes de autoria ou participação. Assim é porque se trata de mero juízo de admissibilidade da acusação, do que resulta dispensável o grau de certeza inerente às sentenças de mérito. O artigo 413 do CPP, porém, exige a suficiência dos indícios, a indicar que, quando insuficientes, impõe-se a decisão de impronúncia.

2. No caso, ***ainda que haja menções aos nomes dos réus, todas partem de testemunhos de "ouvir dizer", não tendo quaisquer das testemunhas confirmado que, no momento dos fatos, efetivamente visualizou os réus atentarem contra a vida da vítima.*** *Inexistência de indícios de sua participação no crime, dentre os elementos probatórios produzidos na fase judicial.* ***Ausência de testemunhas presenciais a afirmar a participação dos acusados. Inadmissibilidade do testemunho de "ouvir dizer", denominado 'hearsay testimony'. Viabilidade da acusação não demonstrada. Impronúncia que se impõe.*** *RECURSO DEFENSIVO PROVIDO, POR MAIORIA. RECURSO MINISTERIAL PREJUDICADO, UNÂNIME"* (Recurso em Sentido Estrito nº 70065756827, Terceira Câmara Criminal, **Tribunal de Justiça do Estado do Rio Grande do Sul**, Rel. Des. Sérgio Miguel Achutti Blattes, Acórdão publicado em 26.01.2016).

"PROCESSUAL PENAL. RECURSO ESPECIAL. JURI. TENTATIVA DE HOMICÍDIO QUALIFICADO. PRONÚNCIA. PROVAS. PRINCÍPIO IN DUBIO PRO SOCIETATE. **CONSTRANGIMENTO ILEGAL EVIDENCIADO.**

I – Em se tratando de crime afeto a competência do Tribunal do Júri, o julgamento pelo Tribunal Popular só pode deixar de ocorrer, provada a materialidade do delito, caso se verifique ser despropositada a acusação, porquanto aqui vigora o princípio 'in dubio pro societate'.

II – Não obstante esse entendimento sedimentado nos Tribunais Superiores, **cabe à primeira fase do procedimento relativo aos crimes da competência do Tribunal do Júri denominada 'iudicium accusationis', afastar da apreciação do Conselho de Sentença acusações manifestamente infundadas, destituídas, portanto, de qualquer lastro probatório mínimo.**

III- Na espécie, **consta em desfavor do recorrido tão somente referências a testemunhos, que, com supedâneo no "ouvi dizer", lhe atribuem a prática do crime, na medida em que teria fornecido a arma do crime ao executor. Tais elementos revelam-se precários, e dessa forma, não autorizam a sua submissão ao 'iudicium causae'.**

IV – **Este o quadro, tem-se que a manifesta ausência de indícios impõe a manutenção da decisão tomada em segundo grau que despronunciou o recorrido.**

Recurso especial desprovido" (Recurso Especial nº 933.436/SP, **Superior Tribunal de Justiça**, Rel Min. Félix Fischer, Acórdão publicado em 13.10.2009).

Assim, conforme sobejamente demonstrado, a deturpada, duvidosa e limitadíssima cognição fática inerente às chamadas testemunhas de "ouvi dizer" mitigam fortemente o seu peso probatório, de modo que é inadmissível impor uma condenação a SB com base em provas tão pálidas e fragilíssimas.

Não obstante, *ad argumentandum tantum*, caso seja atribuído algum valor probatório às testemunhas de "ouvi dizer", ainda assim não será possível de todo modo condenar SB pela suposta prática do homicídio de Dx, haja vista a incidência no caso dos princípios da presunção de inocência e do *in dubio pro reo*, conforme veremos a seguir.

5. Da Presunção de Inocência e do *In Dubio Pro Reo*

> *"As pessoas nascem inocentes, sendo esse o seu estado natural, razão pela qual, para quebrar tal regra, torna-se indispensável ao Estado-acusação evidenciar, com provas suficientes, ao Estado-juiz, a culpa do réu. (...) Em caso de conflito entre a inocência do réu – e sua liberdade – e o poder-dever do Estado de punir, havendo dúvida razoável, deve o juiz decidir em favor do acusado"* [6].

O princípio da presunção de inocência (segundo o qual um acusado somente poderá ser considerado culpado após o trânsito em julgado da condenação) traduz-se essencialmente como duas regras fundamentais: ora ele atua como **regra de tratamento** do acusado, ora como **regra probatória ou de juízo**.

Como regra de tratamento, o princípio da presunção de inocência impõe ao Poder Público o dever de tratar o suspeito, o indiciado, o denunciado e o acusado com respeito e dignidade, jamais podendo equipará-lo a um condenado por sentença transitada em julgado.

Já quando atua como regra de juízo, disciplinando a atividade probatória, o princípio da presunção de inocência tem por objetivo proteger o acusado contra juízos baseados em mera probabilidade. Aqui o que se visa é assegurar que só é admissível a condenação baseada em absoluta certeza advinda de provas cabais que necessariamente devem ser produzidas pela acusação. Vale dizer, não se impõe ao acusado a prova de sua inocência. Cabe sim ao Ministério Público o ônus de provar a culpa do acusado.

De tudo isso decorre uma regra comezinha do processo penal: quando não há certeza sobre os fatos em discussão na ação penal, é preferível absolver-se um culpado a condenar-se um inocente, devendo a dúvida sempre militar em favor do réu.

Em outras palavras: eis o brocardo *in dubio pro reo* como princípio consequencial da presunção de inocência, imperiosa regra de apreciação e valoração de provas em juízo a ser aplicada caso exista dúvida sobre fato relevante para a decisão.

Voltemos à situação concreta dos autos. Ao compulsar os autos da ação penal ora sob exame, verifica-se, de um lado, a existência de provas vacilan-

---

[6] Nucci, Guilherme de Souza. **Manual de Processo Penal e Execução Penal.** 13. ed. rev., atual. e ampl. – Rio de Janeiro: Forense, 2016. p. 34-35.

tes sobre a suposta participação de SB no homicídio (lastreadas nos inconsistentes depoimentos de testemunhas não presenciais, de "ouvi dizer", conforme demonstrado à exaustão anteriormente), e, de outro, várias declarações no sentido de que **SB não teve qualquer participação no crime** e tampouco era envolvido com o tráfico de drogas da localidade onde ocorreu o homicídio, merecendo destaque os seguintes excertos:

> – Declarações prestadas por Tx:
> *"(...) Não ouviu nenhum comentário de que SB, Gx e Mx teriam envolvimento no crime"* (fl. 295).
> - Declarações prestadas por Kx:
> *"(...) Não ouviu dizer do envolvimento de SB no crime"* (fl. 364).
> - Declarações prestadas por NX:
> *"(...) J: Há quanto tempo a senhora o conhece?*
> *D: Eu conheço ele [SB] há oito anos, que é a época que eu morava na rua. (...)*
> *J: Ele estava envolvido na prática de crimes ou tráfico de drogas?*
> *D: Não, senhora"* (fl. 547).

Assim, tendo em vista a inexistência de prova inequívoca da participação de SB na ação criminosa (o que enseja razoável dúvida sobre o cometimento do delito), a absolvição é a medida de justiça que se impõe.

Em conclusão e como síntese de todos os argumentos sustentados neste item, valho-me da transcrição do esclarecedor entendimento exposto no acórdão do HC nº 73.338/RJ, Supremo Tribunal Federal, da relatoria do Min. Celso de Mello (Acórdão publicado no DJ de 19.12.1996), cuja ementa possui o seguinte teor:

> *"Não se justifica, sem base probatória idônea, a formulação possível de qualquer juízo condenatório, que deve sempre assentar-se – para que se qualifique como ato revestido de validade ético-jurídica – em elementos de certeza, os quais, ao dissiparem ambiguidades, ao esclarecerem situações equívocas e ao desfazerem dados eivados de obscuridade, revelam-se capazes de informar, com objetividade, o órgão judiciário competente, afastando, desse modo, dúvidas razoáveis, sérias e fundadas que poderiam conduzir qualquer magistrado ou Tribunal a pronunciar o 'non liquet'".*

6. Conclusões e Respostas aos Quesitos da Consulta

Em face de todo o exposto, passo a responder aos quesitos formulados:

a) *A denúncia oferecida pelo Ministério Público do Estado de São Paulo em face de SB atende aos requisitos formais exigidos pelo art. 41 do Código de Processo Penal e possibilita o exercício da ampla defesa?*
R: Não. A denúncia, impregnada de vagueza e imprecisão, não apresenta uma única palavra sobre quais atos teriam sido efetivamente praticados por SB e tampouco informa como ele teria contribuído, concorrido ou participado da empreitada supostamente criminosa, o que impossibilita o exercício da ampla defesa por parte do acusado, pois é impossível se defender de algo que não se sabe precisamente o que é.

A peça acusatória não descreveu os fatos com todas as suas circunstâncias e utilizou-se de verbos como "atraíram" e "mataram", que evidenciam indeterminação e generalidade quanto às condutas praticadas e configuram um reprovável subterfúgio acusatório para se desincumbir do ônus probatório que recai exclusivamente sobre o Ministério Público na condição de titular da ação penal pública.

Portanto, a denúncia é inequivocamente **inepta**.

Maiores detalhes foram apresentados no **item 3** do presente Parecer.

b) *O acervo probatório dos autos permite concluir precisamente sobre a autoria do homicídio de Dx e se o acusado SB concorreu de algum modo para tal crime?*
R: Não. O acervo probatório coligido nos autos é lastreado exclusivamente na denominada "Hearsay Testimony", ou seja, na testemunha do "ouvi dizer", indireta, de desprezível valor probante, sendo certo que tal espécie de testemunha, por não ter sido um "espectador do crime", desconhece a realidade do fato e de suas circunstâncias adjacentes.

A testemunha "remota", do "ouvi dizer", é absolutamente vulnerável à indução, deturpação e contaminação, pois ela é uma mera reprodutora de discurso alheio eventualmente existente.

Ademais, as declarações prestadas pelas testemunhas são confusas, contraditórias e pouco elucidativas. Se por um lado algumas testemunhas disseram que "ouviram boatos" e "comentários no bairro" sobre a eventual participação do consulente no homicídio, por outro há depoimentos que asseveram que SB não teve qualquer participação no crime a ele imputado.

Assim, a ausência de prova inequívoca quanto à autoria e à participação no homicídio impõe que a dúvida seja interpretada em favor do acusado ante a incidência do princípio do *in dubio pro reo*.

Tendo em vista, pois, (a) a ausência de base probatória minimamente plausível, (b) as titubeantes testemunhas de "ouvi dizer" e (c) a existência de dúvida razoável sobre a autoria delitiva, a formulação de qualquer juízo condenatório desfavorável a SB configurará ato de repugnante injustiça.

Maiores esclarecimentos foram apresentados nos **itens 4 e 5** do presente Parecer.

Este é o nosso entendimento, s.m.j.

Brasília, 20 de junho de 2016.

JOAQUIM BARBOSA
OAB/DF 3.344

7. Referências

BECCARIA, Cesare. **Dos Delitos e das Penas**. São Paulo: Martin Claret, 2002.
Cruz, Rogério Schietti Machado. **Garantias processuais nos recursos criminais**. 2. ed. – São Paulo: Atlas, 2013.
FERNANDES, Antonio Scarance. **Processo penal constitucional**. 3. ed. rev., atual. e ampl. – São Paulo: Revista dos Tribunais, 2002.
LOPES JR, Aury. **Direito Processual Penal**. 13. ed. – São Paulo: Saraiva, 2016.
_____. **Testemunho "hearsay" não é prova ilícita, mas deve ser evitada**. Disponível em: http://www.conjur.com.br/2015-out-30/limite-penal-testemunho-hearsay-nao-prova-ilicita-evitada2. Acesso em 05/06/2016.
NUCCI, Guilherme de Souza. **Manual de Processo Penal e Execução Penal**. 13. ed. rev., atual. e ampl. – Rio de Janeiro: Forense, 2016.
TUCCI, Rogério Lauria. **Direitos e garantias individuais no processo penal brasileiro**. 2. ed. rev. e atual. – São Paulo: Revista dos Tribunais, 2004.

Parecer

PRISÃO EM FLAGRANTE – ILEGALIDADE – CONVERSÃO EM PRISÃO PREVENTIVA – AUSÊNCIA DE FUNDAMENTAÇÃO IDÔNEA – DECISÃO GENÉRICA E FUNDADA NA GRAVIDADE ABSTRATA DO DELITO – INADMISSIBILIDADE – AUSÊNCIA DE PROVAS DO CRIME DE TRÁFICO DE DROGAS – CONDIÇÕES PESSOAIS FAVORÁVEIS DO INVESTIGADO – ACAUTELAMENTO INDEVIDO – NECESSIDADE DE IMEDIATA RESTITUIÇÃO DA LIBERDADE DO PACIENTE.

1. A Consulta

Os ilustres advogados BC, SN e NS, representando GS, (qualificação), solicitam-me a elaboração de parecer sobre a atual situação jurídica do Paciente, considerando-se o indiciamento formalizado no Procedimento nº XXXXX, oriundo da XX Delegacia de Polícia Civil do Estado do Rio de Janeiro e vinculado à XX Vara Criminal da Comarca da Capital/RJ.

2. Relatório

O Consulente foi preso em flagrante no dia 21.08.2015 pela hipotética prática da conduta penal descrita no art. 33 da Lei nº 11.343/06.

De acordo com o Auto de Prisão em Flagrante, policiais civis à paisana teriam surpreendido GS e JN na posse de **"um cigarro artesanal queimado em uma das extremidades"** e de um pequeno pacote plástico contendo **"0,8g (oito decigramas) de erva seca"** que supostamente seriam utilizados para mercancia.

Posteriormente, a prisão em flagrante foi convertida em custódia preventiva ao fundamento de "garantia da ordem pública, por conveniência da instrução criminal, pela gravidade do crime de tráfico ilícito de drogas e para assegurar a aplicação da lei penal".

Foi formulado pedido de liberdade provisória e relaxamento de prisão (que foi indeferido pelo Juízo da XX Vara Criminal da Comarca da Capital/RJ) e impetrado Habeas Corpus (cuja liminar foi indeferida pelo Desembargador XX, da XX Câmara Criminal do Tribunal de Justiça do Estado do Rio de Janeiro).

Diante deste quadro, a análise do caso compreenderá o exame dos seguintes quesitos:

a) As circunstâncias fáticas permitem concluir pela ocorrência da prática do crime de tráfico ilícito de drogas?
b) Há prova suficiente da prática do crime imputado ao Consulente?
c) As decisões judiciais que converteram a prisão em flagrante em custódia preventiva e indeferiram o pedido de liberdade provisória possuem motivações idôneas?
d) As condições pessoais do Consulente somadas ao acervo probatório produzido nos autos autorizam a restituição da sua liberdade?

É o que se passa a analisar e responder.

3. Das Circunstâncias Fáticas

"A tarefa de reconstruir inteiramente o *iter criminis* se aproxima do impossível, porquanto parte dele se processa no mundo subjetivo, (...) sendo inalcançável até mesmo para as testemunhas, quanto mais pelo julgador e pelo Ministério Público, mesmo diante de possível confissão. Mas nem por isso deixa de ser importante a mensagem subliminar contida no princípio da verdade real, impondo aos atores processuais, em particular ao acusador e ao juiz, que não se contentem com meras conjecturas, mas busquem tirar o máximo do devido processo legal, com vistas a alcançar a melhor das provas que ele consiga propiciar, (...) a qual deve ser lastreada em prova segura (...)"[1]

---

[1] SOUZA, Sérgio Ricardo de; SOUZA, Willian Silva. **Manual de Processo Penal Constitucional: pós-reforma de 2008**. Rio de Janeiro: Forense, 2010. p. 26.

DIREITO PENAL E PROCESSUAL PENAL

A laboriosa reconstrução do *iter criminis* é imprescindível à formação da convicção e exige uma escorreita apreciação das circunstâncias fáticas e dos elementos probatórios disponíveis, sob pena de se chancelar injustiça flagrante, chocante.

3.1. Da falta de plausibilidade da versão fática apresentada pelos policiais civis

No caso em apreço, a simples leitura dos Termos de Declaração dos policiais civis envolvidos na prisão em flagrante do paciente evidencia a fragilidade conjectural que embasou a custódia e expõe uma prática odiosa, porém corriqueira, no âmbito policial: a articulação e reprodução grosseira dos depoimentos de policiais com o objetivo de construir uma irreal unidade de versões e conferir verossimilhança a um ato consubstanciador de violência injustificável – a prisão.

Para se constatar o que fora acima afirmado, basta que se lance um olhar atento aos depoimentos prestados pelos policiais MN, EN e SG, dos quais constam as seguintes afirmações:

> "JN e GS foram em direção dos ora identificados como Ex e Nx; (...) **que então o declarante** juntamente com os demais policiais abordou o grupo e em revista pessoal **encontrou** dentro da mochila que estava com GS certa quantidade de material semelhante à maconha (...)".

Ora, qual policial revistou a mochila e encontrou a suposta droga, já que os 3 (três) policiais afirmam o mesmo?

Obviamente, apenas um dos policiais realizou a revista e encontrou o material reputado como entorpecente. Contudo, ao se valerem da reprodução de declarações para evitar divergências, produziram a versão improvável de que todos os policiais teriam realizado os mesmíssimos atos, numa manifesta tentativa desarrazoada de legitimar a arbitrariedade da prisão por eles efetivada.

Outra relevante inconsistência verificada principalmente na versão relatada pelo policial civil EN diz respeito ao fato de que teriam sido "localizados no *whatsapp* **de ambos** [JN e GS] as tratativas para a venda e aquisição do material entorpecente e que as conversas mantidas foram impressas e juntadas aos autos".

Contudo, o próprio Auto de Apreensão (fls. XX do procedimento inquisitorial) desmente tal versão. Com efeito, é o mesmo policial EN, indicado em tal documento como apresentante do material apreendido, quem afirma textualmente haver sido encontrado **um único aparelho de telefone celular, o qual pertence à HN**.

Além disso, Nx e Ex, assumidamente usuários de entorpecentes e pretensos compradores da droga supostamente traficada, foram uníssonos em asseverar **"que nunca havia[m] visto GS"**, **"que não conhecia[m] GS"** e que negociaram a droga **"através de *whatsapp* entre os celulares de Ex (nº xxxxx) e JN (nº xxxxx)"** (conforme declarações prestadas às fls. XX e XX do procedimento investigatório).

Portanto, não há absolutamente nada nos autos que sugira ainda que remotamente a existência de unidade de desígnios entre GS e JN, muito menos que indique a presença de um eventual dolo de mercancia dos envolvidos.

Some-se a isso, sem maiores digressões, que o material apreendido e que supostamente seria objeto de mercancia consiste em "um cigarro artesanal queimado em uma das extremidades contendo *cannabis sativa* misturada com tabaco" e um pequeno pacote plástico contendo "0,8g (oito decigramas) de erva seca", conforme laudo de exame prévio de entorpecente elaborado pela Polícia Civil.

Diante desse quadro, impõe-se a indagação: seria uma "guimba de cigarro queimada em uma das extremidades" e uma quantidade de poucos decigramas de maconha misturada com tabaco objetos caracterizadores da materialidade delitiva do tráfico de drogas?

A resposta é negativa. Tais objetos seriam no máximo caracterizadores de substância entorpecente destinada ao uso próprio, conduta esta que não é passível de prisão em quaisquer de suas modalidades.

A única conclusão a que se pode chegar, portanto, é: a narrativa fática construída pelos policiais civis e equivocadamente encampada pelo Ministério Público Estadual e pelo Juízo processante é absolutamente desprovida de plausibilidade e carecedora de lastro probatório.

3.2. Da verossimilhança da versão sustentada por GS.

A versão sustentada pela defesa do Consulente GS em seu pedido de liberdade provisória e relaxamento de prisão mostra-se consistente, verossímil e encontra suficiente amparo no acervo probatório já coligido nos autos.

Extrai-se da aludida peça defensiva que GS "estava de carona com o primeiro indiciado [JN], a caminho de uma partida de basquete, sendo certo que trazia consigo a mochila de JN nas costas, por conta de estar na garupa da motocicleta, desconhecendo o que havia no seu interior".

Pois bem. Como se sabe, a formação da convicção pode derivar simploriamente de comandos normativos ou resultar da denominada "presunção *omni* ou *hominis*", de cunho prático, centrada no homem, no fato comum e na ideia que um indivíduo de discernimento comum possui sobre a realidade experimentada socialmente. E é exatamente a presunção *omni*, assentada na experiência de vida, ombreada à realidade e cujo fundamento de validade se encontra no art. 335[2] do Código de Processo Civil (de aplicação subsidiária ao Código de Processo Penal), que corrobora a versão apresentada por GS.

De saída, indaga-se se é razoável que alguém seja transportado na garupa de uma motocicleta que esteja sendo conduzida por uma outra pessoa que esteja ela própria carregando uma mochila em suas costas?

A resposta obviamente é negativa. Portanto, é bastante crível que GS, ao aceitar a carona oferecida por JN, tenha passado a carregar a mochila de propriedade deste último simplesmente como forma de viabilizar seu transporte em condições de segurança. Assim, a prisão de GS se mostra mais odiosa na medida em que é fato incontroverso que a mochila era de propriedade do condutor da motocicleta, e esse fato foi confirmado pelo próprio JN por ocasião do flagrante, conforme consta expressamente das declarações prestadas pelos policiais civis MN, EN e SG.

Outro questionamento que se faz necessário é sobre a necessidade de ciência do conteúdo da mochila. Ao se transportar uma mochila pertencente a um terceiro que lhe oferece carona, é razoável que o "caronista" indague o condutor sobre o conteúdo da bolsa?

A resposta mais uma vez é negativa. A cautela de se exigir o conhecimento do conteúdo de uma mochila pertencente a outrem passa ao largo da precaução que se espera do homem médio.

Assim, pode-se afirmar com segurança que GS agiu em perfeita consonância com as cautelas exigíveis do cidadão comum, não tendo agido com negligência ou imprudência ao carregar consigo mochila pertencente a uma pessoa que o transportava em sua motocicleta. O único infortúnio

---

[2] Art. 335. Em falta de normas jurídicas particulares, o juiz aplicará as regras de experiência comum subministradas pela observação do que ordinariamente acontece e ainda as regras de experiência técnica, ressalvado, quanto a esta, o exame pericial.

de GS foi o de ter aceitado uma despretensiosa carona no exato momento em que JN portava ocultamente pequena quantidade de entorpecentes. Ou seja, GS estava no lugar errado com a pessoa errada.

E, aqui, é importante repetir que as testemunhas NG e ES afirmaram categoricamente "que nunca havia[m] visto GS", "que não conhecia[m] GS" e que negociaram a droga "através de whatsapp entre os celulares de Ex e JN" (conforme declarações prestadas às fls. XX e XX do procedimento investigatório).

A conclusão, portanto, é que GS não possuía conhecimento do conteúdo ilícito da mochila de JN e jamais se envolvera em qualquer atividade destinada ao narcotráfico, razão pela qual não se lhe pode imputar a prática do crime tipificado no art. 33 da Lei nº 11.343/06.

4. Da Falta de Fundamentação da Custódia Cautelar

Jamais será demasiado afirmar e reafirmar que a liberdade de locomoção é a regra geral consignada na Constituição Federal, sendo um consectário lógico dos princípios da dignidade da pessoa humana e da não-culpabilidade. Noutras palavras, a prisão é medida excepcionalíssima.

Sobre a liberdade de locomoção e a prisão, dispõe a Carta Política Brasileira:

> "Art. 5º
> ....
> XV – é livre a locomoção no território nacional em tempo de paz, podendo qualquer pessoa, nos termos da lei, nele entrar, permanecer ou dele sair com seus bens;
> (...)
> LIV – ninguém será privado da liberdade ou de seus bens sem o devido processo legal;
> (...)
> LXI – ninguém será preso senão em flagrante delito ou por ordem escrita e fundamentada de autoridade judiciária competente, salvo nos casos de transgressão militar ou crime propriamente militar, definidos em lei;"

Como se vê, a Constituição Federal determina expressamente que a medida excepcional de constrição da liberdade de qualquer pessoa deve ser **fundamentada** por decisão emanada de autoridade judiciária competente, o que não se verifica no caso.

E nesse ponto não é preciso muito esforço para verificar a inexistência do conteúdo mínimo da garantia da fundamentação das decisões judiciais, sem a qual não se viabiliza a ampla defesa nem se afere o dever do juiz de se manter equidistante das partes processuais em litígio.

Tomemos, pois, como exemplo, a decisão que converteu a prisão em flagrante em preventiva e que, posteriormente, serviu como argumento ao indeferimento do pedido de liberdade provisória, *verbis*:

> "Trata-se de comunicação de prisão em flagrante de JN e GS pela prática, em tese, do crime descrito no artigo 33 da Lei nº 11.343/06.
>
> O Ministério Público opinou pela conversão da prisão em preventiva.
>
> Constato que o flagrante encontra-se hígido, tanto formal como materialmente, não havendo razão para se cogitar de relaxamento da prisão em comento. Verifico que existem suficientes indícios de autoria e de prova da existência do crime, conforme se depreende da documentação oriunda da XX Delegacia Policial, e termos de declarações acostados.
>
> Considerando a conduta dos indiciados, entendo presentes o *fumus comissi delicti* e o *periculum libertatis*, uma vez que há, a princípio, indícios da autoria e da materialidade do crime, havendo necessidade de garantia da ordem pública, conveniência da instrução criminal, a gravidade do crime de tráfico ilícito de drogas e para assegurar a aplicação da lei penal.
>
> Por essas razões, converto a prisão em flagrante em preventiva, conforme requerido pelo Ministério Público".

Com a devida vênia, trata-se de decisão manifestamente genérica que poderia ser utilizada indiscriminadamente pelo eminente magistrado em qualquer caso. A única referência que se faz a algo peculiarmente relacionado ao caso é a vaga menção à "documentação oriunda da XX Delegacia Policial", sem qualquer detalhe ou elemento do qual se possa minimamente inferir qual acusação recai sobre o indiciado e qual circunstância gravosa motiva a prisão, sendo impossível aos ditos "flagranteados" exercerem plenamente suas defesas e postularem a liberdade.

Outro vício que macula irremediavelmente as decisões proferidas pelo magistrado de primeiro grau diz respeito à utilização da **gravidade abstrata** do crime de tráfico de drogas como fundamento para a prisão. Ora, a jurisprudência pacífica dos nossos tribunais superiores somente admite a **gravidade concreta** do crime praticado como fundamento apto a justificar o decreto prisional.

Portanto, padecem as referidas decisões de nulidade insanável, consubstanciada na falta de motivação idônea do ato jurisdicional, razão pela qual é imperativo que sejam imediatamente revogadas.

Confiram-se, no mesmo sentido dos argumentos aqui sustentados, os seguintes julgados do Supremo Tribunal Federal e do Superior Tribunal de Justiça:

> HABEAS CORPUS. DECISÃO INDEFERITÓRIA DE PEDIDO DE MEDIDA LIMINAR. SÚMULA 691/STF. POSSIBILIDADE DE MITIGAÇÃO DO ÓBICE. **SUPOSTO DELITO DE TRÁFICO DE ENTORPECENTES. PRISÃO PREVENTIVA. FUNDAMENTAÇÃO GENÉRICA. ILEGALIDADE FLAGRANTE. ORDEM CONCEDIDA DE OFÍCIO.**
>
> 1. É firme a jurisprudência do Supremo Tribunal Federal, no sentido da inadmissibilidade de impetração sucessiva de habeas corpus, sem o julgamento de mérito do HC anteriormente impetrado. Jurisprudência, essa, que deu origem à Súmula 691/STF, segundo a qual "não compete ao Supremo Tribunal Federal conhecer de habeas corpus impetrado contra decisão do Relator que, em habeas corpus requerido a tribunal superior, indefere a liminar".
>
> 2. Tal entendimento jurisprudencial sumular comporta abrandamento, quando de logo avulta que o cerceio à liberdade de locomoção do paciente decorre de ilegalidade ou abuso de poder (inciso LXVIII do art. 5º da CF/88).
>
> 3. A regra geral que a nossa Lei Maior consigna é a da liberdade de locomoção. Regra geral que se desprende do altissonante princípio da dignidade da pessoa humana (inciso III do art. 1º) e assim duplamente vocalizado pelo art. 5º dela própria, Constituição: a) "é livre a locomoção no território nacional em tempo de paz" (inciso XV); b) "ninguém será privado da liberdade ou de seus bens sem o devido processo legal" (inciso LIV).
>
> 4. A prisão comparece no mesmo corpo normativo da Constituição como explícita medida de exceção (inciso LXI do art. 5º da CF/88). Exceção que vai depender da concreta aferição judicial da necessidade do aprisionamento do agente, atento o juiz aos vetores do art. 312 do Código de Processo Penal.
>
> 5. Em tema de prisão cautelar, a garantia da fundamentação importa o dever judicante da real ou efetiva demonstração de que a segregação atende a pelo menos um dos requisitos do art. 312 do CPP. Sem o que se dá a inversão da lógica elementar da Constituição, segundo a qual a presunção de não-culpabilidade é de prevalecer até o momento do trânsito em julgado de sentença penal condenatória.

6. No caso, a prisão está assentada em fundamentação genérica, abstrata e impessoal. Sendo certo que essas características da generalidade, impessoalidade e abstratividade são da lei, em sentido material, e não de um decreto prisional.

7. Habeas corpus não conhecido, **mas concedida da ordem de ofício para cassar o desfundamentado decreto de prisão.**" (STF, HC 105.494, rel. Min. Ayres Britto, DJe-207, de 27.10.2011)

"HABEAS CORPUS. Processual penal. Homicídio qualificado. **Prisão preventiva. Decisão fundamentada na gravidade genérica do crime. Inviabilidade de manutenção. Necessidade de elementos concretos que a justifiquem. Ordem conc**edida.

I – **O decreto de prisão cautelar há que se fundar em fatos concretos.** Precedentes.

II – A mera afirmação de gravidade do crime, por si só, não é suficiente para fundamentar a constrição cautelar, devendo a imprescindibilidade da custódia preventiva ser faticamente demonstrada, sob pena de desvio de finalidade da medida constritiva e, consequentemente, de incorrer-se em constrangimento ilegal.

III – Habeas Corpus conhecido, para conceder-se a ordem." (STF, HC 94.587, rel. Min. Joaquim Barbosa, DJe-059, de 27.03.2009)

HABEAS CORPUS. TRÁFICO DE DROGAS. PRISÃO PREVENTIVA. DECISÃO BASEADA EM ALEGAÇÕES GENÉRICAS E NA GRAVIDADE ABSTRATA DO DELITO. FUNDAMENTAÇÃO INIDÔNEA. AUSÊNCIA DE REQUISITOS PARA A MANUTENÇÃO DA CUSTÓDIA CAUTELAR. ORDEM CONCEDIDA.

1. Considerações genéricas acerca da gravidade do crime e a mera suposição de que a paciente poderá frustrar a aplicação da lei penal, se colocada em liberdade, sem amparo em qualquer elemento concreto e individualizado, são fundamentos que, por si sós, não justificam a manutenção da custódia, conforme entendimento do Superior Tribunal de Justiça." (STJ, HC 119.138, rel. min. Og Fernandes, DJe de 27.04.2009)

5. Das Condições Pessoais Favoráveis de GS

A jurisprudência consolidada das Cortes Superiores é no sentido de que as condições pessoais favoráveis de réus, investigados ou indiciados, **por si**

só, não são suficientes a obstar a decretação da prisão preventiva quando existirem outros elementos concretos que justifiquem a custódia[3].

Conforme demonstrado anteriormente, não há fundamentos idôneos à decretação e à manutenção da prisão preventiva no presente caso, sobretudo porque o magistrado valeu-se de fundamentação genérica e da gravidade abstrata do delito como *ratio decidendi*.

Assim, ante a ausência de razões fáticas e jurídicas suficientes à custódia, as condições pessoais favoráveis a GS passam a ter importância destacada e corroboram a necessidade de imediata restituição de sua liberdade.

GS é um jovem de 25 (vinte e cinco) anos de idade, (qualificação), com trajetória de vida irretocável e sem qualquer registro de antecedentes criminais.

Desse modo, seja pela ausência de circunstâncias desabonadoras, seja pela existência de vigorosos elementos subjetivos favoráveis ao Consulente, a imediata revogação da prisão de GS é a medida de justiça necessária ao desfazimento de custódia manifestamente ilegal.

6. Conclusões e Respostas aos Quesitos da Consulta

Em face de todo o exposto, passe-se a resposta dos quesitos formulados:

a) **As circunstâncias fáticas permitem inferir a prática do crime de tráfico ilícito de drogas?**

   R: Não. Os fatos tal como narrados pelos policiais civis são contraditórios, despidos de plausibilidade e desprovidos de lastro probatório. As versões uniformizadas apresentadas pelos policiais constituem uma vã tentativa de se conferir verossimilhança a uma narrativa inconsistente.

   A versão apresentada em nome do paciente no pedido de liberdade provisória é crível e alicerçada em suficiente acervo probatório, sendo, portanto, representativa da realidade dos fatos.

   Maiores detalhes foram apresentados no **item 3** da presente Consulta.

b) **Há prova suficiente da prática do crime imputado ao Consulente?**

   R: Não. Os poucos elementos de prova constantes dos autos dizem respeito a quantidades ínfimas de entorpecentes compatíveis com o

---

[3] Dentre outros: HC 101.762, rel. Min. Joaquim Barbosa, DJe-207, de 26.10.2011, e HC 101.684, rel. Min. Joaquim Barbosa, DJe-207, de 26.10.2011.

uso, não com o tráfico de drogas. E mais: esta circunstância assume particular importância no momento em que o Supremo Tribunal Federal caminha no sentido de descriminalizar o porte de pequenas quantidades de drogas para consumo exclusivamente pessoal, como bem pode ser caracterizado o caso ora sob exame. Ademais, as parcas e precaríssimas provas produzidas, tanto sobre a propriedade da droga apreendida quanto sobre a suposta mercancia de substância proscrita, indicam que os supostos atos ilícitos não tiveram de modo algum a participação de GS.

Maiores detalhes foram apresentados no **item 3.2** da presente Consulta.

c) **As decisões judiciais que converteram a prisão em flagrante em custódia preventiva e indeferiram o pedido de liberdade provisória possuem motivações idôneas?**
R: **Não.** As decisões que converteram a prisão em flagrante em preventiva e indeferiram o pedido de liberdade provisória estão assentadas em fundamentos genéricos, impessoais e na gravidade abstrata do crime imputado, o que não é admitido pela jurisprudência consolidada dos Tribunais Superiores.

Maiores detalhes foram apresentados no **item 4** da presente Consulta.

d) **As condições pessoais do Consulente somadas ao acervo probatório produzido nos autos autorizam a restituição da sua liberdade?**
R: **Sim.** As condições pessoais de um indiciado somente não são suficientes a obstar a decretação da prisão preventiva quando existirem outros elementos concretos que justifiquem a custódia. No caso em análise, não há nada que justifique a prisão cautelar, razão pela qual as condições subjetivas do Consulente devem preponderar e motivar a restituição da liberdade.

Maiores detalhes foram apresentados no **item 5** da presente Consulta.

Este é o nosso entendimento, s.m.j.

Rio de Janeiro, 14 de setembro de 2015.

Joaquim Barbosa
OAB/DF 3344

DIREITO TRIBUTÁRIO

Parecer

CONSULENTE: NFP

TRIBUTÁRIO. SUJEIÇÃO PASSIVA INDIRETA OU POR DERIVAÇÃO. GARANTIAS DO DEVIDO PROCESSO LEGAL.

1. Os princípios do contraditório e da ampla defesa (art. 5º, LV da Constituição) e da motivação dos atos administrativos (art. 37, *caput* da Constituição) são plenamente aplicáveis à atribuição de sujeição passiva tributária a qualquer título.
2. Viola os princípios da ampla defesa, do contraditório e do devido processo legal (art. 5º, LV da Constituição) atribuir sujeição passiva tributária a qualquer título por simples peticionamento nos autos de ação de execução fiscal;
3. Viola o dever de estrita motivação do ato administrativo de constituição do crédito tributário deixar de chamar a pessoa de direito a quem se pretende atribuir sujeição passiva, a qualquer título, para participar do controle de validade administrativo do crédito tributário ou da relação de responsabilidade.
4. Viola os arts. 5º, LV e 37, caput da Constituição, o art. 3º da Lei 9.784/1999, os arts. 10, 14, 59, 60 e 61 do Decreto 70.235/1972 e o art. 38 do Decreto 7.574/2011 deixar de chamar a pessoa de direito a quem se pretende atribuir sujeição passiva, a qualquer título, para participar do controle de validade administrativo do crédito tributário ou da relação de responsabilidade.

5. Viola o art. 5º, LXXVIII da Constituição transferir ao Judiciário a discussão inaugural, com ampla defesa e contraditório, da validade de atribuição de sujeição passiva tributária a qualquer título.
6. Viola o art. 5º, XXXIV, a e XXXV (direitos fundamentais de petição e de acesso ao Judiciário) e II (juntamente com o art. 145, § 1º, legalidade substantiva, pela proibição do excesso de exação) da Constituição induzir o pretenso sujeito passivo a apresentar defesa apenas na via judicial do controle de validade do crédito tributário, uma vez que essa via traz carga financeira e de deveres maior do que a via administrativa.

DECADÊNCIA. MARCO INICIAL. SUPOSTA HIPÓTESE DE RESPONSABILIZAÇÃO POR ATO ILÍCITO (DOLO, FRAUDE OU SIMULAÇÃO). PRIMEIRO DIA ÚTIL DO EXERCÍCIO SEGUINTE ÀQUELE EM QUE O LANÇAMENTO PODERIA TER SIDO REALIZADO.

7. Na hipótese de os supostos atos ilícitos deflagradores da responsabilidade pessoal ocorrerem concomitantemente à omissão da qual decorre o lançamento por dever de ofício (art. 149, II do CTN), não há modificação do marco inicial da contagem do prazo decadencial (art. 173, I do CTN).
8. Os prazos do art. 150, § 4º e 173, I do CTN não podem ser somados, pois referem-se (a) a hipóteses diversas e (b) o lançamento de ofício deve ser realizado tão logo ocorra inadimplência da obrigação principal ou da obrigação acessória.
9. A Constituição não admite a perpetuação dos prazos de constituição e de cobrança do crédito tributário, em homenagem ao princípio da segurança jurídica e por falta de previsão legal expressa.

TRIBUTÁRIO. PRESCRIÇÃO. MARCO INICIAL DA CONTAGEM DO RESPECTIVO PRAZO. CONSTITUIÇÃO DEFINITIVA DO CRÉDITO TRIBUTÁRIO. PROCESSO ADMINISTRATIVO TRIBUTÁRIO BIFURCADO. RELAÇÃO JURÍDICA TRIBUTÁRIA ATINGIDA PELA PRECLUSÃO ADMINISTRATIVA. RELAÇÃO JURÍDICA DE RESPONSABILIDADE CUJA DISCUSSÃO MANTEVE-SE EM GRAU

DE RECURSO ESPECIAL ADMINISTRATIVO. AUTONOMIA DO FLUXO DE POSITIVAÇÃO.

10. É perfeitamente possível a ocorrência da preclusão parcial no curso do processo administrativo em que se efetua o controle de validade de créditos tributários. Nesta hipótese, como não há mais suspensão da exigibilidade nem da executoriedade da relação jurídica tributária, deve a autoridade fiscal dar imediatamente curso às demais etapas do fluxo de positivação do crédito tributário.
11. No caso em exame, a autoridade fiscal não deveria ter esperado o desenlace do processo administrativo em relação ao responsável tributário que detinha situação jurídica distinta e inconfundível no universo das pessoas físicas e jurídicas objeto da autuação.
12. Conta-se o prazo de prescrição a partir do momento em que se concretiza a estabilização do crédito tributário na seara administrativa, com sua "constituição definitiva". No quadro examinado, a "constituição definitiva" ocorreu com a preclusão administrativa.
13. Decorridos mais de cinco anos entre a data da "constituição definitiva" e o ajuizamento da ação de execução fiscal, incide inapelavelmente a regra da prescrição.

1. Consulta e Relatório

Honra-nos com esta consulta jurídica o Senhor NFP, que assim expôs o problema, textualmente:

> "01. A Fiscalização Federal, em 27.09.2004, lavrou contra a empresa **CCDVG LTDA**, sociedade empresária limitada, inscrita no CNPJ-MF sob o número XXX, auto de infração no qual, em razão do arbitramento de lucros, exige da contribuinte IRPJ, PIS COFINS e CSLL, referente aos anos calendários de 1998 a 2002 (doc. 01).
>
> No ato de lançamento e em função de investigações realizadas à época da lavratura, o fisco federal apontou que seria "inverossímil" a afirmação de que o Sr. SGF "se dispunha gratuitamente a colaborar nas atividades da empresa" e que os fatos de que tal pessoa "movimentava a conta corrente bancária da empresa fiscalizada", "transacionava em nome dessa", "era seu procurador" e "praticava todos os atos de gerência e comércio em nome dessa" caracterizariam seu envolvimento pessoal nos negócios da autuada. Houve, então, por bem, no ato de lançamento, responsabilizá-lo solidariamente, apontando o

interesse comum do Sr. S. como preposto da empresa fiscalizada, nos termos do artigo 124, I e 135 II, do CTN. (doc. 02).

Do mesmo modo, no ato de lançamento, o fisco federal considerou que o Sr. DCA "realizava pagamentos", "assinava cheques" e "geria os negócios da empresa fiscalizada", tudo apurado conforme "resposta à circularização efetuada aos beneficiários dos cheques da empresa". Sendo assim, houve por bem também responsabilizá-lo por interesse comum, como preposto da empresa fiscalizada, nos termos do artigo 124, I e 135 IIdo CTN. (doc. 03).

A empresa foi cientificada do lançamento em 14.10.2004 (doc. 04). O Sr. SGF em 13.10.2004 (doc. 05) e, o Sr. DCA, em 13.10.2004 (doc. 06).

Todos, tempestivamente, impugnaram administrativamente o lançamento (docs. 07-9).

A impugnação administrativa apresentada pela empresa à Receita Federal do Brasil não foi conhecida pela competente Delegacia da Tributária de Julgamento (DTJ), afirmando-se na decisão a falta de identificação de quem subscreveu a impugnação.

Já as impugnações administrativas ofertadas pelos solidários (S. E D.) não foram conhecidas, sob o fundamento de ser incabível a discussão de solidariedade em sede de processo administrativo (doc. 10).

Contra a decisão da Delegacia Tributária de Julgamento, a empresa e os solidários (S. E D.) interpuseram recurso (docs. 11-3).

Na apreciação dos recursos, a decisão de primeira instância foi mantida em julgamento da Colenda 1ª. Câmara do Primeiro Conselho de Contribuintes (doc. 14), a qual, por unanimidade, nos termos do v. Acórdão 101-95.692, de 02.10.2006, não conheceu o recurso da empresa e, conheceu e negou provimento aos recursos dos solidários.

Por seu Acórdão (doc. 14), a 1ª C. Câmara do Conselho considerou que o recurso da empresa era intempestivo.

Por sua vez, na mesma decisão da 1ª Câmara do Conselho, os recursos dos solidários foram conhecidos e improvidos, mantendo o fundamento da decisão administrativa anterior para novamente afirmar *"(...) incabível discutir-se responsabilidade solidária no processo administrativo fiscal, pois tal questão está adstrita à fase de cobrança do crédito tributário.".*

As partes, conforme atestam documentos do processo administrativo (doc. 15 a 17), foram regularmente intimadas da decisão do voluntário. Os solidários em 25.10.2006 e a empresa em 10.01.2007.

A empresa e os solidário SGF resignaram-se com a decisão e, desse modo, não apresentaram recurso.

Para a empresa e para o Sr. S., a decisão que encerrou o processo administrativo mantendo a autuação e a responsabilidade tributária solidária do Sr. S., transitou em julgado em 27.02.2007[1].

O solidário D. C., contudo, interpôs contra a decisão da 1ª Câmara do Conselho recurso especial (doc. 18), arguindo, exclusivamente, a nulidade da decisão recorrida no que se refere à falta de apreciação dos argumentos de impugnação da solidariedade a ele imposta.

O recurso especial foi admitido (doc. 19), conhecido e provido (doc. 20) pela Câmara Superior de Recursos do CARF para reconhecer e declarar a nulidade do acórdão recorrido e determinar o retorno dos autos à instância inferior, para que fosse conhecido o recurso voluntário e apreciado seu mérito, nos seguintes termos:

"(...) **voto por DAR PROVIMENTO ao Recurso Especial do responsável DCA**, para reconhecer a nulidade do acórdão recorrido, determinando o retorno dos autos, a fim de que seja conhecido seu Recurso Voluntário e apreciado o mérito.".

O feito administrativo, então, retornou a Instância Inferior e, a Colenda 2ª Câmara da 2ª Turma Ordinária do E. CARF (doc. 21) deu provimento ao recurso voluntário do Sr. DCA para afastar a responsabilidade tributária solidária imposta a ele, não sem antes **consignar a que o mérito do lançamento estava definitivamente julgado em relação a todos os outros sujeitos passivos**, *verbis*:

"(...) A partir da decisão da E. Câmara Superior no acórdão nº 910100.988, a questão ora em litígio restringe-se à imputação de responsabilidade solidária ao Sr. DCA, **vez que se encontra definitivamente julgado o mérito do lançamento em relação a todos os sujeitos passivos** (contribuinte e demais responsáveis tributários). (grifo nosso)"

Considerado o tempo decorrido até a propositura da execução (mais de cinco anos da constituição definitiva do crédito contra S. e contra a empresa), o solidário SGF, a teor do disposto no artigo 174, do CTN, estava certo de que havia ocorrido a extinção do crédito tributário pela prescrição.

---

[1] Trânsito em julgado não certificado no processo, mas aqui afirmado em função do decurso do termo para interposição do recurso especial, cujo prazo era de 15 (quinze) dias, nos termos do artigo 33, da Regimento Interno dos Conselhos dos Contribuintes (Portaria MF 55/98, de 12.03.1998).

De modo a comprovar seu direito, contudo, precisava que a PGFN reconhecesse que o lançamento se aperfeiçoou mediante o trânsito em julgado da primeira decisão de recurso voluntário, proferida pela C. 1ª. Câmara do Primeiro Conselho de Contribuintes – Acórdão XXXXXXXXXX, sessão de XXXXXX, suprindo-se a lacuna consistente na ausência de certificação expressa do trânsito em julgado, em relação à empresa e a S., por parte da repartição cartorária responsável pelo processamento do feito administrativo (docs. 22).

Protocolou S., então, requerimento à PGFN no qual, em síntese, alegava que a fase administrativa não havia se encerrado e, pleiteava a não inscrição do débito em dívida ativa e a remessa dos autos ao E. CARF para apreciação de requerimento dirigido ao Presidente da 2ª. Turma Ordinária da 2ª. Câmara, da 1ª. Sessão, de julgamento do mérito da controvérsia recursal (doc. 22).

A Procuradoria Geral da Fazenda Nacional, com o ciente e de acordo da I. Procuradora Seccional da Fazenda Nacional de São José do Rio Preto (SP), proferiu despacho no feito, consignando expressamente que, para ele (S.) e para EMPRESA, o lançamento se aperfeiçoou e o processo administrativo se encerrou com o trânsito em julgado da decisão do 1º. Conselho de Contribuintes, proferida em sessão de XXXXXX (doc. 23), nos seguintes termos:

"(...)

Repisando: apenas o corresponsável DCA apresentou recurso especial, que foi provido pelo CSRF, com a determinação de que o seu recurso voluntário fosse conhecido e julgado. **A contribuinte e o corresponsável S.G.F. sequer recorreram, encerrando para eles a via recursal administrativa com o transcurso do prazo para manifestação sobre o acórdão proferido pelo Primeiro Conselho de Contribuintes.".**

E complementa, para afastar qualquer dúvida:

"(...)

Nesse passo, é bom destacar que a impugnação e o recurso administrativo apresentados por DCA discutiram questões fáticas exclusivamente relacionadas a ele, que não aproveitam ao outro corresponsável e à sociedade devedora. Além disso, é bom frisar que a contribuinte e o corresponsável S. abandonaram a via recursal administrativa.".

Em conclusão, a Procuradoria da Fazenda Nacional já manifestou entendimento, expresso, no sentido de "confessar" que para a empresa e para o solidário S., o v. acórdão nº XXXXXX "transitou em julgado" com o transcurso, *in albis*, do prazo para a interposição do seu recurso especial.

DIREITO TRIBUTÁRIO

A Procuradoria da Fazenda Nacional, todavia, a esse tempo já havia, inscrito o crédito tributário em dívida ativa, o que ocorreu em 14/06/2013.

A execução fiscal, dirigida somente à empresa autuada, foi ajuizada em 30/08/2013 (doc. 24).

Depois do comparecimento espontâneo da empresa para apresentar exceção de pré-executividade na execução fiscal, a PGFN, ignorando a manutenção da responsabilidade tributária de S. na via administrativa, nunca o incluiu no polo passivo da execução movida somente contra a empresa.

Em momento posterior, a PGFN postulou a inclusão de diversas outras empresas e seus administradores no polo passivo da demanda, por entender, em síntese, que ditas sociedades, juntamente com a executada, formavam um grupo econômico de fato (doc. 25).

O pleito de inclusão foi parcialmente deferido pelo Juiz da execução (doc. 26). Nos termos da decisão, com exceção de uma das empresas citadas, todas as outras, como também os administradores daquelas, foram incluídos no polo passivo da execução.

A situação dos fatos no tempo foi a seguinte:

FATOS NO TEMPO	
1998 a 2002	Fatos geradores dos tributos sob questão
28/09/2004	Lavratura do Auto de Infração decorrente do MPF nº
13/10/2004	Notificação dos solidários do lançamento tributário.
14/10/2004	Notificação da empresa do lançamento tributário.
18/08/2006	Prolação do v. acórdão nº pelo Conselho de Contribuinte
10/01/2007	Notificação da empresa quanto ao decidido no v. acórdão nº
26/02/2007	Data limite para interposição de recurso especial ao CSRF
27/02/2007	Trânsito em julgado da decisão administrativa para empresa e para o solidário **Termo inicial do prazo prescricional**
28/02/2012	**Termo final do prazo prescricional**
14/06/2013	Inscrição do débito em dívida ativa
30/08/2013	**Ajuizamento da Ação de Execução Fiscal nº**
06/03/2014	**Comparecimento espontâneo da empresa na execução fiscal**
21/03/2016	Citação dos terceiros incluídos no polo passivo

Após o ajuizamento da ação de execução fiscal, a Fazenda Nacional requereu o "redirecionamento" da execução fiscal para um grupo de pessoas, dentre os quais o consulente.

A presente consulta veio acompanhada dos seguintes documentos: cópias dos autos da (a) Ação de Execução Fiscal XXXXXX (até fls. 2.052), (b) cópia da Medida Cautelar Fiscal XXXXXX (até fls. 1.108) e (c) cópia do PAF XXXXXX. A análise dos fatos e das questões jurídicas levada a cabo neste parecer não abrangerá qualquer outra controvérsia jurídica não compreendida nos termos estritos formulados na consulta e nos documentos que a acompanham.

2. Quesitos

Para melhor compreensão da matéria, o consulente formula os seguintes quesitos:

"1. Está correta a posição da PGFN no sentido do encerramento da via recursal administrativa e aperfeiçoamento do crédito tributário para a empresa XXXXXX e para o SOLIDÁRIO SGF em 27.02.2007?

2. Por força do disposto nos artigos 156, V e 1 74, do CTN e artigo 21, § 1º, do Decreto 70.235/72 e artigo 9º. Da Portaria 2.284/201 O, a FAZENDA NACIONAL deveria ter procedido à execução de seu crédito contra a empresa e contra o SR. SGF, em que pese o recurso administrativo pendente do Sr. DCA (que tratava exclusivamente de sua solidariedade, sem discutir a dívida em si ou a responsabilidade solidária de S.?

3. Quanto tempo decorreu entre o ajuizamento da execução fiscal e a constituição definitiva do crédito tributário (com o trânsito em julgado da decisão administrativa)?

4. Ocorreu a EXTINÇÃO DO CRÉDITO TRIBUTÁRIO pela prescrição, vez que a FAZENDA NACIONAL não ajuizou a ação de execução nem inscreveu o débito em dívida ativa antes de 27.02.2011?

5. As autoridades fiscais poderiam ter imputado solidariedade ou responsabilidade tributária sem chamar os supostos devedores para participar do processo administrativo tributário?".

3. Exame do Quadro Fático-Jurídico
3.1. Sujeição Passiva Tributária por Responsabilidade ou Interesse Econômico e sua Atribuição
3.1.1. Obrigatoriedade da Observância da Ampla Defesa, do Contraditório e do Devido Processo Legal para a Atribuição de Responsabilidade Tributária

A experiência jurídica brasileira em matéria tributária sempre tendeu a dar ênfase e privilégio à interpretação orgânica do CTN, que instrumentaliza a sujeição passiva indireta ao propósito de maximizar as chances de arrecadação, em contraponto à interpretação privatística originalmente prevista pelo legislador.

É imperativo, porém, coibir abusos. Não é adequado legitimar condutas e iniciativas estatais voltadas à maximização da efetividade do crédito tributário a qualquer custo, em atropelo às garantias constitucionais e legais. Cercear ou aniquilar direitos em nome de um suposto "bem maior" é algo inadmissível em um estado democrático de direito.

De início, observa-se não se tratar de caso de desconsideração da personalidade jurídica motivada por "dissolução irregular da pessoa jurídica", hipótese bastante conhecida do Judiciário e da dogmática, mas pouco compreendida.

Nos termos da petição de redirecionamento, cuida-se de pedido tardio para dupla inclusão de pessoas naturais nos polos passivos de ação de execução fiscal e de relação jurídica tributária, por supostamente tais pessoas serem administradoras de fato ou simplesmente beneficiárias da atividade da pessoa jurídica contribuinte.

No caso em exame, a Fazenda Nacional foi a juízo requerer que o consulente passasse a integrar o polo passivo da execução fiscal, motivada pelo que fora apurado em três outros processos administrativos fiscais. Trata-se, portanto, daquilo que se convencionou qualificar como "redirecionamento da ação de execução fiscal".

Nada, absolutamente nada do que consta da narrativa feita pelo consulente sugere que ele tenha participado do processo administrativo que embasou o ajuizamento da ação de execução fiscal.

Eis a primeira questão espinhosa a ser enfrentada: a ação de execução fiscal somente pode ser ajuizada se houver a prévia constituição do crédito tributário, cujo extrato é a Certidão de Dívida Ativa – CDA.

A CDA deve necessariamente indicar o sujeito passivo e o número do processo administrativo que redundou na constituição do crédito tributário, nos termos do art. 202, I e V do CTN:

> Art. 202. O termo de inscrição da dívida ativa, autenticado pela autoridade competente, indicará obrigatoriamente:
> I – o nome do devedor e, sendo caso, o dos co-responsáveis, bem como, sempre que possível, o domicílio ou a residência de um e de outros;
> [...]
> V – sendo caso, o número do processo administrativo de que se originar o crédito.

É preciso ter sempre em perspectiva que a inscrição em dívida ativa, para muito além do seu aspecto de ato meramente material da rotina administrativa, caracteriza-se também como o momento configurador do controle de validade do próprio crédito tributário. É o que diz de forma bem clara o art. 2º, § 3º da Lei 6.830/1980 – LEF:

> Art. 2º. [...].
> [...]
> § 3º – A inscrição, que se constitui no ato de controle administrativo da legalidade, será feita pelo órgão competente para apurar a liquidez e certeza do crédito e suspenderá a prescrição, para todos os efeitos de direito, por 180 dias, ou até a distribuição da execução fiscal, se esta ocorrer antes de findo aquele prazo. (grifamos).

Ao requerer o redirecionamento da execução fiscal, a Fazenda Nacional foi além de simplesmente propor a modificação do polo passivo da **relação processual**. Como a ação de execução fiscal pressupõe estrita identidade entre a figura do **executado** e a do **sujeito passivo** (a qualquer título), **a petição de redirecionamento implica, ipso facto, também a criação de uma outra relação jurídica tributária material.**

Daí a pergunta crucial: poderia a União criar "de toute pièce" uma nova relação jurídica tributária ou modificar radicalmente uma já existente, sem observar o devido processo administrativo tributário? Uma petição portadora de fundamentação e motivação para a constituição do crédito tributário, juntada aos autos de ação de um determinado processo de execução fiscal, pode por si só validamente suprir a exigência do devido processo administrativo tributário de atribuição de responsabilidade tributária?

Obviamente, as respostas a essas questões são claramente negativas. Com efeito, diz a Constituição da República:

> Art. 5º. [...].
> [...].
> LV – aos litigantes, em processo judicial ou administrativo, e aos acusados em geral são assegurados o contraditório e ampla defesa, com os meios e recursos a ela inerentes;
> [...].
> Art. 37. A administração pública direta e indireta de qualquer dos Poderes da União, dos Estados, do Distrito Federal e dos Municípios obedecerá aos princípios de legalidade, impessoalidade, moralidade, publicidade e eficiência e, também, ao seguinte:
> [...]

Com vistas a dar concreção aos princípios acima citados, a Lei 9.784/1999 determina que:

> Art. 3º O administrado tem os seguintes direitos perante a Administração, sem prejuízo de outros que lhe sejam assegurados:
> I – ser tratado com respeito pelas autoridades e servidores, que deverão facilitar o exercício de seus direitos e o cumprimento de suas obrigações;
> II – ter ciência da tramitação dos processos administrativos em que tenha a condição de interessado, ter vista dos autos, obter cópias de documentos neles contidos e conhecer as decisões proferidas;
> III – formular alegações e apresentar documentos antes da decisão, os quais serão objeto de consideração pelo órgão competente;
> IV – fazer-se assistir, facultativamente, por advogado, salvo quando obrigatória a representação, por força de lei.

Do Decreto 70.235/1972 pode-se destacar:

> Art. 10. O auto de infração será lavrado por servidor competente, no local da verificação da falta, e conterá obrigatoriamente:
> I – a qualificação do autuado;
> [...]
> III – a descrição do fato;

IV – a disposição legal infringida e a penalidade aplicável;

V – a determinação da exigência e a intimação para cumpri-la ou impugná-la no prazo de trinta dias;

[...]

Art. 14. A impugnação da exigência instaura a fase litigiosa do procedimento.

[...]

Art. 59. São nulos:

[...]

II – os despachos e decisões proferidos por autoridade incompetente ou com preterição do direito de defesa.

[...]

§ 3º Quando puder decidir do mérito a favor do sujeito passivo a quem aproveitaria a declaração de nulidade, a autoridade julgadora não a pronunciará nem mandará repetir o ato ou suprir-lhe a falta. (Incluído pela Lei nº 8.748, de 1993)

[...]

Art. 60. As irregularidades, incorreções e omissões diferentes das referidas no artigo anterior não importarão em nulidade e serão sanadas quando resultarem em prejuízo para o sujeito passivo, salvo se este lhes houver dado causa, ou quando não influírem na solução do litígio.

Decreto 7.774/2011:

Art. 38. A exigência do crédito tributário e a aplicação de penalidade isolada serão formalizados em autos de infração ou notificações de lançamento, distintos para cada tributo ou penalidade (Decreto nº 70.235, de 1972, art. 9º, com a redação dada pela Lei nº 11.941, de 2009, art. 25).

§ 1º Os autos de infração ou as notificações de lançamento, em observância ao disposto no art. 25, deverão ser instruídos com todos os termos, depoimentos, laudos e demais elementos de prova indispensáveis à comprovação do fato motivador da exigência.

[...]

Os atos administrativos em matéria tributária, dentre eles o lançamento e a inscrição em dívida ativa, gozam de presunção de validade.

Essa presunção de validade, contudo, não pode ser entendida como um "privilégio" do Fisco, uma carta branca para o cometimento de arbitrariedades. É intuitivo, com efeito, que num estado democrático de direito uma presunção jurídica dessa natureza há de compreender-se como revestida de alto grau de relatividade. Vale dizer, sua eficácia dependerá em grande medida da rigorosa observância de todas as garantias constitucionais e legais pela administração tributária. E o que é importante: a própria Administração tem condições de demonstrar que respeitou os direitos fundamentais do contribuinte, pois ela tem acesso exclusivo e privilegiado aos autos e demais registros de sua atuação.

Não é por outra razão que a Segunda Turma do Supremo Tribunal Federal afirmou que "a presunção de validade do lançamento tributário será tão forte quanto for a consistência de sua motivação, revelada pelo processo administrativo de constituição do crédito tributário"[2].

Para Alberto Xavier[3]:

"A própria existência de um processo administrativo é assim hoje considerada um direito fundamental.

O conceito de processo administrativo exprime a ideia de que os mecanismos de controle de legalidade dos atos administrativos devem obedecer a um princípio da jurisdicionalização, ou seja, ao modelo de processo que se desenvolve nos tribunais, ressalvadas as especificidades decorrentes seja da natureza indisponível dos direitos em presença, seja da natureza não independente do órgão de julgamento, integrado na Administração".

No caso ora sob exame, a petição em que a União expõe os motivos que a levaram a pedir a inclusão do consulente no polo passivo da execução fiscal nada diz sobre a presença dele em qualquer dos três processos administrativos acima indicados. O consulente, por sua vez, afirma não ter sido chamado em nenhum momento a se defender na esfera administrativa.

Ao tentar impor sujeição passiva tributária sem assegurar a seu alvo a possibilidade de (a) conhecer os argumentos que justificariam a responsabilização e as provas que subsidiariam as suas conclusões, (b) manifestar-se sobre tais argumentos e provas e (c) **ter seus próprios argumentos analisados de modo plenamente** MOTIVADO, a União violou todo um

---

[2] AI 718963 AgR, Relator(a): Min. JOAQUIM BARBOSA, Segunda Turma, julgado em 26/10/2010, DJe-230 DIVULG 29-11-2010 PUBLIC 30-11-2010 EMENT VOL-02441-02 PP-00430

[3] XAVIER, Alberto. **Princípios do processo administrativo e judicial tributário.** Rio de Janeiro: Forense, p. 146.

conjunto de normas incluídas no ordenamento jurídico pelo próprio Estado em defesa do cidadão e do contribuinte, notadamente os arts. 5º, LV e 37, *caput* da Constituição, o art. 3º da Lei 9.784/1999, os arts. 10, 14, 59, 60 e 61 do Decreto 70.235/1972 e o art. 38 do Decreto 7.574/2011.

Alguns bons espíritos poderiam redarguir: "a União fez uma descrição muito densa em sua petição; não seria mais condizente com o desejo de obter a rápida satisfação do crédito tributário delegar para o litígio judicial a oportunidade de defesa do alegado sujeito passivo indireto? ".

A resposta a esse tipo de indagação se encontra na obrigação que se impõe à Administração, num estado democrático de Direito, de respeitar as regras de conduta impostas indistintamente a todos, e de agir em consonância com os postulados constitucionais erigidos em defesa dos direitos dos cidadãos.

O que fez a União no presente caso foi simplesmente transferir ao Judiciário a solução de uma questão que ela própria tem o poder e o dever de, após certa maturação e ponderação, e obedecido o devido processo legal administrativo, resolver de forma independente – em seara própria. Optou--se, ao contrário, por acrescer indevidamente a carga de trabalho de juízes, tribunais e seus servidores. Esse acréscimo ilegítimo e desnecessário de carga de trabalho adicional é o que, de resto, congestiona e diminui a produtividade dos juízes, que não raro são criticados sem conhecimento de causa, pela sociedade, pela "morosidade" na entrega da prestação jurisdicional.

Valorizar o trabalho do poder Judiciário, em inúmeras situações, significa simplesmente não lhe transferir um dever que deveria ser bem desempenhado por outro Poder. Se o indivíduo, parte mais frágil da relação Estado-cidadão, sentir que a administração não resolveu o litígio de maneira justa e satisfatória, cabe a ele, aí sim, em decisão madura e pessoal, buscar ou não a tutela jurisdicional.

Em nenhum momento a Constituição ou as leis dá ao agente público o poder de substituir o sujeito passivo da relação tributária na escolha dos instrumentos legítimos apropriados ao controle da atividade do Estado, na qual se insere, é claro, o controle da validade do crédito tributário e da atribuição de sujeição passiva em matéria tributária.

A Fazenda Nacional ignorou por completo, no presente caso, a circunstância de que a ampla defesa e o contraditório efetivo fazem parte daquilo que se convencionou qualificar como devido processo legal administrativo tributário. Trata-se de um conjunto de garantias individuais incontornáveis, indisponíveis, cujo desrespeito pelo Estado faz com que este se afaste da rota democrática e regrida às suas feições mais primitivas[4].

A necessidade de apuração da responsabilidade do terceiro em procedimento formal em que sejam assegurados o contraditório e a ampla defesa é exigência comezinha, cuja observância obrigatória é assinalada por diversos autores, inclusive Leandro Paulsen:

> Efetivamente, tendo em conta que se cuida de responsabilidade pessoal decorrente da prática de ilícito, impende que seja apurado não apenas o fato gerador do tributo como também o pressuposto de fato que implica a responsabilidade do terceiro, para que deste possa ser exigido. (PAULSEN, ÁVILA, SLIWKA, 2009, p. 35)

Criar "atalhos" que ignorem direitos fundamentais, ainda que para alcançar um "bem maior", é comportamento inadmissível, é abrir caminho para crescentes violações.

Assim, o "redirecionamento" da execução fiscal sem anterior processo administrativo fiscal que envolvesse diretamente o sujeito passivo, com a oferta de ampla defesa e de contraditório, viola frontalmente o devido processo legal substantivo, numa palavra, ofende a Constituição e as leis do país.

Note-se o seguinte: de acordo com o regramento atual, o sujeito passivo que apresente, a qualquer título, a defesa fiscal administrativa regular tem suspensa a exigibilidade e a executoriedade do crédito tributário do qual ele é supostamente devedor.

Como as defesas em âmbito administrativo independem do prévio recolhimento do valor exigido (*solve et repete*) ou da constrição de bens do suposto devedor (SV 21), a esfera administrativa de controle de validade do crédito tributário não apenas é um direito fundamental assegurado a todos pela Constituição da República como é ao mesmo tempo uma forma de realização do princípio da estrita legalidade.

Com efeito, é sabido que a fase de execução judicial do crédito tributário, com os mecanismos brutais de constrição atualmente existentes (do tipo BACEN-JUD e de outros instrumentos), pode dissuadir o sujeito

---

[4] Oppenheimer, Franz (1922): The State. Its History and Development viewed sociologically. Translated by John M. Gitterman. Nova Iorque: B.W. Huebsch.

passivo, por via oblíqua, de buscar a tutela estatal para fazer-se ouvido e fazer valer o dever do Estado de não exigir carga tributária não autorizada democraticamente.

Não é por outra razão, aliás, que é de todo pertinente lembrar neste momento que o Supremo Tribunal Federal já proclamou que:

"[...] os princípios do contraditório e da ampla defesa aplicam-se plenamente à constituição do crédito tributário em desfavor de qualquer espécie de sujeito passivo, irrelevante sua nomenclatura legal (contribuintes, responsáveis, substitutos, devedores solidários etc)"[5].

Negar ao sujeito passivo indireto ou por derivação, como fez a Fazenda Nacional no presente caso, o acesso ao controle administrativo da validade do crédito tributário, ou da própria atribuição de sujeição passiva, viola o art. 5º, XXXIV, *a* e XXXV (direitos fundamentais de petição e de acesso ao Judiciário) e II (juntamente com o art. 145, § 1º, legalidade substantiva, pela proibição do excesso de exação[6]) da Constituição.

3.2. Decadência e Prescrição
3.2.1. Quadro geral

Decadência e prescrição são instrumentos jurídicos destinados a prover segurança jurídica, pela estabilização das relações entre o Estado e o particular, em decorrência do fenômeno da passagem do tempo.

Para o sujeito ativo, decadência implica a perda do direito de constituir o crédito tributário, que se efetiva ordinariamente por um processo administrativo adequado de sua iniciativa, ou por qualquer outro ato de iniciativa de terceiros, como o poder Judiciário ou o próprio sujeito passivo.

Já a prescrição leva à perda do direito de exigir judicialmente a cobrança forçada do crédito tributário, cujo pressuposto essencial é a respectiva constituição.

---

[5] (RE 608426 AgR, Relator(a): Min. JOAQUIM BARBOSA, Segunda Turma, julgado em 04/10/2011, DJe-204 DIVULG 21-10-2011 PUBLIC 24-10-2011 EMENT VOL-02613-02 PP-00356 RT v. 101, n. 917, 2012, p. 629-633)

[6] "É ônus da Administração não exceder a carga tributária efetivamente autorizada pelo exercício da vontade popular (RE 599194 AgR, Relator(a): Min. JOAQUIM BARBOSA, Segunda Turma, julgado em 14/09/2010, DJe-190 DIVULG 07-10-2010 PUBLIC 08-10-2010 EMENT VOL-02418-08 PP-01610 RTJ VOL-00216- PP-00551 RDDT n. 183, 2010, p. 151-153).

As peculiares definições de decadência e de prescrição em matéria tributária distinguem-se substancialmente dos instrumentos análogos aplicáveis nos campos do Direito Civil e do Direito Penal.

Por isso mesmo, é preciso muita acuidade e cautela, de modo a evitar a adoção de preconcepções que corrompam a boa interpretação das normas tributárias, por influência de conceitos que não são categóricos, nem universais.

A legislação tributária revela alto grau de complexidade. O professor Eurico de Santi,[7] por exemplo, vislumbrou **doze** regras diferentes para aplicação de decadência e de prescrição dos direitos do sujeito ativo: seis para decadência, seis para prescrição.

Não obstante, as dificuldades criadas pela legislação são mais profundas. Dela se pode às vezes extrair a falsa compreensão de que o crédito tributário pode passar por dois estágios de constituição, um "provisório" e outro, "definitivo".

Uma leitura apressada do art. 150 do Código Tributário Nacional pode levar a tal erro:

> Art. 150. O lançamento por homologação, que ocorre quanto aos tributos cuja legislação atribua ao sujeito passivo o dever de antecipar o pagamento sem prévio exame da autoridade administrativa, opera-se pelo ato em que a referida autoridade, tomando conhecimento da atividade assim exercida pelo obrigado, expressamente a homologa.
>
> § 1º O pagamento antecipado pelo obrigado nos termos deste artigo extingue o crédito, sob condição resolutória da ulterior homologação ao lançamento.
>
> [...]
>
> § 3º Os atos a que se refere o parágrafo anterior serão, porém, considerados na apuração do saldo porventura devido e, sendo o caso, na imposição de penalidade, ou sua graduação.
>
> § 4º Se a lei não fixar prazo a homologação, será ele de cinco anos, a contar da ocorrência do fato gerador; expirado esse prazo sem que a Fazenda Pública se tenha pronunciado, considera-se homologado o lançamento e definitivamente extinto o crédito, salvo se comprovada a ocorrência de dolo, fraude ou simulação.

---

[7] Santi, Eurico Marcos Diniz de (2000): Decadência e prescrição no direito tributário. São Paulo: M. Limonad.

O conceito legal de "lançamento por homologação", não raro referido pela dogmática como "autolançamento", impõe ao sujeito passivo o dever de constituir o crédito tributário e de solver a obrigação antes de qualquer iniciativa estatal. Alguns leem o dispositivo de modo a sugerir que essa constituição e extinção do crédito tributário são "provisórias", e que só se alcança a "definitividade" quando da ocorrência de certos fatos juridicamente relevantes: (a) a superveniência da homologação "expressa" da conduta do contribuinte, ou (b) decorrido o prazo de tempo de que dispunha o sujeito ativo, hipótese conhecida como "homologação tácita".

Parte da comunidade jurídica assimilou essa distinção entre a constituição (ou extinção) provisória e a constituição (ou extinção) definitiva do crédito tributário para argumentar que os prazos de decadência e de prescrição deveriam ser somados. Em pouco tempo, autoridades fiscais e sujeitos passivos passaram a alegar que dispunham não de cinco, mas de **dez** anos para pedir a restituição do indébito ou exigir o pagamento de tributos, conforme os interesses em jogo.

Para o Poder Judiciário e para o sistema jurídico como um todo, esse movimento foi danoso, pois acarretou o aumento de demandas e inegavelmente trouxe insegurança jurídica.

É contra esse tipo de erro que se deve precaver.

3.2.2. Decadência

No caso em exame, o sujeito ativo deseja cobrar judicialmente do sujeito passivo por derivação valores a título de IRPJ, CSLL, Cofins e Contribuição ao PIS.

Em regra, para todos os quatro tributos, cabe ao contribuinte reconhecer a ocorrência do fato jurídico tributário, apurar o valor devido, registrar as informações exigidas a título de obrigações acessórias e recolher as quantias aos cofres públicos, antes de qualquer providência do sujeito ativo.

Trata-se sem dúvida da modalidade de lançamento "por homologação" (art. 150 do CTN).

Contudo, segundo se lê a fls. 14 do Processo XXXXXXX, não teria havido recolhimento nem cumprimento das obrigações tributárias acessórias.

A propósito, transcreve-se trecho relevante do mencionado processo administrativo:

"3. Segundo o termo de constatação fiscal de fls. 1.808/1.813, a contribuinte, no ano-calendário de 1998, manteve expressiva movimentação financeira em suas contas correntes, no montante de R$ 23.610.058,34, tendo sido intimada a comprovar a origem dos valores creditados/depositados em sua conta-corrente, sem que houvesse apresentado esclarecimentos satisfatórios, nem juntado nenhum documento.

Como a contribuinte deixou de apresentar sua DIRPJ (declaração de imposto sobre a renda da pessoa jurídica) relativa ao ano-calendário de 1998 e sua DIPJ (declaração integrada de informações econômico-fiscais da pessoa jurídica) relativa ao ano-calendário de 1999, bem como deixou de recolher e declarar em DCTF (declaração de contribuições e tributos federais) seus tributos devidos no período de janeiro de 1998 a novembro de 2002, foram solicitadas cópias das GIA (guia de informação e apuração do ICMS) ao Fisco estadual, em que consta expressivo faturamento, cujas informações foram prestadas pela própria contribuinte".

Assim, o crédito tributário foi constituído pela autoridade-fiscal, que elegeu a contribuinte e duas pessoas naturais, como sujeitos passivos. As pessoas naturais, SGF ("S.") e DCA ("D."), foram considerados sujeitos passivos por solidariedade (art. 124, I do CTN) e por responsabilidade de administradores (art. 135, II do CTN)[8].

Dali em diante, o processo administrativo seguiu cursos diferentes em relação a cada sujeito passivo. DCA recorreu até obter decisão favorável no CARF, ao passo que a contribuinte e SG não interpuseram o mesmo tipo de recurso.

Confira-se o que disse a procuradora da Fazenda Nacional CRGL, ao indeferir o pleito formulado por S. para que os autos fossem remetidos ao CARF, com o objetivo de receber tratamento idêntico ao que fora conferido a DCA (fls. 4769):

> Repisando: apenas o corresponsável DCA apresentou recurso especial, que foi provido pelo CSRF, com a determinação de que o seu recurso volun-

---

[8] "6. Considerou-se, ainda, que, no decorrer da fiscalização, foi demonstrado o interesse comum dos srs. SGF e DCA, como prepostos da fiscalizada, na situação que constitui o fato gerador da obrigação tributária, nos termos do Código Tributário Nacional (CTN), art. 124, I, bem como a responsabilidade tributária pessoal conforme disposto no art. 135, II. Foram lavrados, portanto, termos de declaração de sujeição passiva solidária (fls. 1.829/1.832), cuja ciência foi dada aos prepostos citados" (fls. 14 do Processo XXXXXXX).

tário fosse conhecido e julgado. A contribuinte e o corresponsável SGF sequer recorreram, encerrando para eles a via recursal administrativa com o transcurso do prazo para manifestação sobre o acórdão proferido pelo Primeiro Conselho de Contribuintes.

[...]

Nesse passo, é bom destacar que a impugnação e o recurso administrativo apresentados por DCA discutiram questões fáticas exclusivamente relacionadas a ele, que não aproveitavam ao outro corresponsável e à sociedade devedora. Além disso, é bom frisar que a contribuinte e o corresponsável S. abandonaram a via recursal administrativa.

[...]

Assim, a via recursal administrativa foi percorrida pela contribuinte e pelos corresponsáveis, que nela avançaram segundo seus interesses.

A 1ª Turma da Câmara Superior de Recursos Fiscais – CSRF, em nenhum momento, estendeu o resultado do julgamento do recurso especial de D. para os demais devedores. O processo administrativo fiscal foi devidamente concluído".

A senhora procuradora da Fazenda Nacional está replicando aqui uma interpretação bastante conhecida do Poder Judiciário quanto ao momento em que ocorre o trânsito em julgado, para fins de determinação do momento inicial da contagem do prazo para ajuizamento de ação rescisória.

O trânsito em julgado de uma sentença não é necessariamente uniforme. É plenamente possível que um recurso, como a apelação ou os recursos especial e extraordinário, devolva ao órgão jurisdicional superior ou de revisão a apreciação de apenas uma parte do conteúdo da decisão contra a qual se recorre.

Isso ocorre porque há autonomia entre as normas individuais e concretas firmadas na sentença, e, sobre essas normas, não há mais forma jurídica legítima para provocar sua revisão ou discussão.

Nesses casos, ocorre o trânsito em julgado da parte não recorrida.

A propósito, confira-se o seguinte precedente:

COISA JULGADA – ENVERGADURA. A coisa julgada possui envergadura constitucional. COISA JULGADA – PRONUNCIAMENTO JUDICIAL – CAPÍTULOS AUTÔNOMOS. Os capítulos autônomos do pronunciamento judicial precluem no que não atacados por meio de recurso, surgindo, ante o fenômeno, o termo inicial do biênio decadencial para a propositura da rescisória.

(RE 666.589, Relator(a): Min. MARCO AURÉLIO, Primeira Turma, julgado em 25/03/2014, ACÓRDÃO ELETRÔNICO DJe-106 DIVULG 02-06-2014 PUBLIC 03-06-2014)

O mesmo raciocínio é aplicável ao controle administrativo da validade do crédito tributário, durante o respectivo fluxo de positivação.

Ademais, o seguimento da cobrança em relação à eventual parte atingida pela preclusão parcial está previsto na legislação de regência:

> Decreto 70.235/1972
> Art. 21. [...].
> § 1º. No caso de impugnação parcial, não cumprida a exigência relativa à parte não litigiosa do crédito, o órgão preparador, antes da remessa dos autos a julgamento, providenciará a formação de autos apartados para a imediata cobrança da parte não contestada, consignando essa circunstância no processo original.

Vimos que o consulente não fez parte do lançamento. Impõe-se, portanto, buscar respostas a duas perguntas essenciais: a partir de que momento **deveria** a Fazenda Nacional apurar a suposta responsabilidade do consulente? Qual a duração do prazo que a Fazenda teria para iniciar e para ultimar essa tarefa?

Confira-se, inicialmente, o que diz o art. 149, II, IV, V, VI, VII e par. ún. do CTN:

> Art. 149. O lançamento é efetuado e revisto de ofício pela autoridade administrativa nos seguintes casos:
> [...]
> II – quando a declaração não seja prestada, por quem de direito, no prazo e na forma da legislação tributária;
> [...]
> IV – quando se comprove falsidade, erro ou omissão quanto a qualquer elemento definido na legislação tributária como sendo de declaração obrigatória;
> V – quando se comprove omissão ou inexatidão, por parte da pessoa legalmente obrigada, no exercício da atividade a que se refere o artigo seguinte;
> VI – quando se comprove ação ou omissão do sujeito passivo, ou de terceiro legalmente obrigado, que dê lugar à aplicação de penalidade pecuniária;
> [...]

VII – quando se comprove que o sujeito passivo, ou terceiro em benefício daquele, agiu com dolo, fraude ou simulação;

Parágrafo único. A revisão do lançamento só pode ser iniciada enquanto não extinto o direito da Fazenda Pública.

A rigor, tão logo esgotado o prazo para cumprimento das obrigações acessórias cabíveis ou o prazo para pagamento, a Fazenda Nacional já teria justa causa para fiscalizar eventual conduta omissiva do contribuinte, identificar sujeitos passivos e calcular os valores devidos.

Nesse sentido, diz Sacha Calmon Navarro Coelho[9]:

> "Na verdade, a Fazenda Pública não tem direito ao lançamento; tem o dever de fazê-lo, pois se trata de ato administrativo vinculado e obrigatório. O que caduca não é o direito de praticar o lançamento, mas o crédito tributário, em razão da preclusão".

É importante frisar que, verdadeira ou não, a alegação de fraude **não interfere** na definição do **marco inicial** para constituição do crédito tributário.

No caso concreto, há identidade de marcos iniciais na medida em que a suposta fraude **já existiria** no momento em que ocorreu a omissão do contribuinte. E a omissão do contribuinte **marca o início do dever de fiscalização, cuja condução com observância do devido processo legal administrativo tributário deveria desembocar tanto na constituição do crédito tributário como na identificação dos sujeitos passivos, a qualquer título.**

Assim, por não interferir na definição legal acerca do momento em que se torna imperativa para a autoridade fiscal a fiscalização do contribuinte, a suposta fraude **concomitante, concorrente, sincrônica à omissão do contribuinte** também não altera a regra de decadência aplicável.

Tampouco se desloca o marco inicial do surgimento do dever-poder da administração tributária de fiscalizar a conduta do sujeito passivo e de promover o lançamento em conformidade com o disposto no art. 150, § 4º do CTN.

---

[9] COELHO, Sacha Calmon Navarro. **Curso de Direito Tributário Brasileiro.** 15ª ed. Rio de Janeiro: Forense, 2015, p. 687.

O texto legal tem a seguinte redação:

> Art. 150. [..]
> § 4º Se a lei não fixar prazo a homologação, será ele de cinco anos, a contar da ocorrência do fato gerador; expirado esse prazo sem que a Fazenda Pública se tenha pronunciado, considera-se homologado o lançamento e definitivamente extinto o crédito, salvo se comprovada a ocorrência de dolo, fraude ou simulação.

Inicialmente, deve-se evitar levar a cabo qualquer tipo de interpretação do art. 150, § 4º do CTN que torne **perpétuo** o direito de o sujeito ativo constituir o crédito tributário, quando inequivocamente demonstrada a intenção do sujeito passivo de ocultar o fato jurídico tributário ou sua dimensão quantitativa.

A Constituição Federal admite a imprescritibilidade em hipóteses restritíssimas, que não incluem o lançamento tributário. Outorgar carta branca à autoridade fiscal, concedendo-lhe tempo infinito para constituir o crédito tributário não é algo desejável, resultaria em fragilização do princípio da **segurança jurídica**.

De qualquer modo, o art. 150, § 4º somente seria aplicável se houvesse conduta a fiscalizar.

Com a completa omissão do contribuinte, é aplicável o art. 173, I do CTN:

> Art. 173. O direito de a Fazenda Pública constituir o crédito tributário extingue-se após 5 (cinco) anos, contados:
> I – do primeiro dia do exercício seguinte àquele em que o lançamento poderia ter sido efetuado;
> II – da data em que se tornar definitiva a decisão que houver anulado, por vício formal, o lançamento anteriormente efetuado.
> Parágrafo único. O direito a que se refere este artigo extingue-se definitivamente com o decurso do prazo nele previsto, contado da data em que tenha sido iniciada a constituição do crédito tributário pela notificação, ao sujeito passivo, de qualquer medida preparatória indispensável ao lançamento.

É lícito somar os prazos de "homologação" e de constituição do crédito tributário, de modo a se ter um prazo dez anos (a tese dos "cinco mais cinco", arts. 150, § 4º e 173, I do CTN)?

Essa somatória não tem base legal, pois a autoridade fiscal torna-se obrigada a fiscalizar e a lançar (se for o caso) assim que verificar-se a falta de cumprimento das obrigações acessórias ou a falta de pagamento dos valores supostamente devidos pelo sujeito passivo.

Certamente, não há proibição legal à União para fiscalizar o sujeito passivo nos primeiros cinco anos decorridos da data do inadimplemento da obrigação principal ou da obrigação acessória. Tal interpretação, além de não encontrar respaldo nos textos legais, seria contraproducente ao próprio desejo de arrecadar.

Pelo contrário: a União tem o poder-dever indeclinável de iniciar a fiscalização, tão logo decorrido o prazo para pagamento ou o prazo para cumprimento das obrigações acessórias.

Examine-se a argumentação constante no Parecer da própria PGFN/CAT 1.650/2013:

> 16. Embora a PGFN/CAT ainda não tenha se manifestado especificamente sobre esse ponto, a lógica subjacente ao raciocínio da PRFN da 3ª Região é a mesma aplicada em outros Pareceres PGFN/CAT, qual seja, a de que a inércia do titular do direito, dentro do prazo legalmente conferido para sua ação, gera a perda de seu direito de crédito.
>
> 17. É dizer, o prazo legal de cinco anos para a constituição do crédito tributário existe para que a Administração pratique todos os atos necessários à constituição do crédito. Nesse prazo, a Administração deve auditar as informações declaradas, apurando, inclusive, eventual fraude ou simulação. Atrelar o início da contagem desse prazo à iniciativa da Administração resultaria no desprezo ao limite temporal legalmente imposto por norma geral tributária.
>
> 18. Quanto à segunda tese apresentada pelo Parecer PRFN 3ª Região/DICAJ Nº 10, de 2013, qual seja, a de que o termo inicial desse prazo decadencial poderia coincidir com a data da formalização do ilícito do contribuinte pela Administração, ela segue o mesmo destino.
>
> 19. Poder-se-ia argumentar diferença entre as declarações emanadas com boa-fé e aquelas eivadas de fraude ou simulação, capaz de ensejar tratamento diferenciado quanto à decadência tributária. Dir-se-ia que o fisco estaria impedido de constituir o crédito tributário até a formalização do ilícito. Dir-se-ia que o ilícito do contribuinte justificaria a concessão de prazo de cinco anos ao fisco, contados do fato gerador, para descobri-lo e formalizá-lo, momento a partir de quando estaria livre para constituir o crédito. Concluir-se-ia, assim,

que a formalização do ilícito seria o primeiro "exercício a partir do qual o lançamento poderia ter sido realizado" (art. 173, I, do CTN).

20. Esse raciocínio, entretanto, nos parece semelhante àquele que defendia a necessidade de cinco anos, contados da declaração do contribuinte, para não homologá-la e de cinco anos mais, a partir dessa não-homologação tácita, para constituir o crédito tributário. Sua aplicação partiria, tudo indica, da mesma fundamentação utilizada pela tese que defendia a cumulação dos prazos do art. 150, §4º e do art. 173, I, do CTN, resultando aqui, tanto quanto alhures, em aumento do prazo decadencial de cinco para dez anos à margem de norma legal.

21. A fluência dos prazos extintivos do crédito tributário (art. 156, do CTN), seus marcos iniciais e finais, suspensivos e interruptivos, não pode ficar ao alvedrio das partes. Os prazos decadenciais e prescricionais velam pela segurança jurídica. Têm início e término marcados em lei complementar (art. 149, da CF, Súmula Vinculante Nº 8, de 2008). Postergar o termo inicial do prazo decadencial, aqui apreciado, para o momento em que a Fazenda Pública toma conhecimento do ilícito – ou para o momento em que a Fazenda Pública formaliza o ilícito do contribuinte – seria repassar à administração fazendária o poder de determinar a duração do prazo de decadência, com risco de tornar a dívida do contribuinte imprescritível.

O entendimento esposado pela PGFN no supracitado parecer 1.650/2013 tem total pertinência com o que aqui se discute.

Com efeito, no caso em exame, dada a omissão do contribuinte, o prazo para a União constituir o crédito tributário iniciou-se no primeiro dia do exercício seguinte àquele em que ocorreram os respectivos fatos jurídicos tributários.

Como o último período em que se verificou a ocorrência dos fatos jurídicos tributários aqui em discussão coincide com o ano de 2002, o poder-dever de constituição do crédito tributário extinguiu-se em 1º/01/2008.

É incontestável que o pedido de redirecionamento da execução fiscal (destinado a "constituir a relação jurídica de responsabilidade") só veio a ser formulado em 21.03.2016 (pela citação). Portanto, inapelavelmente a Fazenda Nacional perdeu o direito de constituir a relação jurídica tributária de responsabilidade em relação ao consulente.

3.2.3. Prescrição

Com a constituição do crédito tributário, inicia-se o prazo para que o sujeito ativo proponha a ação de execução fiscal, isto é, cobre em juízo os valores que entende devidos e que tenham sido chancelados pelo devido processo legal administrativo.

Dispõe, a esse respeito, o art. 174 do CTN:

> Art. 174. A ação para a cobrança do crédito tributário prescreve em cinco anos, contados da data da sua constituição definitiva.
> Parágrafo único. A prescrição se interrompe:
> I – pelo despacho do juiz que ordenar a citação em execução fiscal; (Redação dada pela Lcp nº 118, de 2005)
> II – pelo protesto judicial;
> III – por qualquer ato judicial que constitua em mora o devedor;
> IV – por qualquer ato inequívoco ainda que extrajudicial, que importe em reconhecimento do débito pelo devedor.

Para a contribuinte pessoa jurídica e para a pessoa natural apontada concomitantemente como solidária por interesse econômico e, portanto, responsável por ato ilícito ("S."), lançou-se mão do processo administrativo tributário, de modo que a "constituição definitiva" se deu quando esgotados os recursos cabíveis (quer por julgamento, quer por inação/prelusão).

Porém, por razões insondáveis, a Procuradoria da Fazenda Nacional tratou a inscrição em dívida ativa como uma.

Nesse contexto, não seria absurda a especulação de que talvez a Fazenda Nacional tenha se equivocado ao avaliar as relações jurídicas tributárias, fazendo com que a relação que une sujeito ativo ao contribuinte absorvesse a relação jurídica de responsabilidade. Por exemplo, talvez a Fazenda Nacional tenha importado indevidamente o conceito de "solidariedade" típico do direito civil para o campo do direito tributário.

Porém, a relação jurídica tributária é inconfundível com a relação jurídica de responsabilidade civil.

Em Direito Civil, "solidariedade" está ligada à circunstância de dois sujeitos de direito pertencerem ao mesmo polo de uma dada relação jurídica.

A relação jurídica que enlaça as partes solidárias é **una, composta por um único objeto**.

É o que determina o art. 264 do CC/2002:

Art. 264. Há solidariedade, quando na mesma obrigação concorre mais de um credor, ou mais de um devedor, cada um com direito, ou obrigado, à dívida toda.

Mas o conceito de Direito Civil é inaplicável ao Direito Tributário, pois o respectivo subsistema normativo determina que as relações de sujeição passiva "indireta" (e que aqui chamamos "por derivação") sejam distintas do ponto de vista cognoscitivo das relações jurídicas tributárias. Na solidariedade civil, há um único feixe jurídico a conectar os sujeitos de direito.

Na solidariedade tributária (art. 124, II do CTN), sempre haverá uma relação jurídica própria e inconfundível para cada um dos responsáveis solidários.

No caso sob exame, a existência de múltiplas relações jurídicas de solidariedade é apontada na manifestação da Procuradoria da Fazenda Nacional, no ponto em que se diz que a impugnação formalizada pela pessoa natural DCA abrange tão somente os aspectos específicos à relação jurídica em que figura **aquele responsável solidário. Noutras palavras,** a impugnação de D. **não aproveitaria aos demais sujeitos passivos, uma vez que** as respectivas razões eram **inaplicáveis à situação do contribuinte ou da outra pessoa natural apontada como responsável**[10].

O raciocínio exposto na manifestação da Procuradoria da Fazenda Nacional, de que a impugnação apresentada por D. seria juridicamente inócua para os interesses da contribuinte ou para os de S., sustenta-se na distinção entre a relação jurídica tributária e a relação jurídica de solidariedade.

Assim, uma vez estabilizada no plano administrativo a relação jurídica tributária e a relação jurídica de solidariedade a envolver S. por força da preclusão (o "trânsito em julgado administrativo"), incumbia à Fazenda Nacional prosseguir com o fluxo de positivação do crédito tributário, inscrevendo-o em dívida ativa e iniciando a cobrança judicial.

É que a preclusão recursal no curso do processo administrativo restaura a exigibilidade do crédito tributário, cuja suspensão somente per-

---

[10] Textualmente: "Nesse passo, é bom destacar que a impugnação e o recurso administrativo apresentados por DCA discutiram questões fáticas exclusivamente relacionadas a ele, que não aproveitavam ao outro corresponsável e à sociedade devedora. Além disso, é bom frisar que a contribuinte e o corresponsável S. abandonaram a via recursal administrativa" (fls. 4.769).

siste enquanto houver recurso cabível e passível de exame (art. 151, III do CTN[11]). Logo, restaurada a exigibilidade do crédito tributário, competia à Fazenda Nacional proceder à cobrança, ainda que parcialmente, com motivação específica nos fundamentos e no dispositivo já não mais sujeitos a recurso.

Confira-se, nesse sentido, os seguintes dispositivos do Decreto 70.235/1972 (grifamos):

> Art. 42. São definitivas as decisões:
> I – de primeira instância esgotado o prazo para recurso voluntário sem que este tenha sido interposto;
> II – de segunda instância de que não caiba recurso ou, se cabível, quando decorrido o prazo sem sua interposição;
> III – de instância especial.
> Parágrafo único. Serão também definitivas as decisões de primeira instância na parte que não for objeto de recurso voluntário ou não estiver sujeita a recurso de ofício.
> Art. 43. A decisão definitiva contrária ao sujeito passivo será cumprida no prazo para cobrança amigável fixado no artigo 21, aplicando-se, no caso de descumprimento, o disposto no § 3º do mesmo artigo.

Segundo a narrativa feita pelo consulente e os documentos que nos foram apresentados, o termo inicial para contagem do prazo prescricional ocorreu em 27/02/2007, dia posterior à data em que era cabível o último recurso administrativo.

Ocorre que o crédito tributário somente foi inscrito em dívida ativa em 14/06/2013, e a respectiva ação de execução fiscal foi ajuizada em 30/08/2013.

Passaram-se seis anos, seis meses e quatro dias entre o marco da constituição definitiva do crédito tributário e o ajuizamento da ação fiscal.

Por exceder o prazo de cinco anos, está extinto o direito da União de exigir judicialmente o crédito tributário, quer do contribuinte, quer de qualquer outro sujeito passivo, a qualquer título.

Nessas condições, insistir na ação de execução fiscal viola o art. 174, IV do Código Tributário Nacional.

---

[11] Art. 151, III: Suspendem a exigibilidade do crédito tributário:[...] as reclamações e os recursos, nos termos das leis reguladoras do processo tributário administrativo.

Por outro lado, não faria sentido a Fazenda Nacional afirmar que somente poderia ter dado prosseguimento à cobrança do crédito tributário após o julgamento do recurso especial interposto por DCA. Essa interpretação é contrária à orientação oficial da própria Receita Federal do Brasil, exposta no art. 9º, par. ún. da Portaria RFB 2.284/2010, que literalmente dispõe que:

> **Art. 9º** Não cumprida a exigência e nem impugnado o crédito tributário lançado, será declarada a revelia para todos os autuados.
> Parágrafo único. No caso de impugnação apenas do vínculo de responsabilidade, a revelia se opera em relação aos demais que não impugnaram o lançamento.

O próprio Decreto 70.235/1972 prevê que "no caso de impugnação parcial, não cumprida a exigência relativa à parte não litigiosa do crédito, o órgão preparador, antes da remessa dos autos a julgamento, providenciará a formação de autos apartados para a imediata cobrança da parte não contestada, consignando essa circunstância no processo original" (art. 21, § 1º).

Se o crédito tributário for válido, não tiver a exigibilidade suspensa e não houver nenhum programa que o substitua por uma finalidade constitucional de igual ou maior relevância (como no caso de certas desonerações), o sujeito ativo está obrigado a exigi-lo.

A inércia vista neste caso é de certo modo incomum, pois todo o sistema infraordinário que rege a atividade fiscal do Estado impulsiona o agente fiscal a exigir e a cobrar o crédito tributário.

No caso em exame, **tão logo materializou-se a preclusão da via administrativa de controle da validade do crédito tributário,** não poderia a Fazenda Nacional, por qualquer de seus agentes, simplesmente deixar de cobrar as quantias plenamente exigíveis da contribuinte e de qualquer outro sujeito passivo, sob pena de violar o art. 11 da LC 101/2000 e o art. 37, XXII da Constituição.

Pois bem. A sujeição passiva indireta visa a dar a máxima efetividade ao crédito tributário, contra a inadimplência.

Se a própria relação jurídica tributária matriz é inválida e deve ser desconstituída, em razão da prescrição, a relação jurídica tributária de sujeição indireta ou por derivação **perde o seu pressuposto.**

No caso em exame, como houve a perda do direito de cobrar judicialmente o crédito tributário, a relação jurídica tributária de responsabilidade também deve ser extinta.

4. Resposta aos Quesitos

1. Está correta a posição da PGFN no sentido do encerramento da via recursal administrativa e aperfeiçoamento do crédito tributário para a empresa XXXXXXX e para o SOLIDÁRIO SGF em 27.02.2007?
   R.: Sim, está correta a interpretação (independentemente da fonte) que parte da preclusão administrativa como marco da "constituição definitiva do crédito tributário", evento que restaura a exigibilidade da exação e abre caminho para os demais estágios do fluxo de positivação do crédito tributário, como a inscrição em dívida ativa, a cobrança administrativa e a cobrança judicial.
2. Por força do disposto nos artigos 156, V e 174, do CTN e artigo 21, § 1º, do Decreto 70.235/72 e artigo 9º da Portaria 2.284/2010, a FAZENDA NACIONAL deveria ter procedido à execução de seu crédito contra a empresa e contra o SR. SGF, em que pese o recurso administrativo pendente do Sr. DCA (que tratava exclusivamente de sua solidariedade, sem discutir a dívida em si ou a responsabilidade solidária de S.?
   R.: Sim, uma vez "constituído definitivamente o crédito tributário" e ausentes causas de suspensão de sua exigibilidade ou executoriedade, é obrigação do agente público dar sequência ao fluxo de positivação, cujo objetivo final é ver adimplido o valor que se entende devido.
3. Quanto tempo decorreu entre o ajuizamento da execução fiscal e a constituição definitiva do crédito tributário (com o trânsito em julgado da decisão administrativa)?
   R.: Ao considerarmos que a preclusão parcial define o momento em que o sujeito ativo torna-se obrigado a prosseguir com a cobrança do crédito tributário em relação aos sujeitos passivos aos quais não cabe a interposição de recursos administrativos, então o marco inicial de contagem do prazo prescricional se deu em 27/02/2007 (momento em que houve a estabilização do crédito tributário na seara administrativa, segundo a narrativa do consulente). Entre 27/02/2007 e

30/08/2013 passaram-se seis anos, seis meses e vinte e oito dias; ou 343 semanas; ou 2.401 dias; ou 6,57 anos.
4. Ocorreu a EXTINÇÃO DO CRÉDITO TRIBUTÁRIO pela prescrição, vez que a FAZENDA NACIONAL não ajuizou a ação de execução nem inscreveu o débito em dívida ativa antes de 27.02.2012?
R.: Sim, ocorreu a extinção do crédito tributário em virtude do escoamento do período de tempo superior a cinco anos entre a data em que foi constituído definitivamente o crédito tributário e o ajuizamento da ação de execução fiscal.
5. As autoridades fiscais poderiam ter imputado solidariedade ou responsabilidade tributária sem chamar os supostos devedores para participar do processo administrativo tributário?
R.: Não, as autoridades fiscais não poderiam ter imputado solidariedade ou responsabilidade tributária sem convocar os supostos devedores para integrar o respectivo processo administrativo tributário e nele defender os seus interesses, conforme exposição supra.

5. Conclusões

1. Compete à autoridade fiscal proceder à cobrança de crédito tributário cuja exigibilidade e executoriedade não esteja suspensa, como ocorre na hipótese de preclusão parcial de decisão tomada no curso de processo administrativo tributário;
2. O termo inicial para a contagem do prazo prescricional é o momento em que a constituição do crédito tributário se estabiliza no âmbito administrativo, com a preclusão de eventuais reclamações ou recursos, por decurso de prazo qualificado por inação ou pelo esgotamento de medidas e de recursos cabíveis;
3. Na hipótese de preclusão parcial, compete à autoridade administrativa dar imediata sequência ao fluxo de positivação do crédito tributário, quanto à parte estabilizada, mediante inscrição em dívida ativa, com as consequentes cobranças administrativa e judicial;
4. Viola os arts. 42 e 43 do Decreto 70.235/1972, o art. 9º da Portaria RFB 2.284/2010, o art. 11 da LC 101/2000 e o art. 37, XXII da Constituição Federal deixar de proceder imediatamente à inscrição em dívida ativa, à cobrança administrativa e, se necessário, à cobrança

judicial da parte do crédito tributário não mais sujeita à revisão administrativa, por força da preclusão;

5. Viola o art. 174 do CTN exigir a cobrança de crédito tributário após o transcurso do prazo de cinco anos contados da data em que se houver concretizado, no âmbito administrativo, a sua liquidez, certeza e validade;

6. Viola os princípios da ampla defesa, do contraditório e do devido processo legal (art. 5º, LV da Constituição) atribuir sujeição passiva tributária a qualquer título por simples peticionamento nos autos de ação de execução fiscal;

7. Viola o dever de estrita motivação do ato administrativo de constituição do crédito tributário deixar de chamar a pessoa de direito a quem se pretende atribuir sujeição passiva, a qualquer título, para participar do controle de validade administrativo do crédito tributário ou da relação de responsabilidade.

8. Viola os arts. 5º, LV e 37, caput da Constituição, o art. 3º da Lei 9.784/1999, os arts. 10, 14, 59, 60 e 61 do Decreto 70.235/1972 e o art. 38 do Decreto 7.574/2011 deixar de chamar a pessoa de direito a quem se pretende atribuir sujeição passiva, a qualquer título, para participar do controle de validade administrativo do crédito tributário ou da relação de responsabilidade.

9. Viola o art. 5º, LXXVIII da Constituição transferir ao Poder Judiciário a discussão inaugural, com ampla defesa e contraditório, da validade de atribuição de sujeição passiva tributária a qualquer título.

10. Viola o art. 5º, inciso XXXIV, a e inciso XXXV (direitos fundamentais de petição e de acesso ao Judiciário), bem como o inciso II (juntamente com o art. 145, § 1º, legalidade substantiva, pela proibição do excesso de exação) da Constituição induzir o pretenso sujeito passivo a apresentar defesa apenas na via judicial do controle de validade do crédito tributário, já que essa via implica ônus financeiros mais elevados e carga de deveres maior do que a via administrativa.

Este é o nosso entendimento, s.m.j.

Brasília, 13 de maio de 2016

Joaquim Barbosa
OAB/DF 03344

6. Referências

DOUTRINAS ESSENCIAIS. DIREITO EMPRESARIAL. São Paulo: Revista dos Tribunais, 2011.

ALVES, José Carlos Moreira; COSTA-CORRÊA, André L. **Processo judicial tributário.** São Paulo SP Brasil: Centro de Extensão Universitária; Editora Revista dos Tribunais, 2010. 446 pages ;. (Pesquisas tributárias, nova série, n. 16). ISBN 9788520337400.

BALEEIRO, Aliomar; DERZI, MISABEL DE ABREU MACHADO. **Direito tributário brasileiro.** 12. ed. Rio de Janeiro: Forense, 2013. ci, 1578 p. ISBN 9788530941956.

BECKER, Alfredo Augusto. **Teoria geral do direito tributario.** 3. ed. São Paulo: Lejus, 1998. xviii, 686 p.

CARVALHO, Aurora Tomazini de (Ed.). **Decadência e Prescrição em Direito Tributário.** São Paulo: MP Editora, 2010.

CARVALHO, Paulo de Barros. Sujeição passiva e responsáveis tributários. **Repertório IOB de Jurisprudência 1**, v. 13, p. 255–265, 1996.

CARVALHO, Paulo de Barros. **Direito tributário linguagem e método.** 2. ed. São Paulo: Noeses, 2008. xxvii, 875 p. ISBN 9788599349205.

CUNHA, LEONARDO JOSÉ CARNEIRO DA. **A fazenda pública em juízo.** 5. ed. São Paulo: Dialética, 2007. 575 p. ISBN 9788575001684.

FIGUEIREDO, Marina Vieira de. **Lançamento tributário:** Revisão e seus efeitos. São Paulo: Noeses, 2014. xxx, 281 p. ISBN 9788583100010.

JUSTEN FILHO, Marçal. **Curso de direito administrativo.** 3. ed. São Paulo: Saraiva, 2008. xv, 1017 p. ISBN 9788502065130.

MARCUSE, Paul. Six Years of National-Socialistic Practice in Taxation. **Tulane Law Review**, v. 13, p. 534–559, 1939.

MARINS, James. **Direito Processual Tributário Brasileiro:** Administrativo e Judicial. 8. ed. São Paulo: Dialética, 2015.

OPPENHEIMER, Franz. **The State:** Its History and Development viewed sociologically. Nova Iorque: B.W. Huebsch, 1922.

PAULSEN, Leandro; ÁVILA, René B.; SLIWKA, Ingrid S. **Direito Processual Tributário:** Processo administrativo fiscal e execulão fiscal à luz da doutrina e da jurisprudência. 5. ed. Porto Alegre: Livraria do Advogado, 2009.

SANTI, EURICO MARCOS DINIZ DE. **Decadência e prescrição no direito tributário.** São Paulo: M. Limonad, 2000. 314 p. ISBN 9788586300752.

SANTI, EURICO MARCOS DINIZ DE. **Kafka, alienação e deformidades da legalidade:** Exercício do controle social rumo à cidadania fiscal. São Paulo: Revista dos Tribunais, 2014. 590 p. ISBN 9788520353639.

SANTI, EURICO MARCOS DINIZ DE; PEIXOTO, Daniel Monteiro. **Decadência no Imposto sobre a renda.** São Paulo, Rio de Janeiro Brazil: Quartier Latin; Fundação Getulio Vargas, 2006? 160 ;. ISBN 9788576740544.

SILVA, Renata Elaine. **Curso de decadência e de prescrição no direito tributário:** Regras do direito e segurança jurídica. São Paulo: Noeses, 2013. xliv, 458 p. ISBN 9788599349991.

SORRENTINO, Thiago B. **Controle, no âmbito do Supremo Tribunal Federal, da atribuição de responsabilidade tributária aos sócios e administradores de pessoas jurídicas**. São Paulo, 2008. Disponível em: <http://www.dominiopublico.gov.br/download/teste/arqs/cp063155.pdf>. Acesso em: 12 mai. 2016, 12:00:00.

WALD, Arnoldo. O Espírito Empresarial, a Empresa e a Reforma Constitucional. **DOUTRINAS ESSENCIAIS. DIREITO EMPRESARIAL.,** São Paulo: Revista dos Tribunais, 2011.

WORLD BANK GROUP/PWC. Paying Taxes 2015: The Global Picture. The Changing face of tax compliance in 189 economies worldwide. Disponível em: <http://www.pwc.com/gx/en/paying-taxes-2016/paying-taxes-2015.pdf>. Acesso em: 12 mai. 2016, 12:00:00.

XAVIER, Alberto. **Do lançamento no direito tributário brasileiro**. 3. ed. Rio de Janeiro: Forense, 2005. xx, 470 p. ISBN 9788530920708.

XAVIER, Alberto. **Princípios do processo administrativo e judicial tributário**. 1. ed. Rio de Janeiro: Editora Forense, 2005. xviii, 383 p. ISBN 9788530920692.

Parecer

CONSULENTES: NSC S/A E NCIE S/A

CONSTITUCIONAL. TRIBUTÁRIO. PROCESSO ADMINISTRATIVO-TRIBUTÁRIO. PROVA EMPRESTADA. POSSIBILIDADE EM TESE. SALVAGUARDAS CONSTITUCIONAIS NÃO OBSERVADAS NO CASO EM EXAME.

1. A utilização de prova produzida em outro procedimento ou processo é admissível no processo administrativo tributário, desde que observadas as cautelas constitucionais e legais pertinentes.
2. As principais cautelas que devem ser observadas são os princípios da legalidade (art. 5º, II da Constituição), do devido processo legal substantivo (art. 5º, *caput*), do contraditório e da ampla defesa (art. 5º, LV), princípios esses que regem e que foram incorporados à Lei do Processo Administrativo Federal (arts. 2º e 3º da Lei 9.784, de 29 de janeiro de 1999, art. 12, II do Decreto 7.574/2011, e art. 59, II do Decreto 70.235/1975).
3. Viola os princípios da legalidade, do devido processo legal substantivo, do contraditório e da ampla defesa o uso como fator decisório determinante de provas colhidas em processo ou procedimento do qual o réu ou interessado não participou, nem foram preservadas as condições para repetição ou reexame técnico do material probatório recolhido.

4. Viola os princípios do contraditório, da ampla defesa e da motivação adequada das decisões administrativas a rejeição apriorística da reprodução ou do reexame de prova emprestada.
5. Tais princípios foram densificados no estrato infraconstitucional pelos arts. 12, II do Decreto 7.574/2011, 59, II do Decreto 70.235/1975, e 2º e 3º da Lei 9.784/1999.
6. No caso, a NSC S/A e NCIE S/A possuía legítimo interesse no acompanhamento e na eventual refutação dos depoimentos e das diligências realizadas em processos ou procedimentos administrativos relacionados às operações de aquisição de café, nos precisos termos dos artigos 2º e 3º da Lei nº 9.784/1999, bem como dos arts. 12, II do Decreto 7.574/2011 e 59, II do Decreto 70.235/1975, dada a contraposição de interesses entre exportadores e os supostos intermediários-atacadistas.

1. Consulta

O ilustre advogado CFF honra-me com esta consulta acerca da validade do uso de prova emprestada no curso de dois processos administrativos documentados nos autos de infração lavrados contra as pessoas jurídicas NSC S/A e NCIE S/A. (PA XXXXXXX – EAC XXXXXXX e PA XXXXXXX).

Narra o consulente que, em 2007, alguns atacadistas acusaram inúmeros exportadores de fraudarem documentos comerciais e fiscais relacionados às operações de compra e venda de café. Ainda segundo o consulente, tais acusações foram apresentadas como meio de defesa em procedimento resultante de ação conjunta de vários órgãos de fiscalização da União, conhecida como "operação X".

A partir dessas acusações, a Receita Federal do Brasil deu início ao PA XXXXXXX (MPF XXXXXXX) e ao PA XXXXXXX, com o objetivo de fiscalizar e de constituir créditos tributários relacionados à Contribuição destinada ao Custeio da Seguridade Social, calculada com base na receita bruta (COFINS) e da Contribuição ao Programa de Integração Social (PIS), e findou por lavrar auto de infração contra as empresas NSC S/A e NCIE S/A.

Segundo o consulente, a RFB entendeu ter a NSC S/A e NCIE S/A ocultado a real natureza de operações realizadas com os atacadistas de café, com o objetivo de reduzir a carga tributária gerada com o regime não-cumulativo de apuração desses tributos. Em síntese, no entender da

RFB, as operações de aquisição de café, realizadas com pessoas naturais, supostamente teriam sido registradas como operações realizadas com pessoas jurídicas. Noutras palavras, a aquisição da *commodity* vendida por pessoa jurídica permitiria à NSC S/A e NCIE S/A aproveitar integralmente os créditos tributários na forma prevista no regime de substituição tributária, ao passo que a aquisição do bem diretamente de pessoa natural limitaria o crédito a 30%.

Porém, prossegue o consulente, os elementos probatórios colhidos no âmbito da operação X não foram submetidos ao crivo do contraditório, da ampla defesa e do devido processo legal naquilo que tinha pertinência com as empresas NSC S/A e NCIE S/A. O consulente esclarece que toda a ação estatal foi direcionada aos atacadistas de café, sem que os exportadores tivessem sido chamados para compor qualquer relação processual ou procedimental nos diversos âmbitos legais (tributário, penal etc).

Para boa compreensão do quadro, o consulente formula os seguintes quesitos:

1. É admissível a prova emprestada no âmbito do processo administrativo de constituição do crédito tributário?
2. Em caso de resposta positiva, foram observadas eventuais salvaguardas constitucionais e legais aplicáveis ao processo administrativo tributário na constituição dos créditos documentada no PA XXXXXXX e no PA XXXXXXX?

Esta a consulta, tal como me foi narrada pelos consulentes.

2. Relatório

Trata-se de auto de infração lavrado contra as empresas NSC S/A e NCIE S/A no qual encontra-se documentada a constituição de créditos tributários de COFINS e de PIS segundo a sistemática da não-cumulatividade,[1] relativamente ao período de 01/01/2011 a 31/12/2012.

---

[1] "A fiscalização teve como escopo a verificação de pretensos créditos, oriundos da aquisição de café em grão (código 09.01.1 da Tipi) utilizado para processamento e comercialização no mercado interno e externo, deduzidos contabilmente pela empresa NSC S/A com os valores devidos das contribuições não-cumulativas do PIS e da COFINS, bem como utilizados na

A fiscalização foi motivada pelas informações colhidas nas operações "XXXXXXX" e "XXXXXXX", que também teriam servido de base a outras ações de fiscalização (TEAF XXXXXXX), conforme se lê textualmente a fls. 1900 do TEAF XXXXXXX:

> "A utilização de empresas laranja na forma acima mencionada foi descortinada nas investigações da DRF/XXXXXXX, cujo marco inicial foi a denominada operação "XXXXXXX", iniciadas em 10/2007, e que resultaram na comunicação dos fatos apurados à Procuradoria da República no município de XXXXXXX, em agosto de 2009, e robustecida, posteriormente, na "XXXXXXX", deflagrada em XXXXXXX, fruto da parceria entre o Ministério Público Federal, Polícia Federal e Receita Federal, na qual foram cumpridos mandados de busca e apreensão, sendo a empresa NSC S/A um dos alvos.
>
> [...]
>
> Documentos apreendidos no curso da "XXXXXXX" na NSC S/A revelaram que a empresa tinha total controle sobre as compras de café, fazendo nítida distinção entre a PROCEDÊNCIA do café (produtor/maquinista vendedor) e a FIRMA (empresa laranja emitente da nota fiscal). Por exemplo, o "CONTROLE DIÁRIO DE COMPRAS – VITÓRIA", do dia 03/06/2008, mostra de forma incontestável a compra de café dos produtores rurais "XXXXXXX", "XXXXXXX" e "XXXXXXX" para a NSC S/A, mediante interposição fraudulenta das empresas laranja "XXXXXXX", "XXXXXX" e "XXXXXX", respectivamente, como intermediárias fictícias.
>
> [...]
>
> Fato é que as provas colhidas nas operações "XXXXXXX" e "XXXXXXX" corroboraram a utilização de meios ilícitos para a obtenção de crédito tributário, o que afasta eventual tentativa de abrigar-se sob o manto de comprador de boa-fé"
>
> [...].
>
> O modus operandi do esquema descrito detalhadamente pelos agentes da cadeia de comercialização (produtor e/ou maquinista, corretor e representantes das fíctas intermediárias – empresas laranjas) foi devidamente demonstrado mediante confrontação dos documentos colhidos no decorrer das investigações e robustecido com aqueles apreendidos na XXXXXXX".

compensação de tributos/contribuições mediante pedido de ressarcimento/compensação por meio de PER/DCOMP" (fls. 1898 – TEAF XXXXXXX).

Em princípio, as ações levadas a efeito na operação "XXXXXXX" não tinham como alvo a conduta das empresas NSC S/A e NCIE S/A. Com efeito, lê-se a fls. 1911 do TEAF XXXXXXX:

> "A DRF/VTA/ES deflagrou, em 22/10/2007, ações fiscais de diligências em desfavor de 36 (trinta e seis) pessoas jurídicas. Todas inscritas no Cadastro Nacional de Pessoas Jurídicas (CNPJ) da Receita Federal como supostas empresas XXXXXXX – CNAE: XXXXXXX".

Porém, no curso dessa operação, alguns inquiridos afirmaram que as empresas exportadoras de café, dentre elas a NSC S/A e NCIE S/A, estruturaram e executaram a ocultação da real operação comercial (venda por pessoa natural) por meio da interposição meramente formal de pessoas jurídicas, os denominados "laranjas" (fls. 1914 do TEAF XXXXXXX).

Os produtores de café teriam confirmado essa informação, segundo a RFB[2].

Segundo a RFB, a estrutura física das empresas atacadistas era por demais modesta e, assim, incompatível com as operações de venda de café (e.g., fls. 2003 do TEAF XXXXXXX).

Por fim, a RFB colheu uma série de documentos, como planilhas eletrônicas e anotações manuscritas, que indicariam a falta de um propósito negocial ou até mesmo a própria inexistência de fato dos atacadistas intermediários, de modo a caracterizar a fraude.

Eis a conclusão a que chegou a RFB:

> "Diante dos fatos e documentos acostados ao presente Relatório, os Auditores-Fiscais constataram, na escrituração contábil e fiscal da NSC S/A, infração tributária relacionada à apropriação indevida de créditos integrais das contribuições sociais não cumulativas – PIS (1,65%) e COFINS (7,6%), calculados sobre os valores das notas fiscais de aquisição de café em grãos no ano de 2011; quando o correto seria a apropriação de créditos presumidos.

---

[2] "Os produtores ouvidos mostraram total desconhecimento acerca das pseudoempresas atacadistas usadas para guiar o café. Negociavam com pessoas conhecidas, de sua confiança, ou seja, os corretores, maquinistas e empresas da sua região, contudo, no momento da retirada do café surgiam nomes de "empresas" desconhecidas. Sem exceção, os depoimentos dos produtores têm o mesmo teor: as notas fiscais do produtor rural, preenchidas pelos compradores/corretores/maquinistas ou a mando deles, tinham como destinatárias supostas "empresas" TOTALMENTE DESCONHECIDAS DOS DEPOENTES e que não eram as reais adquirentes do café negociado" (fls. 1926 – TEAF XXXXXXX).

Isso porque as pretensas aquisições de pessoas jurídicas contabilizadas pela NSC S/A em nome das comprovadas empresas de fachada – pseudoatacadistas de café, foram usadas para dissimular as verdadeiras operações realizadas, quais sejam: aquisições de café em grãos diretamente de pessoas físicas, produtores rurais e/ou maquinistas ou cerealistas" (fls. 2045 do TEAF XXXXXXX).

É o relatório.

3. Análise

É importante ressaltar, de saída, que este parecer se limita à questão específica atinente à possibilidade de uso de prova emprestada no processo administrativo tributário, sem qualquer pretensão de examinar outros pontos juridicamente relevantes da controvérsia.

A utilização de prova emprestada no curso do processo administrativo tributário (PAT) não é novidade entre nós. Nesse sentido, o art. 30 do Decreto 70.235/1972 e o art. 64 do Decreto 7.574/2011[3] preveem a adoção vinculante dos pareceres técnicos elaborados por órgãos qualificados da estrutura da administração federal. O próprio Código Tributário Nacional, em seu art. 199, permite o compartilhamento de informações obtidas pelas diferentes pessoas jurídicas que compõem a Federação.

Em termos mais amplos, a utilização de prova emprestada é admissível no curso do processo administrativo tributário em consonância com os princípios do devido processo legal substantivo (art. 5º, LIV da Constituição) e da legalidade (art. 5º, II da Constituição). O objetivo da aplicação desses princípios é assegurar a sólida motivação do ato de constituição do crédito tributário, sem apelo às soluções retóricas da "presunção de legalidade do ato administrativo" e da "supremacia do interesse público".

Conforme já dito pelo Supremo Tribunal Federal, "**a presunção de validade do lançamento tributário será tão forte quanto for a consistência de sua motivação, revelada pelo processo administrativo de constituição do crédito tributário**"[4].

---

[3] Art. 64. Os laudos e os pareceres do Laboratório Nacional de Análises, do Instituto Nacional de Tecnologia e de outros órgãos federais congêneres serão adotados nos aspectos técnicos de sua competência, salvo se comprovada a improcedência desses laudos ou pareceres (Decreto no 70.235, de 1972, art. 30, com a redação dada pela Lei no 9.532, de 1997, art. 67).

[4] Cf., e.g., AI 551556 AgR, Relator(a): Min. JOAQUIM BARBOSA, Segunda Turma, julgado em 01/03/2011, DJe-062 DIVULG 31-03-2011 PUBLIC 01-04-2011 EMENT VOL-02494-01

O próprio regramento do PAT determina que "são hábeis para comprovar a verdade dos fatos todos os meios de prova admitidos em direito" (art. 24, *caput* do Decreto 7.574/2011) e que cabe à autoridade fiscal a prova da inveracidade dos fatos registrados com observância das disposições legais (art. 26, par. ún.).

Porém, a validade da utilização da prova emprestada depende da observância de algumas salvaguardas constitucionais e legais inafastáveis. Vejamos.

Em primeiro lugar, a ampla defesa e o contraditório são componentes essenciais das salvaguardas aplicáveis à produção e à valoração probatória no âmbito tributário. Sem elas, a atividade tributária do Estado regride à sua condição inicial, primitiva e bárbara, tal como relatada por FRANZ OPPENHEIMER[5].

Violações da ampla defesa e do contraditório são inadmissíveis se quisermos tornar verdadeira a assertiva que aponta o Estado Democrático de Direito como pré-requisito fundamental da própria existência do direito de propriedade[6].

O conteúdo jurídico dos princípios da ampla defesa e do contraditório desdobra-se em três dimensões: o dever de informar ao réu ou ao interessado todos os atos processuais praticados pela administração tributária; o dever de receber a manifestação do réu ou do interessado; e o dever de apreciar motivadamente os elementos expostos pelo réu ou pelo interessado.

Esses aspectos foram, todos, sem exceção, incorporados à legislação infraconstitucional de regência do processo administrativo federal:

Decreto 7.574/2011:
Art. 12. São nulos (Decreto nº 70.235, de 1972, art. 59):
[...]
II – os despachos e decisões proferidos por autoridade incompetente ou com preterição do direito de defesa.

PP-00118 e AI 718963 AgR, Relator(a): Min. JOAQUIM BARBOSA, Segunda Turma, julgado em 26/10/2010, DJe-230 DIVULG 29-11-2010 PUBLIC 30-11-2010 EMENT VOL-02441-02 PP-00430).
[5] "But the peasantry do not flee. The peasant is attached to his ground, and has been used to regular work. He remains, yields to subjection, and pays tribute to his conqueror; that is the genesis of the land states in the old World" (**The State**: its history and development viewed sociologically. Nova Iorque: Vanguard Press, 1926).
[6] NAGEL, Thomas e MURPHY, Liam. **O Mito da Propriedade.** Os impostos e a justiça. São Paulo: Martins Fontes, 2005.

Lei 9.784/1999:

Art. 2º. A Administração Pública obedecerá, dentre outros, aos princípios da legalidade, finalidade, motivação, razoabilidade, proporcionalidade, moralidade, ampla defesa, contraditório, segurança jurídica, interesse público e eficiência.

Parágrafo único. Nos processos administrativos serão observados, entre outros, os critérios de:

I – atuação conforme a lei e o Direito;

IV – atuação segundo padrões éticos de probidade, decoro e boa-fé;

VI – adequação entre meios e fins, vedada a imposição de obrigações, restrições e sanções em medida superior àquelas estritamente necessárias ao atendimento do interesse público;

VIII – observância das formalidades essenciais à garantia dos direitos dos administrados;

X – garantia dos direitos à comunicação, à apresentação de alegações finais, à produção de provas e à interposição de recursos, nos processos de que possam resultar sanções e nas situações de litígio;

Art. 3º O administrado tem os seguintes direitos perante a Administração, sem prejuízo de outros que lhe sejam assegurados:

I – ser tratado com respeito pelas autoridades e servidores, que deverão facilitar o exercício de seus direitos e o cumprimento de suas obrigações;

II – ter ciência da tramitação dos processos administrativos em que tenha a condição de interessado, ter vista dos autos, obter cópias de documentos neles contidos e conhecer as decisões proferidas;

III – formular alegações e apresentar documentos antes da decisão, os quais serão objeto de consideração pelo órgão competente;

Com efeito, sobre o tema, decidiu o Plenário do Supremo Tribunal Federal que **"os princípios do contraditório e da ampla defesa, assegurados pela Constituição, aplicam-se a todos os procedimentos administrativos"**[7].

Com efeito, a produção e a avaliação probatória ocupam espaço crítico na aplicação dos princípios da ampla defesa e do contraditório. Nesse dia-

---

[7] MS 24268, Relator(a): Min. ELLEN GRACIE, Relator(a) p/ Acórdão: Min. GILMAR MENDES, Tribunal Pleno, julgado em 05/02/2004, DJ 17-09-2004 PP-00053 EMENT VOL-02164-01 PP-00154 RDDP n. 23, 2005, p. 133-151 RTJ VOL-00191-03 PP-00922

pasão, de acordo com o estágio atual do conhecimento científico, sabe-se que vários dentre os elementos que marcam a materialização de certos eventos relevantes se esvaem no tempo e no espaço. Permanecem apenas os registros, em linguagem qualificada, desses eventos. Por isso, deter a competência para traduzir os eventos em fatos constituiu-se em arma poderosa, capaz até mesmo de moldar a própria realidade.

Não é por outra razão que no estado democrático de direito os princípios constitucionais do contraditório e da ampla defesa implicam, de maneira simplificada, que a produção probatória com potencial para causar dano ao cidadão não pode ser unilateralmente monopolizada pelo Estado. Ou seja: não é dado aos agentes estatais, na relação com os particulares, falar em solilóquio.

E, como já dito, tais garantias constitucionais foram incorporadas à legislação infraconstitucional, no bojo da Lei do Processo Administrativo Federal, conforme expressa previsão contida no artigo 2º da Lei 9.784/1999.

A questão relativa à chamada **prova emprestada** traz alguns desafios adicionais à adequada aplicação dos princípios do contraditório e da ampla defesa. Pura e simplesmente viola os princípios do contraditório e da ampla defesa a utilização, como razão de decidir, de elemento probatório colhido sem o conhecimento do interessado e sem que a este tenha sido aberta a possibilidade efetiva de contra-argumentação, de contraposição ao conteúdo do que foi recolhido à sua revelia.

Mais: é imperativo que a exigência do contraditório e da ampla defesa sejam observados já no processo ou no procedimento em que tenha sido constituída originalmente a prova que se deseja tomar de empréstimo para o processo administrativo fiscal, haja vista que em tal processo ou procedimento o contribuinte reveste a condição de interessado a que alude o inciso II do artigo 3º da Lei nº 9.784/1999.

Nessa linha, a Profa. FABIANA DEL PADRÉ TOMÉ bem sintetiza a cautela a ser tomada pelo julgador[8]:

"A despeito do silêncio do legislador, que não costuma impor requisitos procedimentais à utilização da prova emprestada, a esta se aplicam as exigências processuais inerentes a essa modalidade probatória, fazendo-se necessário que (i) a prova tenha sido produzida em processo envolvendo as mesmas partes; (ii) na produção da prova, cujo conteúdo se pretende transladar, tenham

---

[8] **A Prova no Direito Tributário.** 3ª ed. ver. São Paulo: Noeses, 2011, p. 139.

sido observadas as formalidades estabelecidas em lei; e (iii) haja identidade entre o fato probando do primeiro e o do segundo processo".

No caso em exame, a autoridade fiscal tomou por critérios determinantes à descaracterização das operações de aquisição de café realizadas pela NSC S/A e NCIE S/A os seguintes dados:

1. Os depoimentos prestados pelos agentes atacadistas, que implicavam diretamente a NSC S/A e NCIE S/A ou seus representantes, tomados no curso das operações "XXXXXXX" e "XXXXXXX";
2. A constatação, em diligências presenciais, da falta de estrutura negocial de tais agentes atacadistas, também realizadas no curso das operações "XXXXXXX e "XXXXXXX";
3. Os depoimentos prestados pelos produtores de café, tomados no curso das operações "XXXXXXX" e "XXXXXXX".

Ocorre que a operação "XXXXXXX" não tinha por objeto investigar a atividade da empresa NSC S/A e NCIE S/A. Segundo relato do consulente, corroborado pelos documentos por ele fornecidos, não há comprovação de que a NSC S/A e NCIE S/A tenha sido chamada a participar dos referidos procedimentos. Tampouco há indicação de que tal empresa tenha, por outra via, participado efetivamente da produção probatória que fez parte da motivação do auto de infração.

Por outro lado, o consulente noticia que as ações da operação "XXXXXXX" foram subitamente interrompidas, por força da concessão de *habeas corpus* pelo Tribunal Regional Federal da 2ª Região (HC XXXXXXX; XXXXXXX).

Como a NSC S/A e NCIE S/A não teve a oportunidade de contraditar os depoimentos tomados como prova da existência de preordenada ação para iludir as autoridades fiscais, a constituição dos créditos tributários nas condições supramencionadas está evidentemente viciada, seja por ferir os princípios constitucionais em questão, seja por ferir o disposto no s artigos 2º e 3º da Lei 9.784/1999.

A rigor, seria despiciendo perquirir se houve prejuízo à empresa autuada em razão da falta de oportunidade para contraditar e para produzir outras espécies de prova quanto às alegações colhidas fora do processo que culminou no TEAF XXXXXXX. O julgador não tem condições, aprioristicamente, de afirmar que tudo que a NSC S/A e NCIE S/A pudesse eventualmente dizer ou apresentar seria inútil para abalar seu convencimento. Se o fizesse, estaria incorrendo em pré-julgamento inadmissível no nosso ordenamento jurídico brasileiro.

É perfeitamente possível, porém, identificar a utilidade e a necessidade da participação da interessada na formação da prova oriunda dos depoimentos. Dos autos, constata-se que os produtores, os supostos intermediários atacadistas e os exportadores não partilhavam afinidades, nem interesses comerciais ou processuais comuns. Numa tal situação, à guisa de mera hipótese, não seria nenhum absurdo cogitar que um dos agentes da conduta ilícita procurasse exonerar-se do que lhe era imputado recorrendo à transferência de culpa a terceiros.

Nesse particular, chama a atenção uma assertiva colhida em um dos depoimentos, que aponta suposta coerção econômica praticada pelas empresas exportadoras:

"(...) [C., A., DG. e LL], assim, afirma que, na verdade, não é e nunca foi uma COMERCIALIZADORA ou ATACADISTA de café e sim, sempre foi uma simples agente de comércio, ou seja, um corretor pessoa física, transformado por imposição dos compradores (que são poucos e poderosos) em pessoa jurídica" (fls. 1916 do TEAF XXXXXXX).

A alegada coerção econômica é sintomática dos interesses conflitantes dos intermediários e dos exportadores. Guardaria fidelidade à verdade tudo quanto é alegado pelos primeiros inquiridos, na qualidade de atacadistas? Ora, para bem responder a essa pergunta é mais do que evidente a necessidade incontornável de se franquear às exportadoras a oportunidade de se contrapor às alegações feitas, de apontar-lhes as incongruências e de amplamente contraditar o que foi afirmado. Mas, como se sabe, isso não ocorreu.

Poder-se-ia indagar se o processo administrativo tributário federal comportaria, em termos práticos, tal latitude de compreensão dos princípios do contraditório e da ampla defesa. Ao longo do tempo, pode-se afirmar que os processos de constituição do crédito tributário vêm sendo projetados com viés inquisitorial, guiados por uma interpretação larga de poder de polícia e de supremacia do interesse público. Quando surgem indícios de fatos jurídicos tributários praticados por outros sujeitos passivos que não aquele contribuinte que era o alvo inicial do lançamento, a regra tem sido a de abrir tantos processos administrativos quantos forem necessários para abarcar os períodos de apuração desses terceiros. Isto é, um sujeito passivo não é chamado a participar do lançamento de outro.

A questão é de ordem essencialmente constitucional, e a resposta não poderia ser outra: o processo administrativo tributário **deve observar rigorosamente os mandamentos constitucionais aplicáveis, segundo já decidiu o Supremo Tribunal Federal, tanto ao processo penal quando às diversas modalidades de processos administrativos, bem como os preceitos legais que lhe são específicos.** Lembre-se, a propósito, que a adoção de práticas administrativas suscetíveis de desconsiderar direitos constitucionais tende normalmente a extrapolar o âmbito em que originalmente são aplicadas. É notório, por exemplo, que alguns dos mecanismos inquisitoriais próprios ao processo administrativo tributário se trasladaram para o processo administrativo disciplinar, em prejuízo dos servidores públicos. O risco é que as pequenas violações em prol de um valor que se tem por universal é o primeiro passo rumo à desconsideração de uma série de outros direitos.

De qualquer modo, é fundamental que no âmbito do processo administrativo tributário sejam preservadas as condições necessárias para que a prova emprestada seja refeita ou então colocada sob os rigores dos testes de validade, respeitando-se a priori os direitos básicos do interessado. Se a prova emprestada não puder ser repetida nem confirmada no âmbito do novo processo administrativo, ela simplesmente perde seu valor de face.

Por oportuna, anote-se a opinião do procurador da Fazenda Nacional DANIEL ZANETTI MARQUES CARNEIRO[9]:

> "Noutros dizeres, em que pese a possibilidade de utilização da prova emprestada no processo administrativo fiscal, alguns balizamentos deverão ser respeitados, notadamente a observância do contraditório no processo do qual originada a prova.
>
> Ou seja, no processo em que produzida originariamente a prova, é indispensável que a mesma tenha sido submetida à discussão das partes interessadas (Fisco e contribuinte), principalmente com relação ao contribuinte, que deverá ter tido a oportunidade de produzir contraprova, vale dizer, deverá ter tido a oportunidade de contestá-la, demonstrando sua eventual imprestabilidade aos fins colimados pela fiscalização tributária. E mais, mister que o

---

[9] Considerações sobre a Prova Emprestada no Processo Administrativo Fiscal. **Revista Dialética de Direito Tributário n. 153.** São Paulo: Dialética, p. 33.

contraditório tenha sido efetivo, com real possibilidade de objeção, pelo contribuinte, ao teor da prova porventura coligida pela Administração".

De modo diverso, no caso ora sob exame, a RFB pautou a autuação na presunção absoluta de verdade dos já mencionados depoimentos, conforme se infere da leitura das exigências feitas por ocasião do início da ação fiscal:

"NSC S/A foi regularmente cientificada, por via postal, em 28/01/2014, do Termo de Início de Ação Fiscal nº XXXXXXX e do Mandado de Procedimento Fiscal – Fiscalização (MPF-F) nº XXXXXXX, sendo intimada, no prazo de 20 (vinte) dias, a apresentar relativamente aos anos de 2011 e 2012 as seguintes memórias de cálculo e demais informações:

2.1. APRESENTAR cópia do Estatuto Social e alterações posteriores, bem como Procurações de outorga de poderes a terceiros para representar a empresa;

2.2. No que se refere ao ano de 2011:

2.2.1. APRESENTAR MEMÓRIA DE CÁLCULO (PLANILHA EXCEL) da apropriação INTEGRAL dos créditos de PIS/COFINS que subsidiou o preenchimento do DACON. A memória de cálculo deverá conter as notas fiscais dos fornecedores, discriminando, por ordem cronológica de data de emissão, nº da NF, nome do fornecedor, CNPJ, valor e outros itens que julgar necessário, tais como pedido de compra, confirmação, corretor e etc.

2.2.2. Do mesmo modo, APRESENTAR MEMÓRIA DE CÁLCULO (PLANILHA EXCEL) da apropriação PRESUMIDA dos créditos de PIS/COFINS (ATIVIDADE AGROINDUSTRIAL) que subsidiou o preenchimento do DACON;

2.2.3. INFORMAR quais processos de produção abaixo listados foram aplicados ao café adquirido pela NSC S/A:

– Padronização;

– Beneficiamento;

– Preparação;

– Mistura de tipos de café para definição de aroma e sabor (blend);

– Separação por densidade dos grãos, com redução dos tipos determinados pela classificação oficial.

2.3. Quanto ao ano de 2012:

2.3.1. APRESENTAR MEMÓRIA DE CÁLCULO (PLANILHA EXCEL) da receita de exportação correspondente à base de cálculo do crédito presumido de que trata a Lei nº 12.599/2012 que subsidiou o preenchimento do

DACON e da PER (pedido de Ressarcimento). A memória de cálculo deverá conter as notas fiscais de saída, discriminando, por ordem cronológica de data de emissão, nº da NF, nome do destinatário, valor operação, crédito presumido apropriado, nº da Declaração de Exportação e outros itens que julgar necessário;

2.3.2 APRESENTAR MEMÓRIA DE CÁLCULO (PLANILHA EXCEL) da Apuração dos Créditos do PIS e da COFINS – Importação que subsidiou o preenchimento do DACON. A memória de cálculo deverá conter as notas fiscais dos fornecedores, discriminando, por ordem cronológica de data de emissão, nº da NF, nome do fornecedor, valor, bem como os recolhimentos dessas contribuições na importação (código receita, data e valor) e outros itens que julgar necessário;

2.3.3 APRESENTAR MEMÓRIA DE CÁLCULO (PLANILHA EXCEL) da Receita Tributada à Alíquota Zero e Receita com Suspensão da Contribuição informada no DACON. A memória de cálculo deverá conter as notas fiscais de saída, discriminando, por ordem cronológica de data de emissão, nº da NF, nome do destinatário, CNPJ, CFOP, valor da operação e outros itens que julgar necessário" (fls. 2043 do TEAF XXXXXXX).

Embora se trate aqui de uma observação contextual, há que se ter em mente que a adoção do regime de não-cumulatividade para a COFINS e para o PIS implicou aumento da complexidade do sistema de apuração tributária, além de desequilibrar em desfavor do contribuinte a carga tributária para alguns segmentos da economia.

Esse desequilíbrio da carga tributária está bem documentado pela literatura técnica pátria e decorre da adoção de mecanismos pouco eficientes para mitigar a acumulação da incidência repetida em cada fase do processo econômico, frente ao aumento nominal das alíquotas dos tributos. Ao invés de equalizar a carga tributária em função dos custos financeiros para a produção de bens e a prestação de serviços, a legislação pátria repetiu alguns dos vícios já identificados na sistemática do ICMS, bem como inovou em outros.

A introdução de um sistema desnecessariamente complexo e enviesado com aumento da carga tributária cria ambiente desfavorável à geração de empregos e ao aumento da renda de trabalhadores e de empreendedores.

Uma das passagens do TEAF XXXXXXX registra o quadro fático-econômico, talvez sem que os auditores-fiscais se apercebessem do alcance do problema:

"Revelaram, ainda, que em hipótese alguma teriam 'recursos para operar da forma como operaram nos últimos anos, mormente considerando a pesada carga tributária imposta por lei na operação, em especial da forma como exigida pelos compradores, qual seja com incidência integral de PIS/COFINS'" (fls. 1918).

Para os adquirentes de insumos produzidos e vendidos por pessoas naturais, a introdução original da sistemática de não-cumulatividade resultou no aumento tanto da carga tributária efetiva como na majoração dos custos com a observância da legislação tributária (*tax compliance*).

Talvez, numa análise mais aprofundada da situação, a inviabilização da atividade econômica sugerida pelos supostos intermediários também fosse extensível às demais empresas do ramo, ainda que de porte mais robusto.

A complexidade do quadro fático-econômico recomendaria que a abordagem estatal se libertasse dos preconceitos típicos da relação Fisco-contribuinte em Estados com baixa institucionalização. Não é possível descartar de plano que a reconfiguração das relações comerciais tenha resultado na imposição de um sistema que, nominalmente predisposto a tornar mais justa a tributação, acabou por alcançar aumento de arrecadação.

De qualquer sorte, se no caso tivessem sido observados o contraditório e a ampla defesa, o Estado encontrar-se-ia em posição mais confortável para afirmar que as empresas exportadoras intencionalmente escamotearam fatos e manipularam agentes mais fracos com o objetivo único de aumentarem suas margens de lucro. Porém, esses princípios cardeais da relação do Estado-Administração com o particular foram ignorados no presente caso.

4. Resposta aos Quesitos

1. É admissível a prova emprestada no âmbito do processo administrativo de constituição do crédito tributário?
   R. Sim, é admissível a utilização de prova emprestada no âmbito do processo administrativo de constituição do crédito tributário, nos termos dos arts. 199 do CTN e 64 do Decreto 7.574/2011.
2. Em caso de resposta positiva, foram observadas eventuais salvaguardas constitucionais aplicáveis ao processo administrativo tributário na constituição dos créditos constante do PA XXXXXXX e do PA XXXXXXX?

R.: Não, não foram observadas as salvaguardas constitucionais e legais aplicáveis ao processo administrativo tributário na constituição dos créditos espelhados no PA XXXXXXX e no PA XXXXXXX, à luz da narrativa feita pelo consulente e pelos documentos por ele apresentados. Os depoimentos e as diligências de vistoria que fundamentaram de modo determinante a autuação foram colhidos em processos e procedimentos aos quais as empresas NSC S/A e NCIE S/A não tiveram acesso de modo a poder fazer uso das franquias constitucionais do contraditório e da ampla defesa. Tampouco foram preservadas as condições para que tais elementos probatórios fossem refeitos ou reexaminados com a amplitude inerente ao respeito aos princípios da legalidade, do devido processo legal substantivo, do contraditório e da ampla defesa.

5. Conclusões

Ante o exposto, conclui-se que:

7. A utilização de prova produzida em outro procedimento ou processo é admissível no processo administrativo tributário, desde que observadas as cautelas constitucionais e legais pertinentes.
8. As principais cautelas que devem ser observadas são os princípios da legalidade (art. 5º, II da Constituição), do devido processo legal substantivo (art. 5º, *caput*), do contraditório e da ampla defesa (art. 5º, LV), princípios esses que foram incorporados à legislação federal (Lei 9.784/1999 e Decretos 70.235/1972 e 7.574/2011).
9. Viola os princípios da legalidade, do devido processo legal substantivo, do contraditório e da ampla defesa e, consequentemente, os artigos 2º e 3º da Lei n 9.784/1999, o uso como fator decisório determinante provas colhidas em processo ou procedimento alheio ao réu ou interessado ou do qual este não tenha participado como parte plenamente reconhecida, nem foram preservadas as condições para repetição ou reexame técnico do elemento probatório colhido.
10. Viola os princípios do contraditório, da ampla defesa e da motivação adequada das decisões administrativas e, consequentemente, os artigos 2º e 3º da Lei 9.784/1999, a rejeição apriorística da reprodução ou do reexame de prova emprestada.

11. No caso, as empresas NSC S/A e NCIE S/A manifestamente tinham legítimo interesse no acompanhamento e na eventual refutação dos depoimentos e das diligências realizadas em processos ou procedimentos administrativos relacionados às operações de aquisição de café, dada a contraposição de interesses entre exportadores e os/supostos intermediários-atacadistas.

Este é o nosso entendimento, s.m.j.

Brasília, 19 de janeiro de 2016.

JOAQUIM BARBOSA
OAB/DF 03344

Parecer

CONSULENTE: RPM S/A

1. PARCELAMENTO CONDICIONADO À CONFISSÃO E À RENÚNCIA DE DIREITOS. EVENTUAL HIPÓTESE DE INDEFERIMENTO. INVALIDADE.
    1.1. RISCO DE INEFICÁCIA DO PARCELAMENTO. DESVIO DE FINALIDADE. PROGRAMA DE PARCELAMENTO NÃO PODE SER INTERPRETADO COM PREPONDERÂNCIA DO INTERESSE ARRECADATÓRIO, EM PREJUÍZO DE OUTROS VALORES CONSTITUCIONAIS E LEGAIS.
    1.2. POTENCIAL VIOLAÇÃO DO PRINCÍPIO DA PRESERVAÇÃO DA EMPRESA. O PROGRAMA DE PARCELAMENTO DEVE PRESERVAR A CAPACIDADE DA EMPRESA DE MANTER E DE GERAR EMPREGOS.
    1.3. CONTRARIEDADE AO DEVIDO PROCESSO LEGAL SUBSTANTIVO. É INDISPONÍVEL O DEVER DO ESTADO DE NÃO EXIGIR E DE NÃO MANTER VALORES ARRECADADOS INDEVIDAMENTE, EM DESRESPEITO À CONSTITUIÇÃO OU À LEGISLAÇÃO INFRACONSTITUCIONAL.
    1.4. PRESERVAÇÃO DA CAPACIDADE CONTRIBUTIVA SUBSTANTIVA. FORÇAR A EXIGIBILIDADE DE TRIBUTOS INCONSTITUCIONAIS OU ILEGAIS DE CONTRIBUINTE VULNERÁVEL IMPLICA EXCEDER A CARGA TRIBUTÁRIA PROJETADA PARA A ATIVIDADE EMPRESARIAL.

- **1.5.** OBSTÁCULO AO ACESSO À JURISDIÇÃO E AO DIREITO PÚBLICO DE PETIÇÃO AOS ÓRGÃOS ADMINISTRATIVOS. É INDISPONÍVEL O DEVER DO ESTADO DE CONTROLAR A VALIDADE DOS CRÉDITOS TRIBUTÁRIOS; INDISPONIBILIDADE QUE NÃO PODE SER CONTORNADA PELA VIA OBLÍQUA DA "CONFISSÃO" E DA "RENÚNCIA A DIREITO".
- **1.6.** BOA-FÉ OBJETIVA. A SUBSISTÊNCIA DA "CONFISSÃO" E DA "RENÚNCIA A DIREITO" SOMENTE FARIA SENTIDO SE MANTIDA A CONTRAPARTIDA DO PARCELAMENTO.
- **2.** PARCELAMENTO CONDICIONADO À PREVISIBILIDADE MÍNIMA DE DURAÇÃO. AUSÊNCIA DE FUNDAMENTO DE VALIDADE IMEDIATO. VIOLAÇÃO DA REGRA DE LEGALIDADE. DEVIDO PROCESSO LEGAL SUBSTANTIVO. CAPACIDADE CONTRIBUTIVA SUBSTANTIVA. PRINCÍPIOS DA NECESSIDADE E DA PROPORCIONALIDADE. RISCO DE DESVIO DE FINALIDADE.
- **3.** MANUTENÇÃO DO PARCELAMENTO CONDICIONADA AO RECOLHIMENTO DO ICMS CORRENTE. AUSÊNCIA DE FUNDAMENTO DE VALIDADE. VIOLAÇÃO DA REGRA DA LEGALIDADE. DEVIDO PROCESSO LEGAL SUBSTANTIVO. CAPACIDADE CONTRIBUTIVA SUBSTANTIVA. ACESSO À JURISDIÇÃO E AO DIREITO PÚBLICO DE PETIÇÃO AOS ÓRGÃOS ADMINISTRATIVOS.
- **4.** COMISSÃO DE PARCELAMENTO. CRIAÇÃO. LIMITES DAS ATRIBUIÇÕES. ATRIBUIÇÃO CONSULTIVA. POSSIBILIDADE.
  - **4.1.** MOTIVAÇÃO. PROIBIÇÃO DE DISCRICIONARIEDADE. VINCULAÇÃO ESTRITA DOS ATOS ADMINISTRATIVOS. ADSTRIÇÃO AOS REQUISITOS LEGAIS.

1. Exposição da Questão e dos Quesitos

Por intermédio da ilustre advogada Dra. UP consulente expõe e indaga, literalmente:

> "Em 26 de novembro de 2015 foi publicada a Lei nº 7.116 a qual dispõe sobre o parcelamento de débitos tributários e não tributários no âmbito do estado do Rio de Janeiro, determinando as diretrizes para o parcelamento de valores até R$ 10.000.000,00 e para valores acima de R$ 10.000.000,00.
>
> No presente caso os contribuintes em questão são optantes pelo procedimento de valores acima de R$ 10.000.000,00 previsto no art. 6º da referida Lei.

Sem redução de juros ou multa, a Lei 7.116/2015 prevê que o parcelamento de valores acima de R$ 10.000.000,00 pode ser requerido por grupo empresarial e que a consolidação abrangerá todos os débitos constituídos ou não em nome do estabelecimento e ainda que o débito deverá ser pago em parcelas mensais e sucessivas, sendo o valor de cada parcela determinado em função de percentual da receita bruta do mês anterior, não inferior a 2% dessa receita bruta, observado o valor mínimo de 100.000 UFIR-RJ por parcela, conforme previsão do art. 6º.

Prevê, ademais, que o saldo devedor será atualizado anualmente pela UFIR-RJ e terá o acréscimo de juros de 3% ao ano, bem como, que as hipóteses de cancelamento ocorrerão em caso de: (i) inadimplência de 3 parcelas consecutivas ou 6 parcelas não consecutivas; (ii) existência de parcela não paga por período maior que 90 dias; (iii) constatação, caracterizada por lançamento de ofício, de débito correspondente a tributo abrangido pela Lei e não consolidado, salvo se integralmente pago no prazo de 30 dias a contar da ciência do lançamento ou decisão na esfera administrativa; (iv) pratica de qualquer procedimento tendente a subtrair receita; (v) suspensão das atividades relativas ao objeto social ou não auferimento de receita bruta por seis meses consecutivos; (vi) deixar de apresentar as demonstrações financeiras consolidadas.

Ressalta-se que referida Lei nada dispõe sobre as hipóteses de indeferimento do requerimento de parcelamento.

Importante ressaltar que a Lei 7.715 de 28 de dezembro de 2015 autorizou a prorrogação do parcelamento até o dia 28 de fevereiro de 2016, prevendo ainda a possibilidade de nova prorrogação por uma única vez, até 30 dias. O Decreto 45.580/2016 prorrogou o prazo até 29 de março de 2016.

Assim, a Lei 7.116/2015 foi regulamentado pelo Decreto 45.504 de 16 de dezembro de 2015 e pela Resolução Conjunta 199 de 23 de fevereiro de 2016, que estabelece normas complementares ao Decreto. Ocorre que ambos, Decreto e Resolução, possuem cláusulas ilegais e conflitantes, gerando algumas dúvidas, conforme abaixo disposto:

1. Nos termos do 11 do art. 6º da Lei 7.116/2015 que remete ao § 5º do art. 4º da mesma Lei, "o parcelamento considera-se realizado com o pagamento da 1º parcela, sendo suspensa a exigibilidade do débito, nos termos do art. 151, III do CTN.

A Lei traz em seu art. 1º § 7º menção à confissão dos débitos quando do requerimento. O Decreto 45.504/2016 determina que o requerimento do parcelamento importa (i) em confissão irrevogável e irretratável dos débitos indicados pelo contribuinte; (ii) renúncia a qualquer direito acerca de principal ou acessórios; (iii) desistência de medidas e recursos administrativos ou judiciais; (iv) comprovação de desistência dos recursos administrativos ou medidas judiciais com a renúncia ao direito em que se funda a ação.

A Lei 7.116/2015 traz ainda em seu Art. 4º, § 4º que "o cancelamento do parcelamento implica exigibilidade imediata da totalidade do débito confessado e ainda não pago e perda das reduções previstas nesta Lei, restabelecendo-se, em relação ao montante não pago, os acréscimos legais na forma da legislação aplicável, calculando-se o saldo remanescente na forma do art. 168 do Decreto-Lei nº 05, de 15 de março de 1975." As hipóteses de cancelamento estão contempladas no art. 6º, § 8º da Lei.

Por sua vez, o § 9º do art. 4 da Resolução Conjunta 199/2016 prevê que uma vez deferido o parcelamento o contribuinte será intimado a fazer o recolhimento da primeira parcela no mês posterior à ciência. Traz ainda em seu art. 4º § 6º que o requerimento passará por uma Comissão que se manifestará pelo deferimento ou indeferimento do parcelamento.

Desta forma, pergunta-se:

1.1. Considerando que o requerimento do parcelamento importa em confissão irrevogável e irretratável, ocorrendo a hipótese de indeferimento do parcelamento (sendo que indeferimento é mencionado apenas na Resolução, Art. 4º.), será mantida a confissão irrevogável e irretratável dos débitos, com a imediata exigência dos mesmos?

1.2. Pode ser exigida a totalidade dos débitos parcelados com o cancelamento ou indeferimento do parcelamento?

O art. 5º da Resolução Conjunta 199/2016 prevê que o parcelamento deverá proporcionar amortização gradual da dívida, com a consequente extinção dos correspondentes créditos tributários e não tributários (caput), onde as parcelas serão fixadas de forma a:

Atender ao disposto no caput do art. 5º, por meio de amortização gradativa de saldo devedor, de forma integral ou parcial a ser atualizada anualmente pela UFIR-RJ, independentemente da incidência dos juros de 3% ao ano, previsto no § 10 do art. 6º da Lei;

Proporcionar previsibilidade mínima quanto a duração do parcelamento para permitir o levantamento, após a quitação, de eventuais garantias apresentadas em juízo;

O débito consolidado será pago em parcelas mensais e sucessivas, sendo o valor de cada parcela correspondente ao maior valor entre: (a) 2% do faturamento bruto; (b) 100.000 UFIR, ou (c) valor proposto pelo contribuinte, quando da apresentação do demonstrativo mensal da receita bruta (art. § 4º do art. 5º)

O art. 5º da mesma Resolução Conjunta discorre ainda que a fração de juros que eventualmente exceder o valor da parcela mensal destinada a amortização do principal será integralmente acrescida ao saldo devedor.

O Decreto 45.504, respeitando as diretrizes da Lei 7.116, é silente quanto ao aqui exposto, fazendo alusão apenas aos valores de cada parcela, que será determinada em função do percentual da receita bruta do mês anterior, não inferior a 2%, observado o valor mínimo de 100.000 UFIR-RJ, conforme disposto no art. 6º do Decreto.

Assim sendo, pergunta-se:

Pode a Resolução Conjunta 199/2016 inovar, ao determinar que as parcelas deverão ser fixadas de forma a proporcionar previsibilidade mínima quanto a duração do parcelamento, conforme previsão do art. 5º § 1º III?

Na contramão das hipóteses de cancelamento instituídas pela Lei 7.116/2015, a Resolução conjunta 199/2016 determina em seu art. 6º, II, combinado com o § 1º, que o parcelamento será cancelado na hipótese do contribuinte deixar de apresentar mensalmente os comprovantes de recolhimento dos valores devidos, declarados ou não, relativos ao ICMS e FECP e Substituição Tributária com vencimento no mês anterior.

Desta forma, pergunta-se:

Pode a Resolução Conjunta 199/2016 impor a obrigatoriedade de recolhimento mensal do ICMS corrente para a manutenção do parcelamento, uma vez que tal hipótese de cancelamento do parcelamento não consta na Lei 7.116/2015?

A Resolução Conjunta cria em seu art. 2º a Comissão do Controle de Parcelamento, com representantes da Secretaria de Fazenda e da Procuradoria Geral do Estado. Referida Comissão avaliará as hipóteses de cancelamento de parcelamento (art. 2º § 2º) e opinará quanto ao deferimento ou indeferimento dos requerimentos de parcelamento (art. 4º § 6º). A instituição de Comissão não consta do texto legal que instituiu o parcelamento, tendo sido apenas instituída com base na Resolução Conjunta.

A Resolução prevê ainda que o Secretário de Fazenda e a Procuradoria Geral do Estado emitirá decisão deferindo ou indeferindo o requerimento de parcelamento (art. 4º § 8º).

Desta forma, pergunta-se:

Pode a Resolução Conjunta 199/2016 criar uma Comissão de Controle de Parcelamento e determinar a sua competência, a ponto de esta ter a discricionariedade de opinar pelo indeferimento do parcelamento?

Pode a Comissão de Controle de Parcelamento, o Secretário de Fazenda ou a Procuradora Geral do Estado, nos termos do art. 4º c/c o art. 5º, I, § 1º, ambos da Resolução Conjunta 199/2016, indeferir o requerimento de parcelamento sob o argumento de que os limites estabelecidos pela Lei, Decreto e Resolução Conjunta, quais sejam, 2% da receita bruta do contribuinte ou o valor de 100.000 UFIR-RJ, serão insuficientes para amortizar o saldo devedor considerando que o mesmo deverá ser atualizado anualmente pela UFIR-RJ e juros de 3% ao ano?

Pode o Secretário de Fazenda ou o Procurador Geral do Estado indeferir o requerimento de parcelamento do contribuinte baseados em ditames que não estejam previstos em lei? Caso afirmativo quais seriam essas hipóteses?".

2. Exame e Fundamentação

2.1. Ineficácia de Confissão e de Renúncia a Direito Decorrente da Rejeição de Pedido de Parcelamento de Créditos Tributários

Em condições ideais, os créditos tributários são extintos pelo pagamento integral (art. 156, I do CTN) ou pela compensação (art. e art. 156, II do CTN) dentro do prazo legalmente previsto (art. 160 do CTN).

Quando adotado, o parcelamento a um só tempo modifica o prazo de pagamento, fracionando-o no tempo, e suspende a exigibilidade do crédito tributário (art. 156, VI do CTN).

Com vistas a estabelecer ambiente propício à estabilidade e à segurança jurídica, é comum que os regimes específicos de parcelamento condicionem o respectivo deferimento à "confissão da dívida" e à "renúncia de eventual direito à contestação da cobrança".

Juridicamente, a cláusula de confissão refere-se ao reconhecimento da ocorrência do fato jurídico tributário que motiva a constituição do crédito tributário (art. 389 do CPC/2015). Essa admissão nada diz quanto à validade ou a disposição de discutir a validade do crédito tributário. É a "renúncia ao direito" que opera como norma de bloqueio, apta a proibir o contribuinte de buscar tutela administrativa ou judicial para ver declarada a invalidade do crédito tributário e desconstituída a relação jurídica tributária.

Ordinariamente, as cláusulas de confissão e de renúncia a direito são admissíveis nos regimes de parcelamento, não tanto em razão de a obrigação tributária ser considerada direito patrimonial disponível, mas com o objetivo de assegurar-se a boa-fé e a segurança jurídica.

Porém, a validade dessas cláusulas não é absoluta, quer dizer, invariável em todo, qualquer e cada uma das possíveis configurações do quadro fático-jurídico. Há cenários em que a confissão e a renúncia serão inconstitucionais e ilegais.

Para bem entender os critérios que definem esses cenários em que restam caracterizadas a inconstitucionalidade e a ilegalidade, é imprescindível eliminar um preconceito muito comum, que diz ser o parcelamento tributário um simples benefício concedido pela graça do Estado aos seus súditos.

Tendemos a ser mais tolerantes ou mais complacentes com as restrições postas pelo Estado ao interpretarmos o parcelamento tributário como benemerência fortuita, pois associamos a dádiva à discricionariedade.

Essa visão é equivocada. A relação entre Estado-arrecadador e contribuinte não é perfeitamente sinalagmática.

Para o contribuinte, a obrigação tributária é um direito patrimonial disponível. Vale dizer, mesmo nas hipóteses em que o tributo tenha sido instituído em manifesta contrariedade às normas constitucionais e legais, ainda assim o devedor pode livremente optar por pagá-lo (seria o equivalente a uma doação).

Já o Estado não pode legitimamente optar pela cobrança de um tributo contrário à Constituição ou à legislação infraconstitucional de regência. Simplesmente não há discricionariedade estatal nesse campo.

E o parcelamento não pode ser utilizado para coagir o contribuinte a desistir de direitos constitucionais protetivos e indisponíveis, como, por exemplo, a regra da legalidade e a proibição do desvio de finalidade, que figuram no rol de princípios conformadores da ordem constitucional objetiva.

2.1.1. Manter a Confissão e a Renúncia a Direito na Hipótese de Rejeição do Parcelamento Implica Desvio de Finalidade

A decisão política de facultar ao contribuinte o parcelamento do débito tributário tem mão dupla: ela vem ao encontro tanto dos interesses do contribuinte quanto dos do Estado. Apresenta, portanto, proveito mútuo.

Em termos de política fiscal, o parcelamento de créditos tributários é motivado pela incapacidade ou pela dificuldade momentânea do contribuinte de solver os débitos de natureza tributária nos prazos de vencimento estabelecidos.

Em regra, sem o parcelamento, o Estado não conseguiria, em determinadas situações, obter as receitas tributárias que lhe são próprias ou, no melhor dos mundos possíveis, obtê-las-ia com os enormes e conhecidos prejuízos ordinariamente produzidos quando se busca a recuperação de créditos pela via da execução fiscal.

Por outro lado, o incremento da arrecadação não é a única finalidade pública de um programa de parcelamento. Ao contrário, em muitos casos o parcelamento opera como mecanismo apto a propiciar uma sobrevida à empresa, aliviando-lhe pontualmente os custos de operação de modo a permitir que ela continue a operar até que as dificuldades momentâneas se dissipem.

Em narrativa aplicável a qualquer espécie de empresa, diz o professor Arnoldo Wald[1]:

> "[...] parece-nos importante salientar que há, na sociedade anônima, considerada, considerada como a forma normal e natural da grande empresa moderna, vários elementos que têm situações próprias e que concebem empresa de acordo com as funções que nela exercem.
>
> Assim, para o empresário, seja proprietário ou administrador profissional, ela constitui o ponto de encontro de um capital afetado por uma ou por várias pessoas, para realizar um objetivo econômico determinado, em relação ao qual ele assume a inteira responsabilidade de gestão.
>
> **Para os empregados, a empresa é uma entidade cuja finalidade básica consiste em assegurar-lhe o pagamento do salário.** Na realidade, a remuneração que lhe é paga independe, em tese, do lucro da empresa, **mas existe um incontestável interesse seu em que a sociedade possa prosseguir com a sua atividade – o que pressupõe uma adequada rentabilidade – sob pena de ameaçar a segurança do emprego e o próprio futuro do assalariado.**
>
> Os acionistas minoritários e os debenturistas pretendem receber uma adequada remuneração pelo capital investido. Os consumidores estão interessados na qualidade e durabilidade do produto fabricado ou distribuído. **O fisco pretende receber seus impostos.** O acionista controlador pode ter

---

[1] WALD, Arnoldo. O Espírito Empresarial, a Empresa e a Reforma Constitucional. In: DOUTRINAS ESSENCIAIS. DIREITO EMPRESARIAL. VOL I. São Paulo: Editora Revista dos Tribunais, 2011, p. 35.

DIREITO TRIBUTÁRIO

interesses total ou parcialmente coincidentes com o dos minoritários. Finalmente, o Estado faz prevalecer a função social da empresa, procurando examinar e, eventualmente, encaminhar a atuação da empresa de acordo com a macroeconomia" (grifamos).

Em outras palavras, a função social da empresa não reside unicamente em pagar tributos. Tem ela função macroeconômica de alta relevância, especialmente na manutenção da oferta de trabalho ao maior número possível de pessoas, o que é uma pré-condição da paz social. Portanto, é deturpada e errônea a visão que a trata como uma mera *cash cow*.

Ao Estado cumpre o relevante papel de assegurar a observância dos interesses legítimos de todos os envolvidos nas iniciativas empresariais. Isso significa preservar empregos e garantir as condições de concorrência, sem prevalência, nem precedência, do interesse arrecadatório primário.

Nesse diapasão, a finalidade pública do parcelamento é dar condições para que todos esses interesses legítimos persistam, a despeito da dificuldade momentânea da empresa em quitar tempestivamente as suas obrigações tributárias. Exigir da empresa, na eventualidade de indeferimento do pedido de parcelamento, o pagamento imediato de todos os créditos tributários vencidos, ainda que contestados ou passíveis de contestação na via administrativa ou na via judicial, equivaleria à utilização do instituto com o propósito meramente arrecadador, em detrimento dos demais valores constitucionais e legais. Haveria, em suma, um patente desvio de finalidade.

Na hipótese de indeferimento do pedido de parcelamento, a solução adequada é o retorno à situação anterior, sem a aplicação de exigência que somente faria sentido se o contribuinte usufruísse da vantagem prevista no regime.

2.1.2. Manter a Confissão e a Renúncia a Direito na Hipótese de Rejeição do Parcelamento Implica Violação da Regra da Legalidade

Quer como regra ou como princípio, a legalidade tem origem nobre na notável evolução que se operou na relação entre o indivíduo e o Estado, com o consequente reconhecimento de uma série de direitos inerentes ao ser humano. Essa evolução tangenciou por mais de uma vez as relações tributárias.

Em sua primeira encarnação, o Estado primitivo nasce junto com o tributo, como relatado por Franz Oppenheimer[2]. O tributo surge como um sinal de submissão, uma extorsão contínua da produção que o beligerante organizado aprendeu ser mais vantajosa do que a singela aniquilação de seus semelhantes. Oppenheimer chama a aquisição de riqueza pela tributação primitiva de "o meio político", numa inversão da famosa observação de Von Clausewitz, segundo a qual "a guerra é a continuação da política por outros meios".

O ordenamento jurídico brasileiro não tolera a justificação do tributo no simples monopólio da força pelo Estado. A legitimidade tributária decorre do exercício democrático. Isto é, no nosso sistema o contribuinte autoriza o Estado e seus agentes a arrecadar valores para manutenção das atividades de interesse geral da coletividade.

Nesse sentido, dispõe a Constituição:

> Art. 1º. [...]
> Parágrafo único. Todo o poder emana do povo, que o exerce por meio de representantes eleitos ou diretamente, nos termos desta Constituição.
> Art. 5º. [...]
> II – ninguém será obrigado a fazer ou deixar de fazer alguma coisa senão em virtude de lei
> Art. 150. Sem prejuízo de outras garantias asseguradas ao contribuinte, é vedado à União, aos Estados, ao Distrito Federal e aos Municípios:
> I – exigir ou aumentar tributo sem lei que o estabeleça;

---

[2] "[...] the unrequited appropriation of the labor of others will be called the 'political means.' [..] But the peasantry •do not flee. The peasant is attached to his ground, and.has been used to regular work. He remains, yields. to subjection, and pays tribute to his conqueror; that is the genesis of the land states in the old 'World.[...]. Leaving out of account the state formations of the new world, which have no great significance in universal history, the cause of the genesis of all states is the contrast between peasants and herdsmen, between laborers and robbers, between bottom lands and prairies.[...]. But always, in its essence, is the"State" the same. Its purpose, in every case, is found to be the political means for the satisfaction of needs.[...] All these are true 'States' in the sociologic sense, whether they arose from the fortresses of sea-robbers, or from harbors of original land nomads as merchant• colonies which obtained dominion or which amalgamated with the dominating group of the host people. For they are nothing but the organization of the political means, their form is domination, their content the economic exploitation of the subject by the master group". Franz Oppenheimer, The State: Its History and Development viewed Sociologically, authorized translation by John M. Gitterman (New York: B.W. Huebsch, 1922). 27/03/2016. http://oll.libertyfund.org/titles/1662.

Por sua vez, dispõe o CTN:

> Art. 97. Somente a lei pode estabelecer:
> I – a instituição de tributos, ou a sua extinção;

Não se pode justificar arrecadação inconstitucional nem ilegal de tributos tão-somente à luz da presunção de que os valores cobrados serão aplicados pelo Estado na prestação de serviços públicos. "É ônus da Administração não exceder a carga tributária efetivamente autorizada pelo exercício da vontade popular", decidiu o Supremo Tribunal Federal nos autos do RE 599.194-AgR[3].

Não é ocioso relembrar que, em decorrência da regra da legalidade, a administração está obrigada a corrigir por dever de ofício ilegalidade ou inconstitucionalidade que macule seus atos, conforme exposto na Súmula 473/STF:

> Súmula 473/STF
> "A administração pode anular seus próprios atos, quando eivados de vícios que os tornam ilegais, porque deles não se originam direitos; ou revogá-los, por motivo de conveniência ou oportunidade, respeitados os direitos adquiridos, e ressalvada, em todos os casos, a apreciação judicial".

É sabido que as autoridades fiscais tomam como confissão as declarações feitas pelos contribuintes a título de deveres instrumentais ou obrigações acessórias. A esse respeito, com bastante propriedade o Ministro Moreira Alves observou que:

> "Erro do contribuinte ao declarar-se devedor de imposto não devido, ou a presunção de que estaria enriquecendo ilicitamente em face de terceiro que não a Fazenda Pública, não dá a esta o direito de exigir tributo a que não faz jus"[4].

Nessa mesma linha de raciocínio, o Superior Tribunal de Justiça decidiu que a "confissão" é insuficiente para validar a cobrança de crédito tributário extinto pela decadência:

---

[3] RE 599194 AgR, Relator(a): Min. JOAQUIM BARBOSA, Segunda Turma, julgado em 14/09/2010, DJe-190 DIVULG 07-10-2010 PUBLIC 08-10-2010 EMENT VOL-02418-08 PP-01610 RTJ VOL-00216- PP-00551 RDDT n. 183, 2010, p. 151-153)
[4] RTJ 99/817.

PROCESSUAL CIVIL. TRIBUTÁRIO. RECURSO REPRESENTATIVO DA CONTROVÉRSIA. ART. 543-C, DO CPC. CONFISSÃO DE DÉBITOS TRIBUTÁRIOS PARA EFEITO DE PARCELAMENTO APRESENTADA APÓS O PRAZO PREVISTO NO ART. 173, I, DO CTN. OCORRÊNCIA DE DECADÊNCIA. IMPOSSIBILIDADE DE CONSTITUIÇÃO DO CRÉDITO TRIBUTÁRIO.

1. Não cumpre ao Superior Tribunal de Justiça analisar a existência de "jurisprudência dominante do respectivo tribunal" para fins da correta aplicação do art. 557, caput, do CPC, pela Corte de Origem, por se tratar de matéria de fato, obstada em sede especial pela Súmula n. 7/STJ: "A pretensão de simples reexame de prova não enseja recurso especial".

2. É pacífica a jurisprudência deste Superior Tribunal de Justiça no sentido de que o julgamento pelo órgão colegiado via agravo regimental convalida eventual ofensa ao art. 557, caput, do CPC, perpetrada na decisão monocrática. Precedentes de todas as Turmas: AgRg no AREsp 176890 / PE, Primeira Turma, Rel. Min. Benedito Gonçalves, julgado em 18.09.2012; AgRg no REsp 1348093 / RS, Segunda Turma, Rel. Min. Mauro Campbell Marques, julgado em 19.02.2013;

AgRg no AREsp 266768 / RJ, Terceira Turma, Rel. Min. Sidnei Beneti, julgado em 26.02.2013; AgRg no AREsp 72467 / SP, Quarta Turma, Rel.

Min. Marco Buzzi, julgado em 23.10.2012; AgRg no RMS 33480 / PR, Quinta Turma, Rel. Min. Adilson Vieira Macabu, Des. conv., julgado em 27.03.2012; AgRg no REsp 1244345 / RJ, Sexta Turma, Rel. Min.

Sebastião Reis Júnior, julgado em 13.11.2012.

3. A decadência, consoante a letra do art. 156, V, do CTN, é forma de extinção do crédito tributário. Sendo assim, uma vez extinto o direito, não pode ser reavivado por qualquer sistemática de lançamento ou auto-lançamento, seja ela via documento de confissão de dívida, declaração de débitos, parcelamento ou de outra espécie qualquer (DCTF, GIA, DCOMP, GFIP, etc.).

4. No caso concreto o documento de confissão de dívida para ingresso do Parcelamento Especial (Paes – Lei n. 10.684/2003) foi firmado em 22.07.2003, não havendo notícia nos autos de que tenham sido constituídos os créditos tributários em momento anterior. Desse modo, restam decaídos os créditos tributários correspondentes aos fatos geradores ocorridos nos anos de 1997 e anteriores, consoante a aplicação do art. 173, I, do CTN.

5. Recurso especial parcialmente conhecido e nessa parte não provido. Acórdão submetido ao regime do art. 543-C, do CPC, e da Resolução STJ n. 8/2008.

(REsp 1355947/SP, Rel. Ministro MAURO CAMPBELL MARQUES, PRIMEIRA SEÇÃO, julgado em 12/06/2013, DJe 21/06/2013)

No mesmo sentido, erros cometidos pelo contribuinte no preenchimento de declarações não são convalidados pela confissão:

PROCESSUAL CIVIL. TRIBUTÁRIO. Recurso Especial representativo de controvérsia (art. 543-C, § 1º, do CPC). AUTO DE INFRAÇÃO LAVRADO COM BASE EM DECLARAÇÃO EMITIDA COM ERRO DE FATO NOTICIADO AO FISCO E NÃO CORRIGIDO. VÍCIO QUE MACULA A POSTERIOR CONFISSÃO DE DÉBITOS PARA EFEITO DE PARCELAMENTO. POSSIBILIDADE DE REVISÃO JUDICIAL.

1. A Administração Tributária tem o poder/dever de revisar de ofício o lançamento quando se comprove erro de fato quanto a qualquer elemento definido na legislação tributária como sendo de declaração obrigatória (art. 145, III, c/c art. 149, IV, do CTN).

2. A este poder/dever corresponde o direito do contribuinte de retificar e ver retificada pelo Fisco a informação fornecida com erro de fato, quando dessa retificação resultar a redução do tributo devido.

3. Caso em que a Administração Tributária Municipal, ao invés de corrigir o erro de ofício, ou a pedido do administrado, como era o seu dever, optou pela lavratura de cinco autos de infração eivados de nulidade, o que forçou o contribuinte a confessar o débito e pedir parcelamento diante da necessidade premente de obtenção de certidão negativa.

4. Situação em que o vício contido nos autos de infração (erro de fato) foi transportado para a confissão de débitos feita por ocasião do pedido de parcelamento, ocasionando a invalidade da confissão.

5. A confissão da dívida não inibe o questionamento judicial da obrigação tributária, no que se refere aos seus aspectos jurídicos.

Quanto aos aspectos fáticos sobre os quais incide a norma tributária, a regra é que não se pode rever judicialmente a confissão de dívida efetuada com o escopo de obter parcelamento de débitos tributários. **No entanto, como na situação presente, a matéria de fato constante de confissão de dívida pode ser invalidada quando ocorre defeito causador de nulidade do ato jurídico** (v.g. erro, dolo, simulação e fraude). Precedentes: REsp. n. 927.097/RS, Primeira Turma, Rel. Min. Teori Albino Zavascki, julgado em 8.5.2007; REsp 948.094/PE, Rel. Min. Teori Albino Zavascki, Primeira Turma, julgado

em 06/09/2007; REsp 947.233/RJ, Rel. Min. Luiz Fux, Primeira Turma, julgado em 23/06/2009; REsp 1.074.186/RS, Rel. Min.
Denise Arruda, Primeira Turma, julgado em 17/11/2009; REsp 1.065.940/SP, Rel. Min. Francisco Falcão, Primeira Turma, julgado em 18/09/2008.
6. Divirjo do relator para negar provimento ao recurso especial.
Acórdão submetido ao regime do art. 543-C, do CPC, e da Resolução STJ n. 8/2008.
(REsp 1133027/SP, Rel. Ministro LUIZ FUX, Rel. p/ Acórdão Ministro MAURO CAMPBELL MARQUES, PRIMEIRA SEÇÃO, julgado em 13/10/2010, DJe 16/03/2011)

O mesmo entendimento é esposado por Fabiana del Padre Tomé[5]:

"Nenhuma confissão de débito tributário, quer efetuada como condição do respectivo parcelamento, quer em decorrência da emissão de norma individual e concreta pelo contribuinte (no chamado *lançamento por homologação*) ou mesmo nos autos de processo administrativo em curso, tem a prerrogativa de impedir que se discuta sobre a existência do crédito tributário, tendo em vista que este nasce apenas se verificado o fato jurídico previsto na norma geral e abstrata, não podendo tal situação ser alterada pela vontade do sujeito passivo".

Admitir-se que cláusulas de confissão ou de renúncia a direitos, às quais o contribuinte adere em momento de fragilidade e necessidade, suplantem a regra da legalidade é abrir espaço para o retrocesso, é recuar ao período do "État tout puissant", não referendado pela ordem constitucional instituída em nosso país em 1988.

2.1.3. Manter a Confissão e a Renúncia ao Direito na Hipótese de Rejeição do Parcelamento Viola o Direito Constitucional de Acesso ao Judiciário e ao Controle Administrativo a e Legalidade

A Constituição assegura a todos o direito de petição aos Poderes Públicos em defesa de direitos ou contra ilegalidade ou abuso de poder (art. 5º, XXXIV), bem como o acesso ao Judiciário (art. 5º, XXXV).

A confissão e a renúncia ao direito não podem ter o efeito de funcionar como sanção política, isto é, instrumento oblíquo de bloqueio ao acesso ao controle jurisdicional ou administrativo da validade do crédito tributário.

---

[5] Tomé, F. D. P. (2005). A prova no direito tributário. São Paulo: Noeses, edição eletrônica (*e-book*).

Explica-se.

Não se pode ignorar que na maioria das vezes o contribuinte interessado em aderir ao parcelamento tende a encontrar-se em situação de vulnerabilidade, premido pela condição de fragilidade comercial momentânea ou terminal de seu empreendimento, sujeito, portanto, às áleas e vicissitudes de toda e qualquer iniciativa no campo empresarial.

O empresário em dificuldades financeiras sofre pressões de múltiplas dimensões. Socialmente, ele se sente responsável pelo emprego de seus trabalhadores diretos e indiretos, que de sua empresa retiram o sustento próprio e de seus dependentes. Individualmente, embora o insucesso empresarial seja contingente, ele pode se sentir culpado e atormentado por ter falhado na administração de seu negócio. Por fim, em razão do pouco rigor com que é tratado entre nós o princípio da limitação legal da responsabilidade empresarial, as dívidas da pessoa jurídica colocam em risco o patrimônio pessoal e a própria liberdade do empresário.

Esse é, portanto, o quadro jurídico, social e psicológico em que muitas vezes se encontra o empreendedor (e também a pessoa física) que se socorre das leis que permitem o parcelamento tributário.

Ora, como já foi dito, o parcelamento pode assegurar, a um só tempo, a realização de inúmeros interesses relevantes, pertinentes tanto à manutenção de empregos (art. 170, VIII da Constituição) quanto à proteção patrimonial (art. 170, II da Constituição) e à própria geração de receitas para a máquina estatal (art. 37, XXII da Constituição). A descoberta de uma solução, ainda que temporária, pode induzir o contribuinte a aquiescer a desvantagens aviltantes que, em condições ordinárias, de tranquilidade financeira, seriam rejeitadas de plano.

O Estado não pode se permitir o comportamento eticamente reprovável de se aproveitar da fragilidade da empresa ou do indivíduo para violar de forma indireta o direito de acesso ao controle da validade do crédito tributário, garantida pelas cláusulas constitucionais que garantem a proteção judiciária e o direito de petição aos poderes públicos (art. 5º, XXXIV, a e XXXV da Constituição).

Como efeito, no dizer de James Marins[6]:

> "[...] a adesão como expressão de suposta vontade individual do contribuinte eliminaria todo e qualquer vício jurídico do instrumento, ou seja,

---

[6] MARINS, James. Direito Processual Tributário Brasileiro (administrativo e judicial). 8ª ed. São Paulo: Dialética, 2015, p. 390.

como se [promovesse] inviável e inusitada espécie de *pacta sunt servanda* nos programas de parcelamento, tornando os instrumentos de adesão intangíveis ao próprio Poder Judiciário, mesmo que contenham condições, cláusulas abusivas, incompatíveis com os princípios que governam o ordenamento constitucional".

Assim, manter-se a confissão e a renúncia ao direito na hipótese de rejeição do parcelamento viola os direitos constitucionais de petição (art. 5º, XXXIV, *a*) e de acesso à jurisdição (art. 5º, XXXV), na medida em que forçam o contribuinte, em situação de vulnerabilidade, a abrir mão de direitos constitucionais a todos assegurados, especialmente o de ver examinado tanto na esfera judicial quanto na administrativa a validade de créditos tributários cuja observância pelo Estado é indisponível.

2.1.4. Manter a Confissão e a Renúncia a Direito na Hipótese de Rejeição do Parcelamento Significa Vilipendiar a Capacidade Contributiva Substantiva

O princípio da capacidade contributiva tem duas acepções distintas sob o regime constitucional-legal tributário vigente no Brasil (art. 145, §1º da Constituição).

Na primeira, a capacidade contributiva apresenta contornos formais, obrigando o Estado a tributar tão-somente os signos presuntivos de riqueza, isto é, fatos jurídicos mensuráveis em termos econômicos ou "precificados".

A segunda, a chamada capacidade contributiva substantiva, leva o Estado a calibrar a carga tributária conforme a capacidade do contribuinte para arcar com as despesas imprescindíveis à consecução de suas funções e dos seus objetivos essenciais, como a subsistência para pessoas naturais, e a geração de empregos e de lucros, para as pessoas jurídicas.

Richard Musgrave[7] equiparou a capacidade contributiva substantiva ao que ele qualificou como sacrifícios marginais necessários à obtenção de bem-estar. No seu entendimento, para entender a capacidade que cada contribuinte tem de custear o Estado (*ability to pay*), devemos nos perguntar de quais utilidades ou direitos o contribuinte abre mão ao recolher o último centavo em tributos que lhe são exigidos.

---

[7] Musgrave, R. A. (1959). The theory of public finance: A study in public economy. New York: McGraw-Hill.

DIREITO TRIBUTÁRIO

A Constituição de 1988 adota o conceito substantivo de capacidade contributiva ao assegurar um extenso rol de direitos fundamentais e sociais, como os direitos à propriedade, à educação, à saúde, à livre-iniciativa e às condições de concorrência equilibrada etc, cuja fruição depende das escolhas e do trabalho do indivíduo.

Ao exigir do contribuinte tributo imune ao controle de validade, o Estado pode na prática levá-lo a sacrificar a sua capacidade de consumir bens e serviços essenciais. Recursos que normalmente serviriam a custear despesas com educação e saúde, por exemplo, passam a reforçar o caixa do Tesouro, privando o contribuinte de meios que lhe são cruciais para uma vida minimamente digna.

De modo semelhante, a tributação imunizada pela confissão ou pela renúncia ao direito retira da empresa a capacidade de pagar empregados, de contratar novos empregados, de expandir-se e adquirir novos ativos, enfim, de seguir a sua vocação natural.

Em conclusão, forçar a confissão ou a renúncia ao direito à discussão da validade dos créditos tributários em caso de rejeição do parcelamento implica violação da capacidade contributiva subjetiva, na medida em que, colocar o indivíduo ou a empresa à mercê do Estado, impossibilitado de contestar-lhe as ações, traz como derradeira consequência o sacrifício pelo contribuinte da sua capacidade de consumo de bens e de serviços essenciais, no caso de contribuinte pessoa física, ou de aumentar a sua capacidade produtiva com a consequente admissão de novos empregados, no caso da empresa.

2.1.5. Manter a Confissão e a Renúncia a Direito na Hipótese de Rejeição do Parcelamento Quebra a Boa-Fé

A boa-fé exige equilíbrio nas relações sinalagmáticas, de modo a impedir que uma parte obtenha vantagem desproporcional em desfavor de sua contraparte (art. 37, *caput* da Constituição e art. 2º, *caput* da Lei 9.784/1999).

Ainda que imperfeita, a oferta de parcelamento tributário exibe aspectos típicos de relação sinalagmática, porquanto ambas as partes, Estado e contribuinte, assumem obrigações e a partir delas colhem vantagens recíprocas. Mas é imprescindível nesse tipo de negociação que as partes ajam com absoluta integridade. Não é dado ao particular aderir ao programa somente com o intuito de obter vantagens econômicas e facilidades instrumentais momentâneas e em seguida deixar de cumprir aquilo a que se comprometeu. Tampouco é dado ao Estado valer-se do programa de parcelamento para lançar o contribuinte numa espécie de armadilha jurídica em que ele se vê parcialmente privado dos seus direitos constitucionais.

Como elementos de pacificação e de estabilidade, a confissão e a renúncia ao direito somente fazem sentido enquanto mantida a contrapartida do parcelamento e de seus efeitos.

No momento em que o crédito tributário deixa de estar suspenso, desaparece a motivação legal do ato de proibição do controle de validade da respectiva relação jurídica tributária.

Assim, a meu sentir, invocar a persistência da confissão ou da renúncia a direito na hipótese de rejeição do pedido de parcelamento implica violar o dever de boa-fé, dado que a contrapartida desfavorável ao contribuinte somente se justifica enquanto persistir a correspondente vantagem.

3. Vinculação Estrita do Juízo sobre Previsibilidade do Parcelamento

Indaga a consulente sobre os limites do juízo de aceitação ou de rejeição do pedido de parcelamento, especialmente quanto ao disposto no art. 5º, § 1º, III da Resolução Conjunta 199/2016, que tem o seguinte teor:

> Art. 5º Para a regularização dos débitos referidos no art. 2º do Decreto, o parcelamento deverá proporcionar a amortização gradual da dívida, com a consequente extinção dos correspondentes créditos tributários e não tributários.
>
> § 1º As parcelas deverão ser fixadas de forma a:
>
> I – atender ao disposto no caput deste artigo, por meio da amortização gradativa do saldo devedor, de forma integral ou parcial a ser atualizado anualmente pela UFIR-RJ, independente da incidência dos juros de 3% (três por cento) ao ano, previstos no § 1º do art. 6º da Lei;
>
> II – respeitar os limites mínimos previstos no caput do art. 6º do Decreto;
>
> III – proporcionar previsibilidade mínima quanto à duração do parcelamento, para permitir o levantamento das garantias apresentadas em juízo, conforme o art. 11 do Decreto;

A questão pode ser refraseada da seguinte forma:

a) Pode a administração rejeitar o pedido de parcelamento, por considerar que os valores devidos em parcelas são demasiadamente baixos, a despeito de calculados em conformidade com o que dispõe a legislação de regência?

b) Pode a administração rejeitar o pedido de parcelamento, por considerar que o prazo total necessário para amortização ou quitação integral da dívida é excessivamente longo?

A resposta há de ser negativa em ambos os casos, conforme tentaremos demonstrar a seguir.

3.1. Ausência de Previsão Legal da Hipótese de Exclusão do Parcelamento

As hipóteses de cancelamento ou de exclusão do programa de parcelamento especial estão previstas no art. 6º, § 8º da Lei estadual 7.116/2015:

> Art. 6º. [...]
> § 8º – O parcelamento previsto no caput será cancelado nas seguintes hipóteses.
> I – inadimplência, nos termos do § 3º do art. 4º;
> II – constatação, caracterizada por lançamento de ofício, de débito correspondente a tributo abrangido por esta lei e não consolidado, salvo se integralmente pago no prazo de trinta dias, contado da ciência do lançamento ou da decisão definitiva na esfera administrativa;
> III – prática de qualquer procedimento tendente a subtrair receita da optante, mediante simulação de ato;
> IV – suspensão das atividades relativas a seu objeto social ou não auferimento de receita bruta por seis meses consecutivos;
> V – deixar o grupo previsto nos §§ 1º e 2º deste artigo de apresentar as demonstrações financeiras consolidadas, nos termos da Lei Federal nº 6.404, de 15 de dezembro de 1976.

O conceito legal de inadimplência foi definido pelo art. 4º, § 3º da referida lei, *verbatim*:

> Art. 4º. [...]
> § 3º – O parcelamento será imediatamente cancelado nas seguintes situações:
> I – não pagamento de 3 (três) parcelas consecutivas ou 6 (seis) parcelas não consecutivas;
> II – existência de parcela, ou saldo de parcela, não paga por período maior do que 90 (noventa) dias, ainda que as demais estejam liquidadas;

Referida lei foi regulamentada pelo Decreto 45.508/2015, que, em relação ao cancelamento do parcelamento, assim dispõe:

Art. 9º O parcelamento previsto neste Decreto será cancelado nas seguintes hipóteses.

I – não pagamento de 3 (três) parcelas consecutivas ou 6 (seis) parcelas não consecutivas;

II – existência de parcela, ou saldo de parcela, não paga por período maior do que 90 (noventa) dias, ainda que as demais estejam liquidadas;

III – constatação, caracterizada por lançamento de ofício, de débito correspondente a tributo abrangido por esta lei e não consolidado, salvo se integralmente pago no prazo de trinta dias, contados da ciência do lançamento ou da decisão definitiva na esfera administrativa;

IV – prática de qualquer procedimento tendente a subtrair receita da optante, mediante simulação de ato;

V – suspensão das atividades relativas a seu objeto social ou não auferimento de receita bruta por seis meses consecutivos;

VI – deixar o grupo previsto nos §§ 5º e 6º do art. 2º de apresentar as demonstrações financeiras consolidadas, nos termos da Lei Federal nº 6.404, de 15 de dezembro de 1976.

Parágrafo único. O cancelamento do parcelamento, nas hipóteses dos incisos I e II do caput deste artigo, será de pleno direito e produzirá efeitos a partir do mês subsequente àquele em que for cientificado o contribuinte.

Ocorre que, aproveitando-se da delegação contida no art. 11 do Decreto 45.508/2015[8], as autoridades fiscais ampliaram o rol das hipóteses de cancelamento, nos seguintes termos:

Resolução Conjunta 199/2016:

Art. 5º Para a regularização dos débitos referidos no art. 2º do Decreto, o parcelamento deverá proporcionar a amortização gradual da dívida, com

---

[8] Art. 11. O requerimento de parcelamento na forma e condições deste Decreto deverá atender às demais condições que vierem a ser fixadas em ato conjunto a ser editado pelo Secretário de Estado de Fazenda em conjunto com a Procuradora-Geral do Estado, e não depende de apresentação de garantia ou de arrolamento de bens, exceto quando já houver penhora em execução fiscal ajuizada ou qualquer outra modalidade de garantia apresentada em juízo, que serão levantadas após a quitação do parcelamento.

DIREITO TRIBUTÁRIO

a consequente extinção dos correspondentes créditos tributários e não tributários.

§ 1º As parcelas deverão ser fixadas de forma a:

I – atender ao disposto no caput deste artigo, por meio da amortização gradativa do saldo devedor, de forma integral ou parcial a ser atualizado anualmente pela UFIR-RJ, independente da incidência dos juros de 3% (três por cento) ao ano, previstos no § 10 do art. 6º da Lei;

II – respeitar os limites mínimos previstos no caput do art. 6º do Decreto;

III – proporcionar previsibilidade mínima quanto à duração do parcelamento, para permitir o levantamento, após a quitação, de eventuais garantias apresentadas em juízo, conforme o art. 11 do Decreto;

Parece claro que a lei que serve de fundamento de validade tanto ao decreto como à resolução conjunta **não** conferiu às autoridades fiscais discricionariedade para definir a viabilidade do parcelamento, com base na "previsibilidade mínima do parcelamento".

Essa "previsibilidade mínima" é inovação que não pode ser validamente oposta ao contribuinte, sob pena de violação tanto da lei como do próprio dispositivo constitucional que explicita a chamada legalidade tributária (CF, art. 150-I).

3.2. Negar Acesso ao Parcelamento ou Excluir o Contribuinte do Respectivo Programa em Decorrência da Amplitude do Prazo ou do Baixo Valor da Parcela Viola o Princípio da Preservação da Empresa

Inicialmente, é importante reafirmar que o parcelamento tributário não se reduz a um simples benefício posto à disposição do contribuinte, por graça ou benevolência do Estado.

Trata-se em realidade de um compromisso sinalagmático.

De um lado, a administração tem tanto interesse na oferta do parcelamento quanto o contribuinte. Para o Estado, o parcelamento atende simultaneamente ao interesse arrecadatório e aos interesses pertinentes à realização e à efetivação de certos direitos fundamentais e sociais, como a geração e a manutenção de empregos.

Mas há que se ter presente que o Estado não goza de prerrogativas discricionárias nesse campo específico. Ao contrário, sua atuação há de ser estritamente pautada por balizas legais vinculativas.

Em reflexão que de certa forma se ajusta à questão da instrumentalidade do parcelamento para atender aos desígnios constitucionais, pondera Paulo de Barros Carvalho[9]:

"Ora, se pensarmos nos efeitos da imposição tributária, tocando valores fundamentais como a propriedade e a liberdade, vê-se quão tênue é o espaço de manobra do legislador ao constituir os instrumentos jurídicos adequados a esse fim. **No Brasil, particularmente, há uma série de princípios, alguns como autênticos valores, bastantes em si, outros como limites objetivos que se preordenam, da mesma forma, à realização de estimativas, porém de maneira indireta.** A planta fundamental do sistema tributário brasileiro está na Constituição da República, como conjunto de diretrizes mediante as quais se torna possível a configuração de várias entidades cogitadas pelo constituinte. Seu desdobramento é tarefa infraconstitucional, **porém dentro de mecanismos rigorosamente estabelecidos que tolham eventuais arroubos criativos do legislador ordinário**" (grifamos).

Não pode, pois, haver franquia discricionária para a Administração tributária em matéria de parcelamento. Vale dizer, atendidos os requisitos objetivos fixados na lei que outorgou ao contribuinte o direito de parcelar os seus débitos, a Administração está obrigada a deferir o pedido. O art. 5º, § 1º da Resolução Conjunta 199/2016 não pode ser interpretado de modo a tornar a concessão do parcelamento uma decisão pautada pelos critérios da conveniência e da oportunidade, em benefício do Estado

Como se sabe, a atividade tributária é plenamente vinculada, sem espaço para a discricionariedade, sob pena de violação de um vasto leque de garantias constitucionais[10].

---

[9] CARVALHO, Paulo de Barros. Função social dos tributos. In MARTINS, Ives Gandra et. al (coord). Tratado de Direito Tributário. Vol. 1. São Paulo: Saraiva, 2001, p. 87.
[10] Cf., e.g., AI 618999 AgR, Relator(a): Min. JOAQUIM BARBOSA, Segunda Turma, julgado em 23/11/2010, DJe-236 DIVULG 06-12-2010 PUBLIC 07-12-2010 EMENT VOL-02446-01 PP-00083; (RE 599194 AgR, Relator(a): Min. JOAQUIM BARBOSA, Segunda Turma, julgado em 14/09/2010, DJe-190 DIVULG 07-10-2010 PUBLIC 08-10-2010 EMENT VOL-02418-08 PP-01610 RTJ VOL-00216- PP-00551 RDDT n. 183, 2010, p. 151-153; (RE 454753 AgR, Relator(a): Min. JOAQUIM BARBOSA, Segunda Turma, julgado em 20/04/2010, DJe-096 DIVULG 27-05-2010 PUBLIC 28-05-2010 EMENT VOL-02403-05 PP-01382

Com efeito, no dizer de Regina Helena Costa[11]:

"[...] a tributação, por sua vez, há de ser desenvolvida dentro dos balizamentos constitucionais, impondo-se a edição de leis tributárias com a observância dos princípios pertinentes, **a adoção de uma conduta ética no exercício da fiscalização, a lisura dos procedimentos administrativos e a edição, pelo Fisco, de atos normativos nos estritos limites legais,** dentre outras providências" (grifamos).

Ainda que se admita a possibilidade de se conferir alguma latitude ao Estado na escolha em sede legal dos critérios norteadores do ato de concessão do parcelamento, o espaço de atuação não pode em hipótese alguma ultrapassar certos limites.

Por oportuno, registro a seguinte passagem de obra de Osvaldo Aranha Bandeira de Mello[12]:

"Embora os poderes discricionários da Administração Pública, ao contrário dos vinculados, se achem libertos de estritas determinações legais, de maneira a poder escolher como deve proceder, tendo em vista considerações de conveniência e oportunidade, não se confundem com poderes arbitrários. Ao passo que estes correspondem a atividade sem limites jurídicos, em que o agente atua segundo seu exclusivo critério, aqueles dizem respeito à atividade circunscrita dentro de limites jurídicos. **No Estado de Direito não se admitem poderes arbitrários**" (grifamos) (grifamos).

Alerta similar se colhe em Augustín Gordillo[13]:

"[...] a luta pela devida fundamentação do ato administrativo é parte de uma luta pela racionalização do poder e a abolição do absolutismo, pela forma republicana de governo e a defesa dos direitos humanos".

Assim, respeitados rigorosamente os critérios objetivos de cálculo do imposto fixados na normativa geral e abstrata editada pelo Estado, se porventura emergir um prazo substancialmente elástico para o pagamento

---

[11] COSTA, Regina Helena. Curso de Direito Tributário. São Paulo: Saraiva, 2009, p. 6.
[12] BANDEIRA DE MELLO, Oswaldo Aranha. Princípios Gerais de Direito Administrativo. Vol. I. 3ª ed. São Paulo: Malheiros, 2007, p. 486.
[13] GORDILLO, Augustín. Tratado de derecho administrativo – el acto administrativo. 2ª ed. colombiana. Colômbia: Biblioteca Juríca Diké, 2001, p. 14 (X).

integral da dívida tributária ao qual correspondam parcelas de amortização expressas em valores que não sejam superlativamente elevados, não se estará diante de motivo idôneo a justificar o indeferimento ou a exclusão do programa de parcelamento. Nessa hipótese, a eventual elasticidade do prazo nada mais será do que o resultado da subsunção da situação fiscal específica da empresa interessada aos comandos da norma dotada de aplicabilidade geral baixada pelo Estado-credor. Ou seja, estar-se-á diante de simples observância e concretização do princípio constitucional da legalidade, materializado no caso em discussão nas cláusulas da lei 7.116/2015 editada pelo Estado do Rio de Janeiro.

Além do mais, o Estado não pode pautar-se exclusivamente pelo desejo incontrolável de ver o crédito tributário extinto o mais rapidamente possível. As autoridades devem também levar em consideração valores constitucionais tão ou mais importantes do que o mero interesse arrecadatório secundário, como é o caso da **preservação da empresa. É que a preservação da empresa** atende a princípios e valores constitucionais de alta densidade, como a **geração e a manutenção de empregos**, o fornecimento de **bens e serviços essenciais à população** e mesmo a obtenção e a distribuição de lucros aos investidores, o que em regra propicia a abertura de novas empreitadas no campo econômico, com as consequências normais daí advindas.

Na calibração entre o objetivo de receber os créditos tributários e a preservação da empresa, a interpretação do art. 5º, § 1º da Resolução Conjunta 199/2016 violaria a Constituição se fossem adotados como critérios decisórios preponderantes o prazo ou o valor (em interpretação subjetiva) de cada parcela resultante da repactuação.

Isto porque o ordenamento jurídico conta com alguns parâmetros para demonstração do absurdo que seria utilizar o prazo e o montante a ser desembolsado mensalmente como critérios discricionários para acesso ao parcelamento tributário.

É oportuno lembrar, a propósito, que o Estado brasileiro já chegou a conceder parcelamentos com prazos totais de até 240 meses (20 anos!) para entidades como clubes de futebol profissional[14]. Considerados os faturamentos respectivos e o histórico de gestão dessas entidades, seria um despropósito legal negar às empresas do setor produtivo clássico chance semelhante de colocar as finanças em ordem.

[14] Lei federal 13.155/2015.

Tampouco no que diz respeito às dívidas do Estado oriundas de sentenças transitadas em julgado (regidas pelo sistema do Precatório) se poderia buscar justificativa plausível para possíveis interpretações heterodoxas dos dispositivos contidos no art. 5º da Resolução Conjunta 199/2016. É que, nesse particular, a União Federal não vislumbrou obstáculo algum ao estabelecer hipótese de parcelamento sem prazo máximo de duração para a quitação dessa modalidade de débito[15].

É razoável concluir, portanto, que para que o Estado pudesse considerar inócuo ou ineficiente o parcelamento, seria imprescindível demonstrar a própria inviabilidade da empresa.

Ocorre que essa inviabilidade somente pode ser demonstrada pela via do devido processo legal de quebra, com a decretação da falência do contribuinte (Lei 11.101/2005).

Administrativamente, nenhum ente federado pode decretar nem afirmar a futilidade dos esforços de recuperação econômica desta ou daquela empresa, tampouco recriminar os seus métodos de gestão.

Em suma, negar acesso ou excluir o contribuinte de programa de parcelamento em razão do longo prazo ou do baixo valor individualizado das parcelas que, de acordo com a lei, lhe incumbiria desembolsar, viola os princípios da legalidade, da preservação da empresa, dando-se ênfase ao mero interesse arrecadatório secundário do Estado, em detrimento de garantias constitucionais como a manutenção e a geração de empregos e a oferta de bens e de serviços essenciais à população.

3.3. Negar Acesso ao Parcelamento ou Excluir o Contribuinte do Respectivo Programa em Decorrência da Amplitude do Prazo ou do Baixo Valor da Parcela Viola a Capacidade Contributiva Substantiva

A capacidade contributiva substantiva é definida, entre outros, em função do espaço temporal que o contribuinte tem para conciliar certas escolhas de consumo com o objetivo primordial de pagar os tributos devidos. Quanto menor for a capacidade do contribuinte de fazer sacrifícios que importem deixar de atender a objetivos essenciais elencados na Constituição da República, como saúde e educação, maior deverá ser o cuidado no ajuste da carga tributária.

---

[15] ADI 4425, Relator(a): Min. Ayres Britto, Relator(a) p/ Acórdão: Min. Luiz Fux, Tribunal Pleno, julgado em 14/03/2013, PROCESSO ELETRÔNICO DJe-251 DIVULG 18-12-2013 PUBLIC 19-12-2013.

Uma empresa em dificuldades financeiras para manter-se em operação e pagar regularmente os salários de seus empregados tem, sem sombra de dúvidas, reduzida capacidade contributiva substantiva concreta.

Dificultar a essa empresa o acesso ao parcelamento leva à exasperação injustificada do tratamento tributário que, segundo a Constituição, deveria ser adequado à recuperação de suas finanças.

4. Recolhimento Mensal do ICMS como Condição para Permanência no Regime de Parcelamento

Dispõe o art. 6º, II da Resolução Conjunta 199/2016:

> Art. 6º Para a realização do acompanhamento fiscal específico do art. 3º do Decreto, o contribuinte deverá fornecer à Repartição Fiscal:
> [...]
> II – mensalmente, até o dia 15 do mês do pagamento, os comprovantes de recolhimento dos valores devidos, declarados ou não, Substituição Tributária, com vencimento no mês anterior;

O questionamento da consulente limita-se ao cotejo do texto indicado com seu fundamento de validade legal. Portanto, apenas esse aspecto será examinado.

Dispõe o art. 6º, § 8º da Lei estadual 7.116/2015:

> "Art. 6º. [...].
> § 8º – O parcelamento previsto no caput será cancelado nas seguintes hipóteses.
> I – inadimplência, nos termos do § 3º do art. 4º;
> II – constatação, caracterizada por lançamento de ofício, de débito correspondente a tributo abrangido por esta lei e não consolidado, salvo se integralmente pago no prazo de trinta dias, contado da ciência do lançamento ou da decisão definitiva na esfera administrativa;
> III – prática de qualquer procedimento tendente a subtrair receita da optante, mediante simulação de ato;
> IV – suspensão das atividades relativas a seu objeto social ou não auferimento de receita bruta por seis meses consecutivos;
> V – deixar o grupo previsto nos §§ 1º e 2º deste artigo de apresentar as demonstrações financeiras consolidadas, nos termos da Lei Federal nº 6.404, de 15 de dezembro de 1976.

§ 9º – O cancelamento do parcelamento, nas hipóteses dos incisos I e II do § 8º deste artigo, produzirá efeitos a partir do mês subsequente àquele em que for cientificado o contribuinte.

§ 10 – O saldo devedor será atualizado anualmente pela UFIR-RJ e terá o acréscimo de juros de 3% (três por cento) ao ano.

§ 11 – Aplica-se ao parcelamento previsto neste artigo o disposto nos §§ 4º, 5º e 6º do art. 4º.

Por sua vez, o art. 4º, §§ 3º, 4º, 5º e 6º da referida lei tem a seguinte redação:

Art. 4º. [...]

§ 3º – O parcelamento será imediatamente cancelado nas seguintes situações:

I – não pagamento de 3 (três) parcelas consecutivas ou 6 (seis) parcelas não consecutivas;

II – existência de parcela, ou saldo de parcela, não paga por período maior do que 90 (noventa) dias, ainda que as demais estejam liquidadas;

§ 4º – O cancelamento do parcelamento implica exigibilidade imediata da totalidade do débito confessado e ainda não pago e perda das reduções previstas nesta Lei, restabelecendo-se, em relação ao montante não pago, os acréscimos legais na forma da legislação aplicável, calculando-se o saldo remanescente na forma do art. 168 do Decreto-Lei nº 05, de 15 de março de 1975.

§ 5º – O parcelamento considera-se realizado com o pagamento da 1ª parcela, sendo suspensa a exigibilidade do débito, nos termos do art. 151, III, do CTN.

§ 6º – Aplicam-se ao parcelamento previsto neste Capítulo as disposições do art. 173 do Decreto-Lei nº 05, de 15 de março de 1975, especialmente quanto à incidência de juros de mora, equivalentes à taxa referencial do Sistema de Liquidação e Custódia – SELIC – para títulos federais, acumulada mensalmente, calculados a partir do mês subsequente à data de consolidação do débito parcelado até o mês de efetiva liquidação de cada parcela.

A definição das hipóteses em que é conferido ao Fisco o poder de promover a exclusão de determinado contribuinte do programa de parcelamento tem por si só densidade normativa suficiente e alcance geral e abstrato. Afeta sensivelmente e de forma direta eventuais direitos e expectativas legítimas dos contribuintes.

Por estabelecer dever com densidade normativa suficiente, a obrigatoriedade do recolhimento de tributos vincendos como condição para beneficiar-se ou permanecer em programa de parcelamento tributário deve necessariamente ser veiculada por lei (art. 5º, II da Constituição). Não foi o que ocorreu no caso sob análise.

Ausente essa previsão no texto legal, não poderiam atos infralegais tais como decreto ou resolução exigir do contribuinte a apresentação de comprovantes de recolhimento estranhos ao objeto do parcelamento.

5. Alcance da Comissão

A Resolução 199/2016 criou uma comissão formada por servidores de diferentes carreiras para auxiliar o Secretário de Estado da Fazenda a avaliar a regularidade dos postulantes a beneficiar-se das regras do parcelamento.

Denominada Comissão de Controle dos Parcelamentos, sua previsão regulamentar encontra-se no respectivo art. 2º:

> Art. 2º Fica instituída a Comissão de Controle dos Parcelamentos previstos no art. 6º da Lei, doravante denominada Comissão, composta por representantes dos seguintes órgãos:
> I – um representante da Superintendência de Arrecadação – SUAR da Subsecretaria de Receita, indicado pelo Secretário de Estado de Fazenda;
> II – um representante da Subsecretaria Adjunta de Fiscalização – SAF da Subsecretaria de Receita, indicado pelo Secretário de Estado de Fazenda;
> III – dois representantes da Procuradoria Geral do Estado, indicados pela Procuradora Geral do Estado.
> § 1º A Comissão reunir-se-á sempre que necessário, por convocação própria, do Secretário de Estado de Fazenda ou da Procuradora Geral do Estado.
> § 2º A Comissão avaliará os casos em que o contribuinte incorrer nas hipóteses de cancelamento de parcelamento, emitindo parecer que será submetido à decisão do Secretário de Estado de Fazenda e da Procuradora Geral do Estado.

A delegação de competência administrativa é fenômeno bem conhecido na realidade jurídica brasileira. Por força do princípio da simetria, o chefe do Poder Executivo estadual pode ser auxiliado no exercício de suas funções por secretários de Estado, aos quais a legislação confere aptidão para praticarem atos próprios ao exercício de Poder[16].

---

[16] Constituição, art. 76. O Poder Executivo é exercido pelo Presidente da República, auxiliado pelos Ministros de Estado.

Por sua vez, a organização administrativa local também pode descentralizar ou desconcentrar atividades consultivas ou executórias, nos exatos limites da legislação de regência.

No caso em exame, o art. 2º, § 2º da Resolução 199/2016 confere à Comissão tão-somente atribuições consultivas. Os pareceres emitidos por esse órgão não são vinculantes, nem terminativos.

Portanto, mantida a competência para inclusão ou exclusão das pessoas jurídicas no programa de parcelamento no plexo de atribuições do Secretário de Estado da Fazenda e do Procurador-Chefe da Procuradoria do Estado, não há violação constitucional a ser destacada.

Isso não quer dizer, contudo, que a Comissão tenha poderes para emitir pareceres lastreados nos critérios de conveniência e oportunidade. A fundamentação das suas recomendações deve ser estrita, rigorosa e jurídica, voltadas a propiciar motivação ao ato administrativo "vinculado" que será praticado pelas autoridades dotadas da *accountability* política e legal necessárias à prática do ato.

Em especial, a Comissão deve resistir à invocação de critérios subjetivos, de difícil determinação, puramente discricionários.

O guia seguro para a Comissão está nos critérios objetivos, amparados legalmente, previstos na Lei 7.116/2015.

Seguramente a Comissão operaria em conformidade com a lei se estabelecesse, como regra, a precedência da observância do cumprimento dos requisitos materiais sobre a eventual dificuldade de cumprimento de requisitos puramente formais[17].

---

[17] Cf., e.g., PROCESSO CIVIL. RECURSO ESPECIAL REPRESENTATIVO DE CONTROVÉRSIA.
ARTIGO 543-C, DO CPC. TRIBUTÁRIO. PROCESSO ADMINISTRATIVO FISCAL.
PAES. PARCELAMENTO ESPECIAL. DESISTÊNCIA INTEMPESTIVA DA IMPUGNAÇÃO ADMINISTRATIVA X PAGAMENTO TEMPESTIVO DAS PRESTAÇÕES MENSAIS ESTABELECIDAS POR MAIS DE QUATRO ANOS SEM OPOSIÇÃO DO FISCO. DEFERIMENTO TÁCITO DO PEDIDO DE ADESÃO. EXCLUSÃO DO CONTRIBUINTE. IMPOSSIBILIDADE. PROIBIÇÃO DO COMPORTAMENTO CONTRADITÓRIO (NEMO POTEST VENIRE CONTRA FACTUM PROPRIUM).
1. A exclusão do contribuinte do programa de parcelamento (PAES), em virtude da extemporaneidade do cumprimento do requisito formal da desistência de impugnação administrativa, afigura-se ilegítima na hipótese em que tácito o deferimento da adesão (à luz do artigo 11, § 4º, da Lei 10.522/2002, c/c o artigo 4º, III, da Lei 10.684/2003) e adimplidas as prestações mensais estabelecidas por mais de quatro anos e sem qualquer oposição do Fisco.

2. A Lei 10.684, de 30 de maio de 2003 (em que convertida a Medida Provisória 107, de 10 de fevereiro de 2003), autorizou o parcelamento (conhecido por PAES), em até 180 (cento e oitenta) prestações mensais e sucessivas, dos débitos (constituídos ou não, inscritos ou não em Dívida Ativa, ainda que em fase de execução fiscal) que os contribuintes tivessem junto à Secretaria da Receita Federal ou à Procuradoria-Geral da Fazenda Nacional com vencimento até 28.02.2003 (artigo 1º).
3. O aludido diploma legal, no inciso II do artigo 4º, estabeleceu que: "Art. 4º O parcelamento a que se refere o art. 1o: (...) II ? somente alcançará débitos que se encontrarem com exigibilidade suspensa por força dos incisos III a V do art. 151 da Lei no 5.172, de 25 de outubro de 1966, no caso de o sujeito passivo desistir expressamente e de forma irrevogável da impugnação ou do recurso interposto, ou da ação judicial proposta, e renunciar a quaisquer alegações de direito sobre as quais se fundam os referidos processos administrativos e ações judiciais, relativamente à matéria cujo respectivo débito queira parcelar;
(....)" 4. Destarte, o parcelamento tributário previsto na Lei 10.684/03 somente poderia alcançar débitos cuja exigibilidade estivesse suspensa por força de pendência de recurso administrativo (artigo 151, III, do CTN) ou de deferimento de liminar ou tutela antecipatória (artigo 151, incisos IV e V, do CTN), desde que o sujeito passivo desistisse expressamente e de forma irrevogável da impugnação ou recurso administrativos ou da ação judicial proposta, renunciando a quaisquer alegações de direito sobre as quais se fundassem as demandas intentadas.
5. A Procuradoria Geral da Fazenda Nacional e a Secretaria da Receita Federal expediram portarias conjuntas a fim de definir o dies ad quem para que os contribuintes (interessados em aderir ao parcelamento e enquadrados no artigo 4º, II, da Lei 10.684/03) desistissem das demandas (judiciais ou administrativas) porventura intentadas, bem como renunciassem ao direito material respectivo.
6. A Portaria Conjunta PGFN/SRF 1/2003, inicialmente, fixou o dia 29.08.2003 como termo final para desistência e renúncia, prazo que foi prorrogado para 30.09.2003 (Portaria Conjunta PGFN/SRF 2/2003) e, por fim, passou a ser 28.11.2003 (Portaria Conjunta PGFN/SRF 5/2003).
7. Nada obstante, o § 4º, do artigo 11, da Lei 10.522/2002 (parágrafo revogado pela Medida Provisória 449, de 3 de dezembro de 2008, em que foi convertida a Lei 11.941, de 27 de maio de 2009), aplicável à espécie por força do princípio tempus regit actum e do artigo 4º, III, da Lei 10.684/03, determinava que: "Art. 11. Ao formular o pedido de parcelamento, o devedor deverá comprovar o recolhimento de valor correspondente à primeira parcela, conforme o montante do débito e o prazo solicitado.
(...) § 4º Considerar-se-á automaticamente deferido o parcelamento, em caso de não manifestação da autoridade fazendária no prazo de 90 (noventa) dias, contado da data da protocolização do pedido.
(...)" 8. Consequentemente, o § 4º, da aludida norma, erigiu hipótese de deferimento tácito do pedido de adesão ao parcelamento formulado pelo contribuinte, uma vez decorrido o prazo de 90 (noventa) dias (contados da protocolização do pedido) sem manifestação da autoridade fazendária, desde que efetuado o recolhimento das parcelas estabelecidas.
9. In casu, consoante relatado na origem: "... o impetrante apresentou, em janeiro de 2001, impugnação em relação ao lançamento fiscal referente ao processo administrativo nº 11020.002544/00-31 (fls. 179 e ss.), tendo posteriormente efetuado pedido de inclusão de tal débito no PAES, em agosto de 2003 (fl.. 08), com o recolhimento da primeira parcela em

28-08-2003 (fl.. 25), mantendo-se em dia com os pagamentos subsequentes até a impetração do presente mandamus, em outubro de 2007 (fls. 25/41 e 236).
Ocorre que, em julho de 2007, a Secretaria da Receita Federal notificou o requerente de que haveria a compensação de ofício dos valores a serem restituídos a título de Imposto de Renda com o aludido débito (fl.. 42), informando que o contribuinte não teria desistido da impugnação administrativa antes referida (fl.. 03).
Buscando solucionar o impasse, formulou pedido de desistência e requereu a manutenção do parcelamento, ao que obteve resposta negativa, sob a justificativa da ausência de manifestação abdicativa no prazo previsto no art. 1º da Portaria Conjunta PGFN/SRF nº 05, de 23-10-2003 (fl.. 43).
(...) Não obstante tenha o impetrante, por lapso, desrespeitado tal prazo, postulou a inclusão do débito impugnado no PAES e efetuou o pagamento de todas as prestações mensais no momento oportuno, por mais de quatro anos, de 28-08-2003 (fl.. 25) a 31-10-2007 (fl.. 236), formulando, posteriormente, pleito de desistência (fl.. 43), todas atitudes que demonstram a sua boa-fé e a intenção de solver a dívida, depreendendo-se ter se resignado, de forma implícita e desde o início do parcelamento, em relação à discussão travada no processo administrativo nº 11020.002544/00-31.
Além disso, saliente-se que a Administração Fazendária recebeu o pedido de homologação da opção pelo parcelamento em agosto de 2003 (fl.. 08) e sobre ele não se manifestou no prazo legal, de 90 dias, a teor do art. 4º, inciso III, da Lei nº 10.684/03, c/c art. 11, § 4º, da Lei nº 10.522/02, o que implica considerar automaticamente deferido o parcelamento. Frise-se, ainda, que recebeu prestações mensais por mais de quatro anos, sem qualquer insurgência, além de ter deixado de dar o devido seguimento ao processo administrativo nº 11020.002544/00-31.
(...)" 10. A ratio essendi do parcelamento fiscal consiste em: (i) proporcionar aos contribuintes inadimplentes forma menos onerosa de quitação dos débitos tributários, para que passem a gozar de regularidade fiscal e dos benefícios daí advindos; e (ii) viabilizar ao Fisco a arrecadação de créditos tributários de difícil ou incerto resgate, mediante renúncia parcial ao total do débito e a fixação de prestações mensais contínuas.
11. Destarte, a existência de interesse do próprio Estado no parcelamento fiscal (conteúdo teleológico da aludida causa suspensiva de exigibilidade do crédito tributário) acrescida da boa-fé do contribuinte que, malgrado a intempestividade da desistência da impugnação administrativa, efetuou, oportunamente, o pagamento de todas as prestações mensais estabelecidas, por mais de quatro anos (de 28.08.2003 a 31.10.2007), sem qualquer oposição do Fisco, caracteriza comportamento contraditório perpetrado pela Fazenda Pública, o que conspira contra o princípio da razoabilidade, máxime em virtude da ausência de prejuízo aos cofres públicos.
12. Deveras, o princípio da confiança decorre da cláusula geral de boa-fé objetiva, dever geral de lealdade e confiança recíproca entre as partes, sendo certo que o ordenamento jurídico prevê, implicitamente, deveres de conduta a serem obrigatoriamente observados por ambas as partes da relação obrigacional, os quais se traduzem na ordem genérica de cooperação, proteção e informação mútuos, tutelando-se a dignidade do devedor e o crédito do titular ativo, sem prejuízo da solidariedade que deve existir entre ambos.
13. Assim é que o titular do direito subjetivo que se desvia do sentido teleológico (finalidade ou função social) da norma que lhe ampara (excedendo aos limites do razoável) e, após ter

6. Resposta aos Quesitos

Q: Considerando que o requerimento do parcelamento importa em confissão irrevogável e irretratável, ocorrendo a hipótese de indeferimento do parcelamento, será mantida a confissão irrevogável e irretratável dos débitos, com a imediata exigência dos mesmos?

R: Entendemos ser juridicamente questionável a subsistência da confissão dos débitos, com a imediata exigência desses créditos, por vícios de inconstitucionalidade e ilegalidade, nos termos da fundamentação acima exposta. Os vícios desdobram-se em: (1) desvio de finalidade, na medida em que o parcelamento se torna instrumento de cobrança em detrimento de sua função restauradora; (2) violação da regra da legalidade substantiva, porquanto permite que o Estado force o pagamento de valores potencialmente incompatíveis com o ordenamento jurídico; (3) contrariedade à capacidade contributiva, ao obrigar o contribuinte a despender quantias possivelmente superiores ao sacrifício que lhe é exigível constitucional e legalmente; e (4) desrespeito à boa-fé, dado que as condições draconianas não podem persistir sem suas respectivas contrapartidas.

Q: Pode ser exigida a totalidade dos débitos parcelados com o cancelamento ou indeferimento do parcelamento?

R: O quesito foi respondido no item anterior.

produzido em outrem uma determinada expectativa, contradiz seu próprio comportamento, incorre em abuso de direito encartado na máxima nemo potest venire contra factum proprium.
14. Outrossim, a falta de desistência do recurso administrativo, conquanto possa impedir o deferimento do programa de parcelamento, acaso ultrapassada a aludida fase, não serve para motivar a exclusão do parcelamento, por não se enquadrar nas hipóteses previstas nos artigos 7º e 8º da Lei 10.684/2003 (inadimplência por três meses consecutivos ou seis alternados; e não informação, pela pessoa jurídica beneficiada pela redução do valor da prestação mínima mensal por manter parcelamentos de débitos tributários e previdenciários, da liquidação, rescisão ou extinção de um dos parcelamentos) (Precedentes do STJ: REsp 958.585/PR, Rel. Ministro Francisco Falcão, Primeira Turma, julgado em 14.08.2007, DJ 17.09.2007; e REsp 1.038.724/RJ, Rel. Ministro Luiz Fux, Primeira Turma, julgado em 17.02.2009, DJe 25.03.2009).
15. Consequentemente, revela-se escorreito o acórdão regional que determinou que a autoridade coatora mantivesse o impetrante no PAES e considerou suspensa a exigibilidade do crédito tributário objeto do parcelamento.
16. Recurso especial desprovido. Acórdão submetido ao regime do artigo 543-C, do CPC, e da Resolução STJ 08/2008.
(REsp 1143216/RS, Rel. Ministro Luiz Fux, PRIMEIRA SEÇÃO, julgado em 24/03/2010, DJe 09/04/2010)

DIREITO TRIBUTÁRIO

Q: Pode a Resolução Conjunta 199/2016 inovar, ao determinar que as parcelas deverão ser fixadas de forma a proporcionar previsibilidade mínima quanto a duração do parcelamento, conforme previsão do art. 5º § 1º, III?

R: Entendemos que a exigência é questionável do ponto de vista jurídico, na medida em que a Resolução Conjunta 199/2016 não pode criar obrigações substanciais que não foram expressamente previstas na Lei 7.116/2015, que lhe serve de fundamento de validade.

Q: Pode a Resolução Conjunta 199/2016 impor a obrigatoriedade de recolhimento mensal do ICMS corrente para a manutenção do parcelamento, uma vez que tal hipótese de cancelamento do parcelamento não consta na Lei 7.116/2015?

R: Entendemos ser juridicamente questionável a imposição, pois a Resolução Conjunta 199/2016 não poderia fazer essa exigência, já que ela não se faz presente na Lei 7.116/2015.

Q: Pode a Resolução Conjunta 199/2016 criar uma Comissão de Controle de Parcelamento e determinar a sua competência, a ponto de esta ter a discricionariedade de opinar pelo indeferimento do parcelamento?

R: Sim, a RC 199/2016 pode criar Comissão, com competência exclusivamente opinativa e não-terminativa, para auxiliar o Governador do Estado, o Secretário da Fazenda e a Procuradora-Geral a examinar os pedidos de parcelamento e o acompanhamento dos respectivos pagamentos. Porém, a Comissão não pode motivar seus atos em critérios de discricionariedade, nem de conveniência. Todos os pareceres da Comissão devem ser expressa e plenamente vinculados aos critérios estabelecidos no texto legal para ingresso e permanência no programa de parcelamento. Ademais, os pareceres da Comissão não podem ser terminativos.

Q: Pode a Comissão de Controle de Parcelamento, o Secretário de Fazenda ou a Procuradoria-Geral do Estado, nos termos do art. 4º c/c o art. 5º, I, § 1º, ambos da Resolução Conjunta 199/2016, indeferir o requerimento de parcelamento sob o argumento de que os limites estabelecidos pela Lei, Decreto e Resolução Conjunta, quais sejam, 2% da receita bruta do contribuinte ou o valor de 100.000 UFIR-RJ, serão insuficientes para amortizar o saldo devedor considerando que o mesmo deverá ser atualizado anualmente pela UFIR-RJ e juros de 3% ao ano?

R: Não. Nem a Comissão, nem o Secretário de Fazenda e nem a Procuradora-Geral podem opinar ou indeferir o pedido de parcelamento com base no lapso temporal necessário para a amortização da dívida. Esses agentes públicos não podem utilizar critérios discricionários em substituição aos critérios objetivos previstos em norma de hierarquia superior, como é o caso dos parâmetros claramente estabelecidos pela lei, especialmente quando tais critérios não têm previsão na Lei 7.116/2015. Além da falta de previsão legal, que não pode ser suprida por ato "infralegal" ou regulamentar, é necessário assegurar máxima eficácia para os princípios da preservação da empresa e da capacidade contributiva substantiva na aplicação em concreto do limitador temporal, destinado a mensurar a viabilidade da amortização do saldo devedor. Mesmo que o prazo seja muito longo, o parcelamento deve ser deferido em homenagem aos princípios da preservação da empresa, da manutenção e da geração de empregos.

Q: Pode o Secretário de Fazenda ou o Procurador Geral do Estado indeferir o requerimento de parcelamento do contribuinte baseados em ditames que não estejam previstos em lei? Caso afirmativo quais seriam essas hipóteses?

R: Não. Nem o Secretário de Fazenda, nem o procurador-geral do Estado, podem indeferir o requerimento de parcelamento do contribuinte com base em ditames que não estejam previstos em lei, por quebra da regra da legalidade e conforme exposto na fundamentação.

7. Conclusões

Diante do exposto, concluímos que:

- *a)* Implica desvio de finalidade valer-se a Administração da confissão e da renúncia ao direito de revisão administrativa ou de controle judicial de créditos tributários submetidos a parcelamento rejeitado de início ou posteriormente cancelado, na medida em que a função jurídica do parcelamento não é preponderantemente determinada pelo desejo de satisfação imediata do crédito tributário, mas sim informada por outros objetivos constitucionais de maior densidade, como a preservação da empresa e a manutenção e a geração de empregos (cf. tópico 2.1.1.);
- *b)* Viola a regra da legalidade substantiva (arts. 5º, II, e 150, II da Constituição e 97 do CTN) a utilização pelo Estado, a seu favor, da confissão e da renúncia pelo contribuinte ao direito de revisão administrativa ou ao controle judicial de créditos tributários submetidos a parcelamento rejeitado de início ou posteriormente can-

celado, pois ao Estado é vedado exigir tributos inconstitucionais ou ilegais (cf. tópico 2.1.2.);
c) Viola o direito de petição aos órgãos públicos e o direito de acesso ao Judiciário a evocação pela Administração da confissão e da renúncia ao direito de revisão administrativa ou ao direito ao controle judicial de créditos tributários submetidos a parcelamento rejeitado de início ou posteriormente cancelado, pois essas franquias são direitos constitucionais inafastáveis, indisponíveis e insuscetíveis de cerceamento por parte do Estado (cf. tópico 2.1.3.);
d) Viola o princípio da capacidade contributiva substantiva evocar a confissão e a renúncia ao direito de revisão administrativa ou de controle judicial de créditos tributários submetidos a parcelamento rejeitado de início ou posteriormente cancelado, pois a exigência de valores indevidos força o contribuinte a recolher ao erário valores superiores aos que normalmente teria envergadura para suportar (cf. tópico 2.1.4.);
e) Viola a boa-fé que deve pautar o comportamento da Administração valer-se da confissão e da renúncia ao direito de revisão administrativa ou de controle judicial de créditos tributários submetidos a parcelamento rejeitado de início ou posteriormente cancelado, na medida em que a única motivação para o contribuinte "confessar" e "desistir de direito fundamental" é a própria perspectiva do parcelamento (cf. tópico 2.1.5.);
f) Viola a Lei 7.116/2015 e, por conseguinte, a regra da legalidade formal ou objetiva (CF, art. 5º, inciso II) a exigência de que o "parcelamento tenha previsibilidade mínima de duração", pois esse requisito, previsto no art. 5º da Resolução Conjunta 199/2016, não está previsto no texto legal que lhe serve de fundamento de validade (cf. tópico 3.1.);
g) Viola o princípio da preservação da empresa interpretar a condição de "previsibilidade mínima temporal" de forma a ignorar a somatória entre o prazo mínimo para retomada econômica do país e o lapso de tempo necessário para a empresa, com todas as suas vicissitudes e idiossincrasias, recuperar-se economicamente (cf. tópico 3.2.);
h) Viola a capacidade contributiva substantiva interpretar a condição de "previsibilidade mínima temporal" de um modo que force a empresa à quitação integral do crédito tributário, em detrimento

de valores constitucionais mais densos, como a sobrevida do empreendimento e a sua própria capacidade de suportar a carga tributária (cf. tópico 3.3.);

i) Viola a Lei estadual 7.116/2015 exigir-se a comprovação de recolhimento mensal do ICMS como condição para permanência no programa de parcelamento, dado que tal requisito não está previsto no texto legal que serve de fundamento de validade ao art. 6º, II da Resolução Conjunta 199/2016 (cf. tópico 4.);

j) A administração estadual é livre para criar comissão com atribuições consultivas e não terminativas relacionadas ao programa de parcelamento, em decorrência da simetria constitucional que permite ao chefe do Poder Executivo estadual nomear seus auxiliares diretos; não obstante, a atuação dessa comissão há de ser plenamente vinculada, não lhe sendo lícito fundamentar seus pareceres em critérios discricionários ou de conveniência (cf. tópico 5.).

Este é o nosso entendimento, s.m.j.

Brasília, 12 de abril de 2016.

Joaquim Barbosa
OAB/DF 03344

Parecer

1. Quadro

Trata-se de consulta jurídica solicitada pelo Sr. **JLVL**, sócio administrador, gerente e representante da empresa **JVL IC** com sede nos XXX, acerca dos problemas que vem enfrentando nos autos do Processo nº XXXXX, que tramita perante a X Vara Cível da Comarca de Itajaí/SC.

Narra o Consulente ter ajuizado ação de prestação de contas contra ES Ltda. e APR representante da empresa brasileira demandada.

Diz que, distribuída a inicial em 23 de março de 2007, ainda não se tem sentença satisfativa transitada em julgado, embora já tenham escoado **oito anos desde o ajuizamento da ação.**

Prossegue o consulente dizendo que, após longa tramitação, foi prolatada a primeira sentença condenatória, obrigando os réus à prestação de contas. Recentemente, o MM. Juízo prolatou a segunda sentença, parcialmente favorável à autora.

Opostos recursos de embargos de declaração, com pretensão modificativa, foram ambos rejeitados pelo MM. Juízo.

Para auxiliar a boa compreensão do quadro, o Consulente apresenta a seguinte tabela representativa da sucessão cronológica dos atos processuais:

Cronologia dos principais fatos/atos do processo

Data	Fatos/atos
28.03.2007	Distribuição da ação de prestação de contas
12.12.2007	Sentença, julgando a primeira fase da prestação de contas, condenando os requeridos, ES Ltda./APR (sócio), a prestarem contas, no prazo de 48 horas, sob pena de não poder impugnar as contas apresentadas pelo autor da demanda.
05.06.2008	Publicação da sentença somente após mais de 06 (seis) meses da data em que foi proferida
09.02.2011	Como não foram apresentadas satisfatoriamente (Art. 917, CPC), decisão determinando realização de perícia contábil por VFC, nomeado perito
22.03.2013	Pela recusa do perito indicado, VFC, houve nomeação de outro perito, RA para realização da perícia
17.09.2013	Juntada do laudo pericial quase seis anos (06) da propositura da ação
29.10.2013	Quesitos complementares da primeira requerida/ES Ltda.
23.01.2014	Intimação do perito para manifestar-se sobre impugnação do laudo da perícia
14.02.2014	Intimação das partes sobre laudo complementar de fls. 750/755, quase um ano depois de nomeado
18.09.2014	Concluso para sentença
16.12.2014	Julgado procedente o pedido, quase 08 (oito anos depois de proposta ação de prestação de contas) (...) Pelas razões acima expostas, deve ser declarada a existência de saldo em favor da requerente, a ser convertido em moeda nacional com base na cotação do dólar das datas em que as despesas referentes aos negócios celebrados em nome da autora ocorreram e corrigidas monetariamente desde então (segundo o critério defendido pela requerente a f. 267, o qual está em consonância com o entendimento jurisprudencial). O termo inicial dos juros moratórios é a citação para responder à prestação de contas, pois nessa data os réus incidiram em mora. Ante o exposto, rejeito as contas prestadas pelos réus e acolho as contas apresentadas pela autora. Em conseqüência, com fundamento no artigo 918 do CPC, declaro em favor da autora a existência de um crédito de US$ 211.854,66 (duzentos e onze mil, oitocentos e cinqüenta e quatro dólares e sessenta e seis centavos), devidos solidariamente pelos réus, a ser convertido em moeda nacional com base na cotação do dólar nas datas em que as despesas ocorreram, corrigidas monetariamente desde então e acrescidas de juros moratórios de 1% a contar da citação. *Deverão ser descontados do saldo ora apontado a comissão devida aos réus, bem como os custos e despesas portuárias incidentes em cada operação.* Condeno os réus solidariamente ao pagamento das custas processuais, reembolso da parcela paga pela autora a título de honorários periciais e honorários advocatícios que fixo em 15% (quinze por cento) do valor atualizado do saldo credor (TJSC, AC n. XXXXXX, p. 14/03/06). Obs. O ponto de estrangulamento do processo foi a *parte grifada em itálico*

17.12.2014	Certificada a publicação da sentença
20.01.2015	Recurso/embargos/declaratórios opostos pela parte autora
27.01.2015	Recurso/embargos/declaratórios/infringentes opostos pela primeira requerida/ES Ltda.
20.03.2015	Os embargos declaratórios das partes encontram-se no Gabinete do Juiz conclusos para decisão

Fonte: Os dados foram obtidos através de consulta do Processo nº XXXXX e respectivos embargos declaratórios na vara de origem e disponíveis no site www.tjsc.jus.br

2. Quesito

Diante do quadro narrado, o Consulente deseja ver respondido o seguinte "quesito":

Quesito 1. O crédito apurado pelo perito nomeado de confiança do Juízo, **no valor de US$ 211.854,66,** após um longo período de elaboração, com praticamente 02 (duas) perícias técnicas realizadas – contabilizou no laudo de exame pericial contábil todos os custos operacionais e despesas portuárias (*Port Charges*) incidentes em cada movimentação de carga. Assim, a consulta é se esse crédito torna certa a prestação de contas, de modo a excluir a parte dispositiva da sentença: "(...) *Deverão ser descontados do saldo ora apontado a comissão devida aos réus, bem como os custos e despesas portuárias incidentes em cada operação*, para assegurar o limites objetivos e subjetivos da coisa julgada pela segurança jurídica e clareza da decisão?

3. Análise

A ação de prestação de contas não se constitui em uma mera declaração que reconheça o dever de prestar contas. Tampouco satisfaz a pretensão posta em juízo a simples rejeição de eventuais contas prestadas pelo réu.

Nos termos do art. 918 do Código de Processo Civil de 1973[1], a sentença prolatada na segunda fase da ação de prestação de contas tem como um de seus objetivos tornar líquido e certo eventual saldo credor ou devedor resultante das atividades executadas pela pessoa obrigada a prestar contas[2].

Determinado o saldo credor com a observância do contraditório, da ampla defesa e dos demais mecanismos assecuratórios do devido processo

---

[1] Art. 918. O saldo credor declarado na sentença poderá ser cobrado em execução forçada.
[2] Cf., e.g., REsp 707.646/RS, Rel. Ministro LUIS FELIPE SALOMÃO, QUARTA TURMA, julgado em 01/12/2009, DJe 14/12/2009, REPDJe 24/11/2010.

legal, o autor pode ingressar em juízo com a execução forçada da obrigação de solver as quantias especificadas.

Obrigar o autor a ajuizar outra ação, voltada à identificação dos valores devidos pelo réu, violaria a racionalidade inerente à ação de prestação de contas, à luz do seu objetivo estampado art. 918 do CPC/1973.

Por outro lado, a prolação de sentença ilíquida na segunda fase da ação de prestação de contas poderia colocar em risco a própria satisfação do direito de fundo do autor e, incidentalmente, seu direito à jurisdição.

Esse risco deriva da inviabilidade jurídica do ajuizamento de outro tipo de ação de conhecimento para alcançar a fixação do saldo credor ou devedor relativo aos deveres inerentes à prestação de contas.

Não é por outra razão que o egrégio Superior Tribunal de Justiça já teve a oportunidade de afirmar que a ação de prestação de contas não pode ser substituída imediatamente por ação de cobrança, como se lê na seguinte ementa:

> RECURSO ESPECIAL – AÇÃO COBRANÇA – COBRANÇA DE VALOR REFERENTE À RELAÇÃO JURÍDICA DE GESTÃO DE BENS, NEGÓCIOS E INTERESSES ALHEIOS – INTERESSE DE AGIR – AUSÊNCIA, NA MODALIDADE ADEQUAÇÃO – EXTINÇÃO DO PROCESSO, SEM JULGAMENTO DE MÉRITO – NECESSIDADE – INEXISTÊNCIA DE DEMONSTRAÇÃO DE QUE O VALOR COBRADOS VINCULA-SE, DIRETAMENTE, À GESTÃO DE NEGÓCIOS – MATÉRIA A SER TRATADA NO ÂMBITO DA AÇÃO DE PRESTAÇÃO DE CONTAS – NECESSIDADE – RECURSO IMPROVIDO.
>
> I – A ação de prestação de contas consubstancia a medida judicial adequada para aquele que, considerando possuir crédito decorrente da relação jurídica consistente na gestão de bens, negócios ou interesses alheios, a qualquer título, para sua efetivação, necessite, antes, demonstrar cabalmente a existência da referida relação de gestão de interesses alheios, bem como a existência de um saldo (como visto, a partir do detalhamento das receitas e despesas), vinculado, diretamente, à referida relação;
>
> II – In casu, nos termos exarados, ainda que se possa reconhecer, pelos elementos constantes dos autos, a existência de gestão de bens alheios pelos réus, em razão de outorga de mandatos (escrito e verbal), é certo inexistir qualquer vinculação entre os valores transferidos a um dos réus (bem como a um terceiro, estranho à lide, ressalte-se) aos mandatos referidos, ilação que

DIREITO TRIBUTÁRIO

somente poderá ser reconhecida na ação própria, qual seja, a ação de prestação de contas;

III – A hipótese dos autos não trata de erro de procedimento (vale dizer, rito que não corresponde à natureza da causa), caso em que o Juiz poderia determinar sua conversão a um procedimento mais abrangente. Na verdade, o caso dos autos cuida de erronia sobre a própria ação, impropriedade que, de forma alguma, pode ser suprimida pelo magistrado, na medida em que este erro denota a ausência de uma das condições da ação, qual seja, o interesse de agir, na modalidade adequação, ensejando, necessariamente, a extinção do feito sem julgamento do mérito;

IV – Recurso Especial improvido.

(REsp 1065257/RJ, Rel. Ministro MASSAMI UYEDA, TERCEIRA TURMA, julgado em 20/04/2010, DJe 14/05/2010)

Obrigar a autora a ajuizar outra ação ou a iniciar outro procedimento para determinar o valor do saldo a seu favor, na hipótese em que o Juízo poderia sem qualquer dificuldade prolatar sentença líquida, conduziria a uma manifesta violação do direito constitucional à razoável duração do processo (art. 5º, LXXVIII da Constituição).

Cabe indagar, portanto, no presente caso, se era possível a prolação de sentença líquida e certa, isto é, uma decisão que designasse com exatidão o valor a ser pago pelo réu ao autor.

Observo que a sentença prolatada pelo MM. Juiz de primeiro grau na segunda fase da ação está muito bem fundamentada. Preocupou-se Sua Excelência em bem descrever o quadro fático, de modo a apontar os pontos controvertidos e a exata extensão da controvérsia estampada nas peças produzidas pela autora e pelos réus.

Porém, a meu sentir, a sentença poderia ter avançado na definição do ponto controvertido relacionado aos valores que os réus supostamente teriam direito a deduzir da quantia devida à autora.

Quanto a esse ponto, o MM. Juízo assim se manifestou na sentença prolatada na segunda fase:

"Resta examinar as contas apresentadas pela autora, as quais foram confirmadas em sua essência pela perícia contábil. A autora, com base na análise dos invoices e BL's (conhecimentos de embarque marítimo) arquivados em cartório, sustenta um crédito de US$ 211.854,66, calculado com base nas despesas referentes a operações portuárias intermediadas pelos réus e que não estão comprovadas mediante apresentação de notas fiscais. O laudo pericial concluiu, pela análise da mesma documentação, que o crédito do autor é um pouco superior (US$ 214.269,66 – f. 523). Quanto ao valor, a impugnação dos réus ao laudo pericial foi desnecessária, pois deve prevalecer o valor que a própria autora reconheceu como sendo o correto.

As requeridas contra-argumentaram a f. 423 que o saldo de cada operação portuária (lucro) seria dividido entre as partes, após a quitação dos custos de origem e destino. Haviam dito na contestação apresentada na primeira fase da ação (f. 98) que a autora seria remunerada em US$ 50,00 por conhecimento de embarque marítimo (BL), acrescidos da divisão da receita decorrente do MAS (registro no sistema da alfândega americana) de US$ 25,00 cobrado dos clientes, resultando em US$ 12,50 para cada uma das empresas por operação.

Tais questões, porém, não foram resolvidas durante a instrução processual, pelo meio apropriado (documental ou pericial), valendo lembrar que os réus não apresentaram quesitos, pelos quais o perito poderia chegar a essa conclusão analisando a documentação disponível, nem apontaram onde estas informações se encontram nos autos.

Tratando-se, pois, de argumentos sem base probatória, não podem ser opostos à autora.

[...]

De tudo o que se apurou, conclui-se que os réus intermediaram operações portuárias em nome da autora (conforme a sentença irrecorrida de f. 165-170 e que o saldo obtido destas operações resultando um crédito não transferido à autora (ao menos os réus não comprovaram a transferência) de US$ 211.854,66, do qual devem ser abatidas a comissão e os custos e despesas portuárias.

Na petição inicial a autora explica que os réus efetuavam os negócios e recebiam os pagamentos por conta e ordem dela, devendo, após descontar a comissão pactuada, os custos e despesas portuárias incidentes, remeter os proveitos dos negócios à requerente no exterior (f. 09 item 03).

Portanto, como já foi dito nesta sentença, desse valor devem ser deduzidas a comissão que deveria ser paga aos réus, além dos custos das operações e as despesas portuárias, pois tais encargos não foram considerados nos cálculos apresentados pela autora e na perícia contábil.

[...]

O perito concluiu que não há nos autos e nos volumes de documentos arquivados em cartório os comprovantes relativos às despesas que os requeridos teriam suportado em nome da autora. Isso não está em contradição com as informações prestadas pelo perito referentes à análise dos dados apresentados pela ré quanto às receitas, despesas e saldos de cada operação portuária, os quais foram detalhados nos invoices e BL'S arquivados em cartório. O que o perito concluiu foi que a ré prestou tais informações por meio de invoices e BL's, porém elas não estão embasadas em comprovantes (notas fiscais ou recibos). São fatos distintos.

[...]

Pelas razões acima expostas, deve ser declarada a existência de saldo em favor da requerente, a ser convertido em moeda nacional com base na cotação do dólar das datas em que as despesas referentes aos negócios celebrados em nome da autora ocorreram e corrigidas monetariamente desde então (segundo o critério defendido pela requerente a f. 267, o qual está em consonância com o entendimento jurisprudencial). O termo inicial dos juros moratórios é a citação para responder à prestação de contas, pois nessa data os réus incidiram em mora.

Ante o exposto, rejeito as contas prestadas pelos réus e acolho as contas apresentadas pela autora. Em consequência, com fundamento no artigo 918 do CPC, declaro em favor da autora a existência de um crédito de US$ 211.854,66 (duzentos e onze mil, oitocentos e cinquenta e quatro dólares e sessenta e seis centavos), devidos solidariamente pelos réus, a ser convertido em moeda nacionalcom base na cotação do dólar nas datas em que as despesas ocorreram, corrigidas monetariamente desde então e acrescidas de juros moratórios de 1% a contar da citação. Deverão ser descontados do saldo ora apontado a comissão devida aos réus, bem como os custos e despesas portuárias incidentes em cada operação".

Na decisão que apreciou os recursos de embargos de declaração, o MM. Juízo manteve a comissão devida aos réus, bem como os custos e as despesas portuárias incidentes em cada operação, como montante a ser subtraído do saldo devido à autora. Entendeu que seria necessário especificar tais valores numa outra ação.

Contudo, não nos parece ser necessária nova ação.

Conforme já apontado, a sentença da segunda fase da ação de prestação de contas deve sempre ter por norte a liquidez e a certeza do título, bem como do valor devido pelo réu ao autor, a título de saldo (art. 918 do CPC/1973).

Para determinar o valor do saldo, no caso da rejeição ou da não prestação das contas, a letra do art. 915, § 3º do CPC exorta o Juízo a utilizar seu prudente arbítrio no exame das contas apresentadas pelo autor.

Evidentemente, o prudente arbítrio não afasta a aplicação das regras processuais da órbita cível relacionadas à prova.

Na verdade, a menção ao "prudente arbítrio" funciona como mecanismo de ponderação e de racionalidade, destinado a evitar abuso ou enriquecimento sem causa pelo autor.

Segundo as regras consensuais de prova vigentes no ordenamento jurídico brasileiro, cabia à autora provar (1) a existência do dever de prestar contas e, **diante da inutilidade das contas coercitivamente prestadas pelos réus em face da sentença prolatada na primeira fase da ação, (2) apontar os componentes do feixe de obrigações do réu, resumidos no saldo do qual a autora è credora.**

Por ser de seu exclusivo interesse, cabia exclusivamente ao réu provar os elementos modificativos ou desconstitutivos do direito alegado pela autora.

É intuitivo, por exemplo, que somente os réus poderiam comprovar as despesas feitas no exercício dos negócios, bem como fazer a demonstração da existência de eventual parcela de lucros que lhes coubesse. Isso, porém, não foi feito.

Assim, a matéria, neste ponto, deixou de ser controversa, por deficiência processual (art. 326 do CPC/1973[3]).

Note-se, aliás, que o MM. Juízo expressamente reconhece que os réus falharam em levar à instrução dados essenciais para acolhimento dessa linha de defesa, *verbatim*:

> "Assim foi, por exemplo, quando, apesar de se dar oportunidade à parte para, mediante quesitação, indagar ao perito tudo o que entendesse importante para o esclarecimento dos fatos, a requerida-embargante ES Ltda. limitou-se a escrever, literis:
>
> 'questionam o Expert quanto a licitude, origem e montante de seu crédito' (f. 470).
>
> Ora, isso não é quesito. Isso é o próprio objeto da perícia. Quesitos são as indagações que a outra parte apresentou a f. 480/481, passando ao perito-

---

3 Art. 326. Se o réu, reconhecendo o fato em que se fundou a ação, outro lhe opuser impeditivo, modificativo ou extintivo do direito do autor, este será ouvido no prazo de 10 (dez) dias, facultando-lhe o juiz a produção de prova documental.

questões específicas e objetivas. A requerida-embargante ES Ltda. apresentou quesitos somente depois que a perícia foi realizada! Só então apresentou a petição de f. 700-706, com diversas indagações que entendia pertinentes (muitas das quais meramente especulativas ou intempestivas, como dito na sentença). Aí já era tarde, pois operada a preclusão. Como dito na sentença (f. 793, primeiro parágrafo), 'se os requeridos entendiam que deveriam ser apurados os custos das operações portuárias, deviam ter formulado os quesitos no momento oportuno'.

Porque o litígio não envolve direitos indisponíveis ou questões de ordem pública, cabe às partes – e não ao juiz – indagarem ao perito o que consideram importante que seja esclarecido pelo expert, daí porque não tem o menor cabimento a afirmação da embargante ES Ltda. (referindo-se a comissões e despesas portuárias) no sentido de que deveria este juízo ter diligenciado (sic) para que 'os cálculos do perito fossem elaborados levando essas questões em consideração' (f. 810)".

Irrepreensível a argumentação posta na sentença quanto ao ônus processual da parte numa causa de natureza cível, como a presente. Não obstante, ao remeter a definição dos valores respectivos para uma "outra ação", o MM. Juízo prolonga desnecessariamente a duração da demanda.

Diz o Juízo que a ausência desses elementos pode ter sido um erro ou estratégia processual. Qualquer que seja a análise, ao final, a falha dos réus em provar os custos incorridos e o alcance do acordo para divisão de lucros prejudica em grande monta a autora. Se mantido esse vácuo, um novo, tormentoso e longo processo será desencadeado numa ação cujo objetivo será tão-somente definir essas duas espécies de parcela que, repita-se, deveriam ter sido provadas pelos réus no momento adequado, isto é, na própria ação de prestação de contas.

Aumenta ainda mais a gravidade do problema quando se tem em perspectiva o fato de que a tramitação da presente ação já se estende por um período de tempo inconvencionalmente longo. Com efeito, há que se ter presente que, decorridos quase oito anos da data do ajuizamento da ação, **ainda não se ultrapassou a fase de interposição de eventuais recursos de apelação.**

Repise-se: compete ao Juízo prolatar sentença líquida e certa no exame da ação de prestação de contas. O momento processual adequado para que o réu apresente todos os documentos que lhe são favoráveis é aquele em que as contas são prestadas (art. 915, § 2º do CPC/1973[4]).

Por via de consequência, não se insere no "prudente arbítrio do Juízo" deixar de prolatar sentença de conteúdo preciso, líquido e certo, por falha ou estratégia processual imputável exclusivamente ao réu.

No caso, ao MM. Juízo incumbia extrair as consequências jurídicas da inércia processual da ré.

O egrégio Superior Tribunal de Justiça, em julgado que evoca situação processual similar à presente, já rechaçou a tentativa de "reapresentação" de contas, conforme se verifica pela leitura da seguinte ementa:

AGRAVO REGIMENTAL. AGRAVO DE INSTRUMENTO. RECURSO ESPECIAL. EMBARGOS DECLARATÓRIOS. OMISSÃO. VIOLAÇÃO AO ART. 535 DO CPC. INOCORRÊNCIA.

AÇÃO DE PRESTAÇÃO DE CONTAS. PRAZO. 48 HORAS. REAPRESENTAÇÃO.

IMPOSSIBILIDADE. PRECLUSÃO.

– Se não havia defeito a ser sanado, não incorre em ofensa ao art. 535 do CPC o acórdão que rejeita os embargos declaratórios.

– Se o réu não presta contas no prazo de 48 horas (CPC, Art. 915, § 2º) as que o autor apresentar serão julgadas segundo o prudente arbítrio do juiz que poderá, se considerar necessário, determinar a realização de perícia contábil (CPC, Art. 915, § 3º, segunda parte).

– Não há previsão de reabertura do prazo para reapresentação de contas se a própria lei prevê as conseqüências para o descumprimento do comando da sentença.

(AgRg no Ag 718.903/RS, Rel. Ministro HUMBERTO GOMES DE BARROS, TERCEIRA TURMA, julgado em 25/09/2007, DJ 15/10/2007, p. 257)

4. Conclusões

Ante o exposto, concluímos que:

1. Compete ao Juízo prolatar sentença precisa, líquida e certa ao cabo da segunda fase da ação de prestação de contas;

---

[4] Art. 915. § 2o Se o réu não contestar a ação ou não negar a obrigação de prestar contas, observar-se-á o disposto no art. 330; a sentença, que julgar procedente a ação, condenará o réu a prestar as contas no prazo de 48 (quarenta e oito) horas, sob pena de não lhe ser lícito impugnar as que o autor apresentar

2. É dever processual do réu apresentar os documentos que justificariam as despesas incorridas e outras parcelas eventualmente devidas pelo autor, no momento oportuno;
3. O momento oportuno para a apresentação de referidos documentos, pelo réu, é a prestação de contas, tanto na modalidade espontânea (art. 915, § 1º do CPC/1973), quanto na forçada (art. 915, § 2º do CPC/1973).
4. Como os réus não apresentaram documentos indispensáveis à comprovação da existência de eventuais causas modificativas ou extintivas do direito pleiteado pela autora, reconhecido em sentença, é defeso ao MM. Juízo, em quebra da ortodoxia processual, adiar a solução da lide ao criar nova oportunidade para a defesa, indevidamente remetendo a determinação do objeto da sentença "para outra ação".
5. A prolação de sentença ilíquida e incerta em ação de prestação de contas viola o art. 918 do CPC/1973;
6. A prolação de sentença que reabre aos réus oportunidade de defesa "em outra ação" viola os arts. 14, IV (proibição da prática de atos probatórios inúteis ou desnecessários), 131 (apreciação fundamentada e racional das provas), 300 e 302 (oportunidade para especificar o substrato fático das hipóteses modificativas ou impeditivas do direito alegado pelo autor);
7. A prolação de sentença que sinaliza para a possibilidade de reabertura aos réus de nova oportunidade de defesa "em outra ação" viola o art. 5º, LXXVIII da Constituição (razoável duração do processo), por prolongar desnecessariamente a prestação jurisdicional, em cenário já sobremaneira agravado pelo incomum e inusitado prazo alongado de tramitação da ação em primeira instância.

5. Resposta ao Quesito

Quesito: O crédito apurado pelo perito nomeado de confiança do Juízo, **no valor de US$ 211.854,66,** após um longo período de elaboração, com praticamente 02 (duas) perícias técnicas realizadas – contabilizou no laudo de exame pericial contábil todos os custos operacionais e despesas portuárias (*Port Charges*) incidentes em cada movimentação de carga. Assim, a consulta é se esse crédito torna certa a prestação de contas, de modo a excluir a parte dispositiva da sentença: "(...) *Deverão ser descontados do saldo ora apontado a comissão devida aos réus, bem como os custos e despesas portuárias incidentes em cada operação,* para assegurar o limites objetivos e subjetivos da coisa julgada pela segurança jurídica e clareza da decisão?

Resposta

Conforme exposto, ao assegurar aos réus o desconto "[d]*a comissão devida aos réus, bem como os custos e despesas portuárias incidentes em cada operação*", remetendo a definição de tais parcelas a outra ação ou medida judicial, a r. sentença violou os arts. 14, IV, 131, 300, 302, 915 e 918 do CPC/1973, bem como o art. 5º, LXXVIII da Constituição.

Portanto, no nosso entendimento, cabe a reforma da sentença, para excluir tal expressão da parte dispositiva.

Este é o nosso entendimento, s.m.j.

Brasília, 14 de julho de 2016.

JOAQUIM BARBOSA
OAB/DF 03344

DIREITO REGULATÓRIO

Parecer

CONSTITUCIONAL. ADMINISTRATIVO. REGULATÓRIO. TRANSPORTE MARÍTIMO DE LONGO CURSO DE MERCADORIAS. ATIVIDADE DESEMPENHADA POR PESSOA FÍSICA OU JURÍDICA ESTRANGEIRA EM ÁGUAS TERRITORIAIS BRASILEIRAS. ISENÇÃO DE REGISTRO PERANTE A AGÊNCIA REGULADORA OU OUTROS ÓRGÃOS ESTATAIS. IMUNIDADE À REGULAÇÃO E AO EXERCÍCIO DE PODER DE POLÍCIA. INEXISTÊNCIA.

1. Consulta

A **Associação XXXX**, por intermédio de seu presidente, Sr. A.S., honra-me com esta consulta acerca da obrigatoriedade de outorga de autorização para empresas estrangeiras de navegação prestarem serviços de transporte de mercadorias na navegação de longo curso brasileira.

Narra o consulente que os serviços acima mencionados estão sujeitos à regulação e à fiscalização da Agência XX, nos termos da Resolução 3.274/2014, se prestados por empresas nacionais. Porém, diz o consulente, as empresas estrangeiras foram postas a salvo da regulação e da fiscalização, na medida em que a Agência XX entende que não lhes é aplicável o regime jurídico vigente em nosso país aplicável às empresas nacionais.

Informa o consulente que a Agência XX colocará em consulta pública uma proposta de nova regulação do setor nos termos da Resolução 4.271, e que provavelmente irá persistir na exoneração das empresas estrangeiras de cumprir os deveres e as obrigações normalmente impostos aos seus concorrentes nacionais.

Ante o exposto, o ilustre consulente indaga-me sobre o quadro fático-jurídico pertinente ao tratamento conferido às empresas estrangeiras que prestam serviços de transporte de mercadorias por intermédio da navegação de longo curso em águas territoriais brasileiras.

2. Quesitos

Para bem elucidar a consulta, o i. consulente propõe os seguintes quesitos:

1. A Lei 9.432/1997 outorga *per se* autorização para que empresas estrangeiras dedicadas ao transporte marítimo de cargas por longo curso atuem em águas territoriais brasileiras?
2. A Lei 9.432/1997 proíbe integralmente as autoridades brasileiras de regular e de fiscalizar as atividades das empresas estrangeiras dedicadas ao transporte marítimo de cargas por longo curso que atuem em águas territoriais brasileiras?
3. Em tese, um tratado internacional celebrado pelo Brasil poderia imunizar aprioristicamente de regulação e de fiscalização as empresas estrangeiras dedicadas ao transporte marítimo de cargas por longo curso que atuem em águas territoriais brasileiras?
4. Em tese, a Agência XX tem competência para regular e para fiscalizar o transporte marítimo de mercadorias por longo curso executado por empresas estrangeiras?

3. Relatório

A Agência XX entende ser inexigível a outorga de autorização às empresas estrangeiras dedicadas à execução de serviços de transporte marítimo de longo curso em águas territoriais brasileiras, com base na interpretação de que o art. 5º da Lei 9.432/1997 automaticamente lhes confere esse direito.

Para a Agência XX, somente os tratados internacionais firmados entre o Brasil e as demais nações amigas estariam aptos a condicionar a outorga de autorização às empresas estrangeiras, respeitada, em qualquer caso, a reciprocidade.

A postura da Agência XX na matéria é resumida na Nota Técnica NOTE 00000 1/2014 GDM, de cujo inteiro teor destaco os seguintes trechos:

> "Conforme claramente dispõe o art. 5º da Lei 9.432/97, a operação e exploração do transporte de mercadorias na navegação de longo curso é aberta aos armadores, às empresas de navegação e às embarcações de todos os países,

observados os acordos firmados pela União e atendido o princípio da reciprocidade.

Neste sentido, as empresas estrangeiras de navegação, quando prestarem serviço de transporte aquaviário na navegação de longo curso estão isentas de qualquer tipo de exigência de outorga de autorização para prestarem tais serviços no Brasil.

Tanto é assim que a própria Resolução Agência XX 2510/12, em seu artigo 3º, limita a exigência de outorga de autorização para operação nas navegações de longo curso, às empresas brasileiras de navegação. Mais uma evidência de que a autorização para operação na navegação de longo curso somente é exigida para empresas brasileiras de navegação.

E mais, mesmo em se entendendo que em relação às empresas estrangeiras de navegação, no que se refere à navegação de longo curso, estariam sim vinculadas a uma outorga de autorização, não caberia a esta Agência fazê-lo, já que a autorização já é dada pela própria lei".

Já o art. 5º. da Lei 9.432/1997 tem a seguinte redação:

Art. 5º A operação ou exploração do transporte de mercadorias na navegação de longo curso é aberta aos armadores, às empresas de navegação e às embarcações de todos os países, observados os acordos firmados pela União, atendido o princípio da reciprocidade.

Para boa compreensão do quadro fático-jurídico, é imprescindível registrar as seguintes passagens da Nota Técnica 0017-2015-GRM, elaborada nos autos do Processo 50301.001515/2014-14, que versa sobre a proposta de revisão da norma que dispõe sobre os direitos e deveres dos usuários e das empresas que operam na navegação marítima e de apoio, conforme aprovado pela Resolução nº 4.271- Agência XX de 04/08/2015, em versão para apresentação em audiência pública:

"1. Até o presente momento, nota-se que a opção regulatória da Agência XX apenas tangenciou a figura da empresa estrangeira de navegação atuante na navegação de longo curso em águas jurisdicionais brasileiras, não o regulando de maneira abrangente, concentrando-se pontualmente, portanto, na: regulação do afretamento marítimo (Resolução Normativa nº 1-A Agência XX); regulação ambiental (Resolução nº 2239, art. 7º); regulação da prestação de serviços a cargas não embarcadas por cancelamento de escala (Resolução nº 2389, art. 10); regulação sobre o controle dos cancelamentos de escalas realizados pelas autoridades portuárias e terminais portuários (Resolução

nº 3274, art. 32, inciso XIII); e regulação sobre acordo operacional de troca de espaços (Resolução nº 194- Agência XX). 2. Diferentemente, encontra-se infundida nos dispositivos normativos da presente proposta de revisão de norma, o enfoque na prestação do serviço adequado por meio de soluções regulatórias que buscam sobrepujar potenciais falhas de mercado derivadas de assimetrias presentes na indústria de transporte marítimo de navegação marítima e de apoio. Assim, foram propostos dispositivos normativos de regulação direta da empresa de navegação estrangeira, assim como das Empresas Brasileiras de Navegação – EBN que atuam na navegação marítima e de apoio, contemplando aspectos relativos à qualidade do serviço prestado, bem como a proteção do usuário do serviço de transporte marítimo.
[...]
11. A "Questão 1" relaciona-se à regulação dos transportadores marítimos estrangeiros nas navegações longo curso, em que foram estudadas as seguintes alternativas: a) Manter o status quo, significando não interferir em práticas do mercado; b) Determinar obrigações a serem cumpridas por todos os prestadores de serviço, incluindo as empresas estrangeiras de navegação; c) Exigir que para operar no Brasil as empresas estrangeiras nomeiem expressamente um preposto para responder administrativamente por elas; d) Emitir outorga de autorização para as empresas estrangeiras de navegação. 12. A alternativa "a" apresentada (manter a situação atual) significa confiabilidade no mercado e em suas práticas comerciais, assim como a manutenção da estabilidade do sistema conforme o regime atualmente em vigor; por outro lado, mantém inatacadas questões que se apresentaram à Agência XX como prementes e necessárias para a regulação do setor de shipping, em especial temas apontados pelos usuários, embarcadores e consignatários de carga. 13. A alternativa "b" traz como aspecto positivo a definição, em norma, de instrumentos regulatórios necessários à garantia de funcionamento equilibrado do mercado, em face das lacunas legais e regulamentares brasileiras em relação à imposição de limites a práticas contrárias ao interesse público insculpido na Lei nº 10.233. Optou-se pela alternativa "b": "determinar obrigações a serem cumpridas por todos os prestadores de serviço, incluindo as empresas estrangeiras de navegação". Essa opção ainda possibilita a obtenção de subsídio por meio da prática fiscalizatória quanto ao efetivo alcance da empresa estrangeira de navegação, indicando a necessidade ou não de eventual aperfeiçoamento do normativo que instrumentalize as suas sanções. 14. Em relação à alternativa "c" esta proposta de norma, apesar de prever infra-

ções a armadores estrangeiros, não contém dispositivo normativo que destine a aplicação da sanção a um preposto brasileiro, seja ele o agente marítimo ou não. Esse tema foi retirado da minuta de norma pelo fato de o assunto haver sido incluído em agenda regulatória futura, conforme definição da Diretoria da Agência XX em conjunto com a SRG. Assim, o poder de polícia coercitivo, conforme se apresenta nesta norma, se baseia unicamente no teor do art. 32 da Lei da Agência XX que prevê a "notificação de agentes dos operadores estrangeiros" que atuam no transporte marítimo internacional com o Brasil. 15. Nesse contexto, a regulação do agente marítimo, NVOCC, agentes de carga e transitários de carga não foi objeto desta proposta, até o presente momento, o que não afasta a importância desses atores dentro da compreensão sistêmica da indústria de shipping, indústria de rede complexa onde indubitavelmente a regulação de um deles gera impactos no segmento de comércio exterior como um todo, além do fato de que no caso do transporte aquaviário ainda há lacuna legislativa. O assunto "agentes intermediários" também foi incluído em agenda regulatória futura. 16. Acerca da alternativa "d", conforme já debatido nos autos do Processo nº 50300.000191/2014-15, a operação de empresas estrangeiras de navegação de longo curso prescinde de autorização, isto porque o art. 5º da Lei nº 9.432/97, fundamentado no art. 178 da Constituição Federal, observados os arts. 13 e 14 da Lei nº 10.233/01 ressalvam o disposto na Lei que dispõe especificamente sobre a ordenação do transporte aquaviário (Lei nº 9.432/97). Ademais, o Brasil internalizou, por meio do Decreto nº 80.672/77, a Convenção para a Facilitação do Tráfego Marítimo Internacional de 1965, em que os Governos contratantes se comprometem a adotar todas as providências apropriadas no sentido de facilitar e acelerar o tráfego marítimo internacional".

Esse é o quadro fático-jurídico que será objeto deste parecer.

4. Análise do Quadro Fático-Jurídico
4.1. *Alcance da competência da Agência XX*
A institucionalização de entes dotados de competência regulamentar sem subordinação integral à Administração inaugurou-se com as Emendas Constitucionais 8 e 9 de 1995, que versam sobre telecomunicações e gás e petróleo.

Como bem observa Gabriel de Mello Galvão[1]:

> "A pedra de toque desse 'novo' modelo de agências é, em realidade, a estabilidade dos dirigentes, que pretende dar significado mais extenso à independência desses órgãos".

Com efeito, assegurar a independência das agências reguladoras inscreve-se na racionalidade da desburocratização e da busca pela especialização técnica da atividade estatal. Na década de 1930, a desburocratização se dava pela inserção de atores privados no seio do Estado. Acreditava-se que a inserção do setor privado na estrutura estatal bloquearia a adoção do comunismo entre nós. No momento atual, a desburocratização visa a atribuir eficiência às áreas técnicas. Nessa nova visão, a eficiência derivaria não apenas da capacidade técnica do corpo de dirigentes e de servidores públicos, mas também do bloqueio à influência política. Acredita-se que a presença de dirigentes e de operadores técnicos seja um fator decisivo capaz de induzir escolhas que privilegiem o interesse público.

Tendo em vista essas premissas, passaremos a examinar a problemática relatada pelo consulente.

Em razão da sua relevância estratégica para a segurança do nosso país, para o nosso intercâmbio comercial com as nações amigas e para nossa soberania, a matéria objeto da presente consulta tem ampla disciplina tanto no plano constitucional quanto no plano legal.

Com efeito, no contexto da revisão da nossa ordenação econômica levada a cabo em meados dos anos 90, as Emenda Constitucional 07/1995 trouxe a seguinte redação para o art. 178 da Constituição:

> Art. 178. A lei disporá sobre a ordenação dos transportes aéreo, aquático e terrestre, devendo, quanto à ordenação do transporte internacional, observar os acordos firmados pela União, atendido o princípio da reciprocidade.
>
> Parágrafo único. Na ordenação do transporte aquático, a lei estabelecerá as condições em que o transporte de mercadorias na cabotagem e a navegação interior poderão ser feitos por embarcações estrangeiras.

O artigo 21 da Constituição indica o ente estatal competente para dar concreção ao comando do art. 178 e atribui à União a aptidão constitucio-

---

[1] GALVÃO, Gabriel de Mello. **Fundamentos e Limites da Atribuição de Poder Normativo às Autarquias Autônomas Federais (agências reguladoras).** Rio de Janeiro: Renovar, 2006, p. 105.

nal para integrar interesses locais em sua manifestação nacional. De fato, o transporte marítimo é essencial para o desenvolvimento econômico, no âmbito da logística comercial tanto das cadeias produtivas nacionais como das cadeias produtivas transnacionais. Por outro lado, a grande abrangência do transporte marítimo, revelada pela extensão da costa brasileira, reforça a responsabilidade da União em integrar as estruturas portuárias e de apoio marítimo espalhadas pelo território nacional.

Para cumprir com o disposto nos arts. 21 e 178 da Constituição, a União criou a Agência XX.

Conforme se extrai dos dispositivos da Lei 10.233/2001 (art. 23, I), compete à Agência XX exercer atividade regulatória e fiscalizadora no campo da navegação de longo curso, com o objetivo de impedir situações que configurem competição imperfeita ou infração da ordem econômica, dentre outros (art. 20 I, *b* da mesma lei).

Em especial, cabe-lhe expressamente "supervisionar a participação de empresas brasileiras e estrangeiras na navegação de longo curso, em cumprimento aos tratados, convenções, acordos e outros instrumentos internacionais dos quais o Brasil seja signatário" (art. 27, XII da Lei 10.233/2001);

Um dos instrumentos mais importantes da atuação da Agência XX é o ato administrativo de autorização, necessário para o transporte de cargas por longo curso, segundo dispõe a Lei 10.233/2001:

> "Art. 46. As **autorizações** para prestação de serviços de **transporte internacional de cargas** obedecerão ao disposto nos tratados, convenções e outros instrumentos internacionais de que o Brasil é signatário, nos acordos entre os respectivos países e nas regulamentações complementares das Agências".

A lei também disciplina a situação jurídica da empresa nacional que eventualmente decida se aventurar no mercado de transporte de mercadorias por via marítima de longo curso. Caso a empresa nacional decida, por exemplo, afretar uma embarcação estrangeira para o exercício das suas atividades deverá ela ainda obter junto à entidade reguladora uma autorização específica prevista no artigo 27 da Lei 10.233/2001:

> "Art. 27. [...].
> XXIV – **autorizar as empresas brasileiras de navegação de longo curso**, de cabotagem, de apoio marítimo, de apoio portuário, fluvial e lacustre, **o afretamento de embarcações estrangeiras para o transporte de carga**, conforme disposto na Lei no 9.432, de 8 de janeiro de 1997;" (Lei 10.233/2001).

Em sua página na internet[2], a Agência XX parece ter plena consciência de sua vasta competência e de sua profunda responsabilidade, ao assim se descrever institucionalmente:

"Agência XX é uma entidade que integra a Administração Federal indireta, de regime autárquico especial, com personalidade jurídica de direito público, independência administrativa, autonomia financeira e funcional, vinculada à Secretaria de Portos da Presidência da República – SEP/PR. Foi criada pela Lei nº 10.233/2001 e instalada em 17 de fevereiro de 2002.

A Agência XX tem por finalidade implementar as políticas formuladas pela Secretaria de Portos da Presidência da República – SEP/PR, pelo Conselho Nacional de Integração de Políticas de Transporte – CONIT, e pelo Ministério dos Transportes, segundo os princípios e diretrizes estabelecidos na legislação. É responsável por regular, supervisionar e fiscalizar as atividades de prestação de serviços de transporte aquaviário e de exploração da infraestrutura portuária e aquaviária.

A Agência dedica-se a tornar mais econômica e segura a movimentação de pessoas e bens pelas vias aquaviárias brasileiras, em cumprimento a padrões de eficiência, segurança, conforto, regularidade, pontualidade e modicidade nos fretes e tarifas. Arbitra conflitos de interesses para impedir situações que configurem competição imperfeita ou infração contra a ordem econômica, e harmoniza os interesses dos usuários com os das empresas e entidades do setor, sempre preservando o interesse público".

Portanto, parece claro que o exercício regular e às inteiras pela Agência XX da sua missão de regular e fiscalizar a atividade econômica de transporte marítimo de cargas por longo curso deve necessariamente incluir as empresas estrangeiras dedicadas a esse mercado no rol dos operadores sujeitos à sua competência administrativa de regulação e fiscalização, sob pena de violação do princípio constitucional da isonomia, que deve sempre guiar as ações dos agentes e entidades estatais nas suas relações com os particulares, aí incluídas as empresas.

E mais: uma vez que parte considerável do transporte marítimo de longo curso é realizado por empresas estrangeiras, se a atuação da agência reguladora devesse ser restrita às empresas nacionais, ela findaria por não

---

[2] http://www.antaq.gov.br/Portal/Institucional.asp. Última visita em 12/11/2015.

cumprir integralmente o dever de controlar o transporte internacional de cargas, que lhe foi imposto pelo art. 46 da Lei 10.233/2001.

Em realidade, o que importa é afirmar que nem a Constituição brasileira nem a legislação infraconstitucional de regência do transporte aquaviário tolhem o exercício da competência regulatória e fiscalizatória plena por parte da Agência XX, ao contrário.

Do ponto de vista orgânico e funcional, é plena a capacidade dessa agência especializada.

Note-se, a esse respeito, que no âmbito da administração federal a inexistência de hierarquia formal entre a Agência XX e a administração direta federal já foi reconhecida no Parecer AGU/MS 04/2006 (anexo ao Parecer AC-51). Eventual controle dos atos da Agência XX pelo Ministério dos Transportes ou pelo Presidente da República ocorrem apenas em situações excepcionais, como de patente violação da regra da legalidade.

Confiram-se os seguintes trechos de referido parecer:

> "20. A interpretação sistemática dessas duas características indissociáveis que compõem as autarquias, autonomia administrativa e supervisão ministerial, aparentemente conflitantes, leva à conclusão de que a necessária preservação de ambas somente é possível se delas se extrair apenas seu núcleo essencial, sem considerá-las de forma isolada e absoluta. Tanto é assim que, analisando a relação entre as autarquias e seus órgãos supervisores somente sob o manto da autonomia administrativa, alcança-se, como regra geral, a inexistência de hierarquia propriamente dita entre os ministérios e as autarquias por eles tuteladas.
>
> [...]
>
> 21. Ainda que não se possa falar em hierarquia propriamente dita entre os ministérios e as autarquias por eles supervisionadas, é certo que a supervisão ministerial pressupõe a existência de instrumentos específicos que garantam aos Ministros de Estado poderes de manter a observância dos princípios constitucionais regedores da atividade administrativa por essas entidades.
>
> [...]
>
> 28. Então, pode-se afirmar que, via de regra, as autarquias não são subordinadas hierarquicamente a seus ministérios supervisores, embora a legislação possua a previsão de alguns instrumentos de exercício do controle ministerial que impõem alguma subordinação às autarquias, porque voltados à preservação do interesse público, e, em última análise e especialmente, do princípio da legalidade".

De fato, dispõe a Lei 10.233/2001:

Art. 21. [...].

§ 2º O regime autárquico especial conferido à ANTT e à Agência XX é caracterizado pela independência administrativa, autonomia financeira e funcional e mandato fixo de seus dirigentes.

[...]

Art. 23. Constituem a esfera de atuação da Agência XX:

I – **a navegação** fluvial, lacustre, de travessia, de apoio marítimo, de apoio portuário, de cabotagem e **de longo curso**;

[...]

Art. 27. Cabe à Agência XX, em sua esfera de atuação:

I – **promover estudos específicos de demanda de transporte aquaviário e de atividades portuárias**; (Redação dada pela Lei nº 12.815, de 2013)

II – promover estudos aplicados às definições de tarifas, preços e fretes, em confronto com os custos e os benefícios econômicos transferidos aos usuários pelos investimentos realizados;

III – propor ao Ministério dos Transportes o plano geral de outorgas de exploração da infraestrutura aquaviária e de prestação de serviços de transporte aquaviário; (Redação dada pela Lei nº 12.815, de 2013)

IV – **elaborar e editar normas e regulamentos relativos à prestação de serviços de transporte e à exploração da infra-estrutura aquaviária e portuária**, garantindo isonomia no seu acesso e uso, assegurando os direitos dos usuários e fomentando a competição entre os operadores;

V – **celebrar atos de outorga de permissão ou autorização de prestação de serviços de transporte pelas empresas de navegação** fluvial, lacustre, de travessia, de apoio marítimo, de apoio portuário, de cabotagem e **de longo curso**, observado o disposto nos art. 13 e 14, gerindo os respectivos contratos e demais instrumentos administrativos;

[...]

VIII – promover estudos referentes à composição da frota mercante brasileira e à prática de afretamentos de embarcações, para subsidiar as decisões governamentais quanto à política de apoio à indústria de construção naval e de **afretamento de embarcações estrangeiras**;

[...]

X – **representar o Brasil junto aos organismos internacionais de navegação e em convenções, acordos e tratados sobre transporte aquaviário**, observadas as diretrizes do Ministro de Estado dos Transportes e as atribuições específicas dos demais órgãos federais;

[...]
XII – **supervisionar a participação de empresas brasileiras e estrangeiras na navegação de longo curso**, em cumprimento aos tratados, convenções, acordos e outros instrumentos internacionais dos quais o Brasil seja signatário;

Como se sabe, o modelo de agências reguladoras adotado no Brasil é largamente inspirado nas congêneres norte-americanas, introduzidas naquele país no final do século XIX. É importante, porém, fazer uma distinção: quando eventualmente submetidas ao controle jurisdicional de alguns dos seus atos, dificilmente as agências reguladoras brasileiras obteriam a larga deferência à "expertise" técnica, a latitude de atuação, de regulação, de interpretação que o Judiciário norte-americano usualmente defere às agências reguladoras daquele país, como se pode concluir da leitura do precedente estabelecido pela Suprema Corte dos Estados Unidos no caso *Chevron U.S.A., Inc. v. Natural Resources Defense Council, Inc*[3]. Não obstante, no sistema brasileiro, as agências reguladoras ainda contam com suficiente amplitude de competência para agir e interpretar tecnicamente a legislação federal, com o objetivo precípuo de observar e preservar os princípios e valores representativos dos interesses nacionais incorporados na normatividade específica a cada uma das agências reguladoras instituídas em nosso país na sequência da alteração constitucional acima mencionada.

Porém, curiosamente, em termos de regulação estatal, o transporte aéreo projeta-se em nosso país como a antítese do que ocorre no campo do transporte aquaviário. De fato, é notável o contraste entre a atuação das duas agências reguladoras titulares de competências em campos vitais para a economia do país – a ANAC e a Agência XX.

Com efeito, em matéria de transporte aéreo, a legislação interna brasileira impõe às empresas que operam no setor um conjunto regulatório bastante minudente. Como era de se esperar, o Decreto 92.319/1986 vincula a atuação de empresas aéreas em território nacional ao prévio registro e autorização. Há uma pletora de condições e de requisitos que devem ser atendidos para que essa autorização seja conferida aos proponentes interessados.

A ANAC, como não poderia deixar de ser, exerce o poder regulatório e de fiscalização de que é investida sobre essas empresas e suas atividades.

---

[3] 467 U.S. 837 (1984).

A circunstância de a empresa ser estrangeira não a exime de fornecer mensalmente à ANAC dados estatísticos das operações realizadas, segundo o que dispõe a Resolução ANAC 191/2011. As informações exigidas são evidentemente importantes para o exercício da regulação econômica e para o acompanhamento do mercado.

Porém, em gritante contraste com as práticas do setor de transporte aéreo, a Agência XX interpreta a legislação pertinente à sua atuação e à sua razão de ser como "proibição de princípio" para o exercício de qualquer função fiscalizatória sobre as dezenas de empresas estrangeiras que operam nos diversos portos brasileiros. Como já narrado, a agência interpreta a "liberdade" de operação (regra introduzida pela modificação constitucional de meados dos anos 90 e pelas leis que se seguiram) das empresas estrangeiras em território nacional como autorização prévia e plena, estabelecida em lei e, portanto, imune ao controle e à fiscalização que eventualmente se possa exercer em nome do poder de polícia de que é titular o Estado brasileiro.

Na prática, enquanto a Agência XX mantiver as empresas estrangeiras de navegação de longo curso fora do alcance da sua ação regulatória e do exercício do poder de polícia que lhe é inerente, a agência estará cumprindo apenas parcialmente o seu papel. Mais do que isso: estará deixando de dar cumprimento à legislação diretamente vinculada à sua instituição e à outorga da competência administrativa de que é titular, especialmente o art. 27, XII da Lei 10.233/2001.

4.2. O alcance do art. 5º da Lei 9.432/1997

Para maior precisão, releia-se o art. 5º da Lei 9.432/1997:

> Art. 5º A operação ou exploração do transporte de mercadorias na navegação de longo curso é aberta aos armadores, às empresas de navegação e às embarcações de todos os países, observados os acordos firmados pela União, atendido o princípio da reciprocidade.

A posição externada pela Agência XX faz a leitura da palavra "aberta" como "imune à subordinação", "soberana", "amplamente permitida", "de pleno direito" e "automática".

Porém, essa leitura é equivocada.

Juridicamente, dizer que uma atividade é "aberta" equivale a dizer que ela é "permitida". O texto do dispositivo não traz nenhuma outra qualificação que autorize a compreensão do conceito de permissão como sendo um direito absoluto. Pelo contrário, há a limitação expressa que condiciona essa permissão à reciprocidade. Outras normas constitucionais e infraconstitucionais também podem limitar esse mesmo direito.

É possível que o equívoco consistente na outorga de posição privilegiada de mercado às empresas estrangeiras decorra da má compreensão de uma característica essencial do sistema jurídico, descrita, entre outros, por Georg von Wright[4]. De acordo com os postulados lógicos de qualquer sistema jurídico, permitir uma dada conduta implica necessariamente proibir que outras pessoas interditem essa mesma conduta. Noutras palavras: se uma determinada conduta é franqueada ao cidadão, o agente público está proibido de vedar esse cidadão de exercê-la[5].

Daí o raciocínio adotado pela Agência XX: "se a lei permite à empresa estrangeira exercer a atividade econômica no Brasil, a agência reguladora não pode impedir essa empresa de conduzir seus negócios".

Ocorre que essa leitura é parcial, por não avançar nos elementos componentes da permissão, vale dizer, de suas condições. Reflitamos à luz de situação hipotética que pode auxiliar na compreensão do problema aqui posto. Sabe-se que a redução de pessoas à condição análoga à de escravo é um problema recorrente na marinha mercante mundial. É de se indagar, nesse contexto, se eventualmente uma empresa estrangeira conhecida por violar os direitos humanos de seus marinheiros poderia operar livremente em águas territoriais brasileiras? Evidentemente, o art. 5º, *caput* da Constituição de 1988 incide e modifica substancialmente a pré-compreensão da norma do art. 5º da Lei 9.432/1997 de modo a permitir o exercício da atividade econômica pela empresa estrangeira, desde que, é claro, os destinatários da norma não violem os direitos fundamentais de seus empregados, protegidos pela ordem constitucional brasileira.

É oportuno lembrar que em mais de uma oportunidade o Supremo Tribunal Federal reconheceu que inexistem direitos fundamentais absolutos. Seria um contrassenso, pois, aceitar que a legislação ordinária criasse um privilégio puramente econômico e de interesse preponderantemente pri-

---

[4] (1968). *An Essay in Deontic Logic and the General Theory of Action.* Amsterdam: North Holland Publishing Company.
[5] Essas relações entre os modais são comumente expressas nos diagramas dos **quadros de oposição deôntica**.

vado que a própria Constituição não pode criar, e sem qualquer contrapartida que assegure a preservação dos interesses maiores da coletividade nacional, da economia interna e dos consumidores do país.

Em realidade, o equívoco interpretativo que vem sendo perpetrado pela agência reguladora quanto ao alcance do art. 5º da Lei 9.432/1997 pode ser explicado com o auxílio da dogmática sobre o ato administrativo.

Há uma diferença relevante entre a norma geral e abstrata que permite a prática de determinada atividade e a norma individual e concreta que decorre do ato administrativo plenamente vinculado que verifica se as condições para o exercício do direito estão presentes.

Afirmar que a lei permite uma dada atividade não implica reconhecer que o exercício dessa atividade não esteja sujeito à verificação do preenchimento das condições e dos limites impostos pelo ordenamento jurídico, especialmente em uma área sensível que envolve aspectos atinentes à soberania nacional e ao comércio internacional.

De modo semelhante, afirmar que a lei permite uma dada atividade não implica que as autoridades públicas estejam proibidas de regular e fiscalizar aqueles que a exercem, para confirmar se o ordenamento jurídico está ou não sendo observado.

Promova-se, a título ilustrativo, o cotejo e a correlação entre a disciplina legal da atividade ora em discussão e a que decorre do art. 199 da Constituição de 1988. Com efeito, diz a norma constitucional:

> Art. 199. A assistência à saúde é livre à iniciativa privada.

A Constituição de 1988 também usa a palavra "livre" para estabelecer que a iniciativa privada tem permissão para explorar os serviços de saúde. Porém, ninguém há de cogitar que essa franquia constitucional outorgada à iniciativa privada no campo da saúde seja tão ampla a ponto de dispensar a regulamentação e a fiscalização das empresas do setor pelo poder público.

Ora, se essa é a correta compreensão do permissivo constitucional quando se cuida de permitir ao particular a exploração econômica de determinadas atividades, como é o caso da assistência à saúde, foge à boa lógica jurídica sustentar que a lei ordinária pudesse pôr a salvo de qualquer controle as empresas marítimas estrangeiras quando estas operam em águas territoriais brasileiras.

4.3. *A ausência de regulamentação e de efetiva fiscalização viola a soberania nacional*

Na Nota Técnica 0017-2015-GRM, a Agência XX afirma estar vinculada ao dever de reciprocidade, previsto no art. 5º da Lei 9.432/1997 e que, portanto, a agência reguladora estaria proibida de regulamentar a atividade das empresas de transporte marítimo de mercadorias em território nacional.

Contudo, a existência de tratados internacionais sobre transporte marítimo simplesmente não exonera e nem inibe a atividade regulatória do Estado brasileiro. Em sua vertente mais basilar, a reciprocidade exigiria sobretudo da entidade competente um controle analítico rigoroso dos regimes aplicáveis às embarcações brasileiras que operam no exterior.

Sem o cotejo analítico entre o regime nacional e cada um dos regimes aplicáveis pelos Estados ao redor do globo, o recurso ao argumento do dever de reciprocidade serve principalmente como escudo à defesa da aparente inação da Agência XX no desempenho de suas obrigações constitucionais e legais.

É importante, por outro lado, afirmar que um dos aspectos mais relevantes do dever de transparência imposto aos agentes públicos reside no rigor na entrega de informações precisas sobre suas atividades (art. 5º, XIV da Constituição de 1988 e Lei 12.527/2011).

É compreensível que a quase totalidade dos Estados seja ciosa da regulamentação e da fiscalização dos serviços de transporte marítimo em suas águas territoriais. Afinal, trata-se de área sensível à economia de todo e qualquer país, uma vez que é por essa via que se efetiva a circulação da maioria dos bens e produtos consumidos no mundo inteiro.

Por exemplo, nos Estados Unidos, o *Foreign Shipping Practices Act of 1988* (46 U.S. Code Chapter 423), estabelece a competência da *Federal Maritime Commission* (a agência reguladora equivalente à Agência XX no seio da Administração dos EUA) para conduzir investigações relacionadas ao tratamento prejudicial das empresas e do comércio marítimo norte-americanos, perpetrados pela legislação ou pelas práticas de Estados ou de empresas estrangeiras.

Confira-se:

> **(a) In General.**— The Federal Maritime Commission shall investigate whether any laws, rules, regulations, policies, or practices of a foreign government, or any practices of a foreign carrier or other person providing mari-

time or maritime-related services in a foreign country, result in the existence of conditions that—

(1) adversely affect the operations of United States carriers in United States oceanborne trade; and

(2) do not exist for foreign carriers of that country in the United States under the laws of the United States or as a result of acts of United States carriers or other persons providing maritime or maritime-related services in the United States.

Nos termos da norma supracitada, constatadas violações ou ausência de reciprocidade, o navio estrangeiro pode ser proibido de entrar ou de sair das águas territoriais dos Estados Unidos da América. O que se extrai da regulamentação norte-americana para o setor ora em análise é o rigor na defesa dos interesses nacionais, e um apoio indefectível à ação rigorosa da agência, espelhado nas normas que regem a sua atuação, conforme se vê na legislação daquele país:

> Subject to section 42306 of this title, whenever the Federal Maritime Commission determines that the conditions specified in section 42302 (a) of this title exist, then at the request of the Commission—
>
> (1) the Secretary of Homeland Security shall refuse the clearance required by section 60105 of this title to a vessel of a foreign carrier that is identified by the Commission under section 42304 of this title; and
>
> (2) the Secretary of the department in which the Coast Guard is operating shall—
>
> (A) deny entry, for purposes of oceanborne trade, of a vessel of a foreign carrier that is identified by the Commission under section 42304 of this title, to a port or place in the United States or the navigable waters of the United States; or
>
> (B) detain the vessel at the port or place in the United States from which it is about to depart for another port or place in the United States.

O México, por sua vez, permite que embarcações estrangeiras naveguem por sua costa, desde que preservada a reciprocidade. Porém, o país exige que as pessoas interessadas na navegação costeira obtenham autorização para tanto. É no momento em que o Estado mexicano processa o pedido de autorização que o exame das condições de reciprocidade é realizado.

Países como Japão e Noruega proíbem a navegação de cabotagem aos navios estrangeiros. Dessa forma, um navio estrangeiro que eventualmente atraque no porto de Aomori não pode zarpar para o porto de Rumoi com carga, nem com passageiros.

Como Japão e Noruega, os Estados Unidos da América também impõem reserva de mercado ao transporte de mercadorias entre portos daquele país[6].

Com base na narrativa feita pelo consulente e nos documentos apresentados, é impossível dizer se a Agência XX realiza o controle devido das limitações impostas às naus brasileiras pelos inúmeros Estados cujas bandeiras são arvoradas nos navios que aqui atracam com carga.

Contudo, a linguagem utilizada na Nota Técnica 0017-2015-GRM sugere que a Agência XX não faz o controle das restrições impostas às embarcações brasileiras pelos diversos Estados soberanos. Essa inércia é revelada pelo seguinte trecho de referida nota:

> "[...] mesmo em se entendendo que em relação às empresas estrangeiras de navegação, no que se refere à navegação de longo curso, estariam sim vinculadas a uma outorga de autorização, não caberia a esta Agência fazê-lo, já que a autorização já é dada pela própria lei".

Como já dissemos, o raciocínio da Agência XX está longe de ser convincente, pois a lei invocada condiciona a permissão para a navegação de longo curso ao menos à reciprocidade, isto é, as empresas estrangeiras do setor não gozam de uma "autorização" de pleno direito, absoluta, incondicionada.

Na verdade, extrai-se da interpretação da agência um equívoco de outra natureza. Há uma elipse na forma como a Agência XX externou seu entendimento. Nas entrelinhas do texto, a agência parte da presunção de que a liberdade ampla faz parte da regulamentação mundial da marinha mercante. Assim, como nenhum dos países do globo estaria impondo restrições aos navios brasileiros, o Brasil automaticamente autoriza qualquer navio estrangeiro a trazer mercadorias para nossos portos.

Ora, a Agência XX não pode agir com base em presunções, pois os atos administrativos que ela edita (ou deveria editar) na sua área de competência são atos plenamente vinculados e devem ser motivados pelo reconhecimento empírico e efetivo da reciprocidade.

---

[6] Cf. *Maritime Act of 1920*, mais conhecido como *Jones Act*.

Na prática, a interpretação que isenta a Agência XX de exercer a regulação e a fiscalização do transporte marítimo de longo curso em águas territoriais brasileiras transfere às demais nações o poder de legislar sobre interesses específicos do Brasil. Nosso país se torna dependente do rigor e dos valores adotados pelos países sob cujas bandeiras navegam as embarcações estrangeiras que aqui aportam. Noutras palavras, o Brasil renuncia a parcela da sua própria soberania.

Note-se, a propósito, que tal interpretação vai de encontro ao que dispõe a própria Convenção para a Facilitação do Tráfego Marítimo Internacional (FAL-65), art V2, internalizada pelo Decreto 80.672/1977:

> "(2) Nenhuma das disposições da presente Convenção, ou de seu Anexo, deverá ser interpretada como obstáculo a um Governo Contratante para a aplicação de medidas temporárias que considere necessárias à preservação da moralidade, segurança e ordem pública, ou para impedir a introdução ou propagação de doenças ou pestes que ameacem a saúde pública, os animais ou os vegetais".

É equivocada, portanto, a interpretação segundo a qual a Constituição de 1988 teria recepcionado norma infraconstitucional capaz de alienar a soberania do país. Exercer o poder de polícia nas áreas de fronteiras e nos portos por onde trafegam navios que ostentam bandeiras de outros países integra o rol de atividades públicas vinculadas às quais os órgãos e entidades dotados de competência setorial não podem renunciar. E nenhum tratado internacional exige que o Brasil abra mão do exercício de poder de polícia inerente ao exercício da soberania nos limites do território nacional, como sugere a agência criada para exercer o controle do transporte aquaviário.

4.4. *A falta de regulamentação e de fiscalização viola os direitos constitucionais da livre-iniciativa e altera as condições de concorrência equilibrada*

Segundo estudo do *National Bureau for Economic Research*, "para a maioria dos países latino-americanos, os custos com transporte são uma barreira maior do que os tributos aduaneiros impostos pelos Estados Unidos"[7].

---

[7] Clark, Ximena; Dollar, David; Micco, Allejandro (2004): PORT EFFICIENCY, MARITIME TRANSPORT COSTS AND BILATERAL TRADE. Working Paper 10353. NATIONAL BUREAU OF ECONOMIC RESEARCH. Available online at http://www.nber.org/papers/w10353, p. 21.

Infelizmente, de acordo com o mesmo estudo, o Brasil ocupa posição de desvantagem na oferta de logística portuária:

> "In turn, some Latin American countries (e.g. Brazil, Ecuador, not marked in the figure) are among the worst ranked in terms of their efficiency and also present the highest charges per services (after controlling by the level of infrastructure)"[8].

A literatura internacional e a literatura pátria são unânimes em reconhecer que tanto a carga tributária como a complexidade burocrática são fatores que diminuem a competitividade das empresas já presentes no mercado, bem como dificulta a entrada de novos competidores.

Nesses ambientes de alta complexidade burocrática, uma empresa que escape de parte ou da totalidade da carga tributária ou regulatória inequivocamente ganha uma vantagem competitiva de difícil superação pelas demais empresas.

Num mercado sadio, as melhores empresas destacam-se pela sua capacidade de inovação, por sua habilidade de gestão e pela qualidade dos produtos ou serviços que oferecem. Mas é evidente que a existência de bolsões de privilégios, como a imunidade à regulação, dão vantagens artificiais a alguns poucos, em detrimento dos demais.

Nesse diapasão, é difícil estimar os prejuízos causados à economia do país e às empresas brasileiras pela falta de regulação e de fiscalização das empresas estrangeiras que com elas deveriam operar em ambiente concorrencial. Caberia à agência reguladora brasileira, por exemplo, levantar dados sobre o cenário econômico e de mercado relativo ao transporte marítimo de mercadorias por longo curso, verificar a robutez econômico-financeira dessas empresas e sua eventual capacidade para responder efetivamente por danos que eventualmente possam causar em águas territoriais brasileiras e o preenchimento dos requisitos técnicos normalmente exigidos das empresas nacionais. Porém, se o próprio ente regulador brasileiro entende que as empresas estrangeiras são intocáveis por conta de uma inexistente proteção por tratados internacionais, será impossível assegurar às pessoas jurídicas aqui constituídas igualdade de condições para competirem nesse mercado.

---

[8] *Idem, ibidem*, p. 21.

O correto e apropriado exercício do poder de polícia pela Agência XX poderia sem dúvida alguma aliviar os temores de que as empresas estrangeiras possuem *leverage* inextensível às suas análogas nacionais.

4.5. *A falta de regulação e de fiscalização pode implicar violações internacionais aos direitos humanos e à segurança sanitária brasileira*
A despeito do grande avanço no reconhecimento de direitos fundamentais dos seres humanos, o universo da marinha mercante e das relações jurídicas travadas em alto mar ainda registra episódios de graves ofensas.

Um relatório da Organização não Governamental *Enviromental Justice Foundation* revela que inúmeras embarcações pesqueiras estão registradas em países condescendentes com a redução dos trabalhadores marítimos à condição análoga à de escravos[9].

Baseada em Londres, Inglaterra, a mencionada organização aponta que a navegação sob ditas "bandeiras de conveniência" subtrai às pessoas direitos trabalhistas básicos, expõe-nas a situações de extremo risco e aprisiona-as com dívidas incompreensíveis a título de ressarcimento pelos custos de estadia, alimentação e equipamento de trabalho.

O mesmo risco existe em relação à marinha mercante internacional.

Na sua edição de 17 julho de 2015, o diário norte-americano *The New York Times* resumiu o calvário a que são submetidos os trabalhadores e demais marinheiros da marinha mercante internacional[10]:

> "Few places on the planet are as lawless as the high seas, where egregious crimes are routinely committed with impunity. Though the global economy is ever more dependent on a fleet of more than four million fishing and small cargo vessels and 100,000 large merchant ships that haul about 90 percent of the world's goods, today's maritime laws have hardly more teeth than they did centuries ago when history's great empires first explored the oceans' farthest reaches.
>
> Murders regularly occur offshore — thousands of seafarers, fishermen or sea migrants die under suspicious circumstances annually, maritime officials say — but culprits are rarely held accountable. No one is required to report violent crimes committed in international waters

---

[9] Cf. http://ejfoundation.org/report/pirates-and-slaves-how-overfishing-thailand-fuels-human-trafficking-and-plundering-our-oceans
[10] STOWAWAYS AND CRIMES ABOARD A SCOFFLAW SHIP. http://www.nytimes.com/2015/07/19/world/stowaway-crime-scofflaw-ship.html?_r=0.

Through debt or coercion, tens of thousands of workers, many of them children, are enslaved on boats every year, with only occasional interventions. On average, a large ship sinks every four days and between 2,000 and 6,000 seamen die annually, typically because of avoidable accidents linked to lax safety practices.

Ships intentionally dump more engine oil and sludge into the oceans in the span of three years than that spilled in the Deepwater Horizon and Exxon Valdez accidents combined, ocean researchers say, and emit huge amounts of certain air pollutants, far more than all the world's cars. Commercial fishing, much of it illegal, has so efficiently plundered marine stocks that the world's population of predatory fish has declined by two thirds".

Regras de convivência internacional asseguram aos trabalhadores do mar, aos passageiros e até aos clandestinos algum tipo de proteção constitucional e legal.

Porém, essa proteção permanecerá inatingível na nossa vasta costa se as autoridades brasileiras insistirem em eximirem-se do seu dever de exercer o poder de polícia inerente à sua competência legal, isentando os navios estrangeiros de qualquer regulação ou fiscalização, optando, em suma, pela renúncia de soberania estatal.

A inércia deliberada da Agência XX retira a outros órgãos da administração brasileira a capacidade de processar de forma eficiente diversas informações acerca da origem, destino, bandeira, carga e outros dados importantes para a identificação de potenciais violações de direitos humanos a bordo de navios estrangeiros em circulação pelas águas nacionais.

Se exercesse plenamente o poder de polícia de que é investida, é evidente que a Agência XX não estaria a usurpar as funções da Secretaria da Receita Federal do Brasil, do Ministério Público do Trabalho nem da Polícia Federal. Mas a sua estranha inação tem justamente por efeito privar esses órgãos de controle de informações preciosas com potencial de impacto importante sobre a área de atuação de cada um deles. É óbvio que a agência reguladora especializada está em posição privilegiada para processar e interpretar dados que, de outro modo, quedariam compartimentados e inutilizados em cada um dos já mencionados departamentos do Estado brasileiro.

4.6. O efetivo e constante controle do atendimento dos requisitos legais é condição necessária para a devida regulação do transporte marítimo

É importante frisar que as atividades de regulação e de fiscalização do transporte marítimo de mercadorias por longo curso não se esgota no ato que concede a autorização para o exercício dessa atividade.

Faz parte do poder de polícia tanto a suspensão como a cassação do ato de autorização, sempre que verificado o descumprimento insanável ou recalcitrante de algum dos requisitos necessários para o exercício dessa atividade profissional.

Respeitada a legislação pátria, que inclui os tratados internacionais aplicáveis à espécie, uma empresa estrangeira poderá perder a autorização para realizar transporte marítimo de mercadorias nas mesmas situações em que uma empresa nacional estiver sujeita a tal consequência legal.

É sempre oportuno relembrar que inexiste em nosso ordenamento constitucional a figura do "direito adquirido a regime jurídico"[11]. A falta de regulamentação, ainda que por considerável período de tempo, não pode ser invocada para imunizar as empresas estrangeiras ao controle e à fiscalização das autoridades brasileiras competentes para o setor.

Para alcançar a desejada segurança jurídica, a normatização nacional deve prever as condições e o rito para cancelamento, revogação e cassação das autorizações, sempre com atenção especifica às particularidades dos tratados internacionais subscritos pelo Brasil.

5. O tratamento dado pela legislação à empresa estrangeira

Um dos fundamentos utilizados pela Agência XX para afastar-se de seu dever de regular o transporte marítimo de mercadorias por longo curso em relação as empresas estrangeiras é seu temor de interferir nas relações internacionais, cujo delineamento está na esfera da alta administração federal.

Esse temor, porém, é infundado.

Para atuar em território brasileiro, uma empresa deve optar pela constituição de uma pessoa jurídica controlada ou coligada, ou pela criação de uma agência, filial ou sucursal.

---

[11] Cf., e.g., AI 257694 AgR, Relator: Min. MOREIRA ALVES, Primeira Turma, julgado em 09/05/2000, DJ 23-06-2000 e ADI 3128, Relatora: Min. ELLEN GRACIE, Relator p/ Acórdão: Min. CEZAR PELUSO, Tribunal Pleno, julgado em 18/08/2004, DJ 18-02-2005.

DIREITO REGULATÓRIO

Uma pessoa jurídica estrangeira que deseje desenvolver atividade econômica em território nacional provavelmente optará pela constituição de uma empresa regida pela legislação brasileira, na condição de coligada ou de controlada.

Isso porque o regramento aplicável à atuação de uma empresa estrangeira por intermédio de simples agência, filial ou sucursal é muito mais rigoroso.

Com efeito, dispõe o Código Civil de 2002:

> Art. 1.134. A sociedade estrangeira, qualquer que seja o seu objeto, não pode, sem autorização do Poder Executivo, funcionar no País, ainda que por estabelecimentos subordinados, podendo, todavia, ressalvados os casos expressos em lei, ser acionista de sociedade anônima brasileira.
>
> § 1º Ao requerimento de autorização devem juntar-se:
> I – prova de se achar a sociedade constituída conforme a lei de seu país;
> II – inteiro teor do contrato ou do estatuto;
> III – relação dos membros de todos os órgãos da administração da sociedade, com nome, nacionalidade, profissão, domicílio e, salvo quanto a ações ao portador, o valor da participação de cada um no capital da sociedade;
> IV – cópia do ato que autorizou o funcionamento no Brasil e fixou o capital destinado às operações no território nacional;
> V – prova de nomeação do representante no Brasil, com poderes expressos para aceitar as condições exigidas para a autorização;
> VI – último balanço.
>
> § 2º Os documentos serão autenticados, de conformidade com a lei nacional da sociedade requerente, legalizados no consulado brasileiro da respectiva sede e acompanhados de tradução em vernáculo.
>
> Art. 1.135. É facultado ao Poder Executivo, para conceder a autorização, estabelecer condições convenientes à defesa dos interesses nacionais.
>
> Parágrafo único. Aceitas as condições, expedirá o Poder Executivo decreto de autorização, do qual constará o montante de capital destinado às operações no País, cabendo à sociedade promover a publicação dos atos referidos no art. 1.131 e no § 1º do art. 1.134.
>
> Art. 1.136. A sociedade autorizada não pode iniciar sua atividade antes de inscrita no registro próprio do lugar em que se deva estabelecer.
>
> § 1º O requerimento de inscrição será instruído com exemplar da publicação exigida no parágrafo único do artigo antecedente, acompanhado de

documento do depósito em dinheiro, em estabelecimento bancário oficial, do capital ali mencionado.

§ 2º Arquivados esses documentos, a inscrição será feita por termo em livro especial para as sociedades estrangeiras, com número de ordem contínuo para todas as sociedades inscritas; no termo constarão:

I – nome, objeto, duração e sede da sociedade no estrangeiro;
II – lugar da sucursal, filial ou agência, no País;
III – data e número do decreto de autorização;
IV – capital destinado às operações no País;
V – individuação do seu representante permanente.

§ 3º Inscrita a sociedade, promover-se-á a publicação determinada no parágrafo único do art. 1.131.

Art. 1.137. A sociedade estrangeira autorizada a funcionar ficará sujeita às leis e aos tribunais brasileiros, quanto aos atos ou operações praticados no Brasil.

Parágrafo único. A sociedade estrangeira funcionará no território nacional com o nome que tiver em seu país de origem, podendo acrescentar as palavras "do Brasil" ou "para o Brasil".

Art. 1.138. A sociedade estrangeira autorizada a funcionar é obrigada a ter, permanentemente, representante no Brasil, com poderes para resolver quaisquer questões e receber citação judicial pela sociedade.

Parágrafo único. O representante somente pode agir perante terceiros depois de arquivado e averbado o instrumento de sua nomeação.

Art. 1.139. Qualquer modificação no contrato ou no estatuto dependerá da aprovação do Poder Executivo, para produzir efeitos no território nacional.

Art. 1.140. A sociedade estrangeira deve, sob pena de lhe ser cassada a autorização, reproduzir no órgão oficial da União, e do Estado, se for o caso, as publicações que, segundo a sua lei nacional, seja obrigada a fazer relativamente ao balanço patrimonial e ao de resultado econômico, bem como aos atos de sua administração.

Parágrafo único. Sob pena, também, de lhe ser cassada a autorização, a sociedade estrangeira deverá publicar o balanço patrimonial e o de resultado econômico das sucursais, filiais ou agências existentes no País.

Art. 1.141. Mediante autorização do Poder Executivo, a sociedade estrangeira admitida a funcionar no País pode nacionalizar-se, transferindo sua sede para o Brasil.

§ 1º Para o fim previsto neste artigo, deverá a sociedade, por seus representantes, oferecer, com o requerimento, os documentos exigidos no art. 1.134, e ainda a prova da realização do capital, pela forma declarada no contrato, ou no estatuto, e do ato em que foi deliberada a nacionalização.

§ 2º O Poder Executivo poderá impor as condições que julgar convenientes à defesa dos interesses nacionais.

§ 3º Aceitas as condições pelo representante, proceder-se-á, após a expedição do decreto de autorização, à inscrição da sociedade e publicação do respectivo termo".

Tais disposições do Código Civil recepcionaram o rígido regramento já aplicado, nos termos da IN DNRC 81/1995.

Vale lembrar que a integralização dos recursos para operação no Brasil deve ocorrer em **dinheiro** (art. 5º, III da IN 81/1995).

O regramento do DNRC não é taxativo, nem excludente. Outros órgãos estatais podem, e de fato exigem, o cumprimento de inúmeros deveres instrumentais e de outros tantos requisitos para as empresas estrangeiras que operam em território nacional.

Há um entrave burocrático verdadeiramente intransponível imposto às empresas estrangeiras pelo art. 1.139 do Código Civil:

Art. 1.139. Qualquer modificação no contrato ou no estatuto dependerá da aprovação do Poder Executivo, para produzir efeitos no território nacional.

O rígido condicionamento posto pelo Código Civil às empresas estrangeiras demonstra que o Estado não deve temer estabelecer as condições adequadas à defesa do interesse nacional, inclusive quando em jogo o comércio internacional, do qual o transporte marítimo de longo curso é expressão eminente.

No campo tributário, o Brasil adota tanto o critério da fonte como o critério do domicílio para fixar a competência para instituir e arrecadar tributos, segundo o princípio da universalidade. Portanto, as empresas estrangeiras estão sujeitas à tributação nacional se a fonte da renda estiver em território nacional, independentemente do domicílio legal escolhido pela entidade.

Nessa linha, as empresas que realizam afretamento de embarcações estão expressamente obrigadas à inscrição no Cadastro de Pessoas Jurídicas do Ministério da Fazenda (CNPJ), nos termos do art. 4º, XV, *b*, 2 da IN RFB 1.470/2014, para viabilizar a cobrança direta de tributos.

Observe-se que nem o DNRC nem a SRFB temem atrapalhar as relações internacionais que o Brasil mantém com as nações amigas ao exercerem plenamente as competências que a Constituição e a legislação de regência lhes outorgaram.

Isso porque não há razão para temer aprioristicamente hipotéticas violações dos tratados internacionais tão-somente em razão do exercício de legítimo poder regulamentar. Exigir o cumprimento de requisitos postos em lei ou pelos instrumentos normativos adequados não viola o sistema jurídico, ao contrário, constitui-se em dever do agente e da entidade pública à qual ele se vincula. De modo semelhante, criar o arcabouço necessário ao exercício desse dever público, cuja manifestação é a "outorga de autorização", é imprescindível para assegurar as legítimas expectativas dos usuários, dos prestadores de serviço e do restante da população brasileira em relação ao transporte internacional aquaviário de mercadorias.

6. Respostas aos Quesitos

1. A Lei 9.432/1997 outorga *per se* autorização para que empresas estrangeiras dedicadas ao transporte marítimo de cargas por longo curso atuem em águas territoriais brasileiras?
   R.: Não, a Lei 9.432/1997 não outorga automática e inexoravelmente autorização para que as pessoas naturais ou as empresas estrangeiras atuem em águas territoriais brasileiras. Há que se distinguir entre a permissão conferida em norma geral e abstrata, sujeita às limitações e condicionamentos legais e constitucionais, do ato administrativo individual e concreto que reconhece ter um dado interessado atendido aos requisitos para exploração da atividade econômica.
2. A Lei 9.432/1997 proíbe integralmente as autoridades brasileiras de regular e de fiscalizar as atividades das empresas estrangeiras dedicadas ao transporte marítimo de cargas por longo curso que atuem em águas territoriais brasileiras?
   R.: Não, a Lei 9.432/1997 não proíbe as autoridades brasileiras de regular, nem de fiscalizar, as atividades das pessoas naturais e das empresas estrangeiras dedicadas ao transporte marítimo de cargas

por longo curso que atuem em águas territoriais brasileiras, pois a permissão instituída no respectivo art. 5º não é ilimitada.
3. Em tese, um tratado internacional celebrado pelo Brasil poderia imunizar aprioristicamente de regulação e de fiscalização as empresas estrangeiras dedicadas ao transporte marítimo de cargas por longo curso que atuem em águas territoriais brasileiras?
R.: Não, um tratado internacional celebrado pelo Brasil não poderia imunizar de regulação e de fiscalização as pessoas naturais nem as empresas estrangeiras dedicadas ao transporte marítimo de cargas por longo curso que atuem em águas territoriais brasileiras, na medida em que tal exoneração violaria a soberania nacional (arts. 1º, I e 170, IV), a proteção à livre-iniciativa e às condições de concorrência equilibrada (art. 170, IV), a proteção às condições adequadas de trabalho (arts. 6º, *caput* e 170, VIII) e o direito à vida e à saúde (art. 5º, *caput*, todos da Constituição de 1988).
4. Em tese, a Agência XX tem competência para regular e para fiscalizar o transporte marítimo de mercadorias por longo curso executado por empresas estrangeiras?
R.: Sim, a Agência XX tem competência para regular e para fiscalizar o transporte marítimo de mercadorias por longo curso executado por pessoas naturais e empresas estrangeiras, nos termos dos arts. 21, § 2º, 23, I e 27, I, II, III, IV, V, VII, X e XII da Lei 10.233/2001.
5. À luz do que foi acima questionado, bem como do teor do acórdão da Agência XX, n. 64-2015, DOU 3.07.2015, especialmente a não outorga de autorização para empresa estrangeira operar e a possibilidade de navios de bandeiras com as quais o Brasil não tem acordo bilateral já operarem no Brasil, nos termos do art. 178, caput, da CF, existe a violação de algum preceito fundamental da Constituição e/ou inconstitucionalidade por omissão na política da Agência XX? Em caso afirmativo, quais medidas os usuários e o MPF podem tomar?
R: **Sim,** a ausência de regulamentação e de fiscalização das atividades desenvolvidas pelas empresas estrangeiras, não amparadas por tratado internacional e sumarizada na "não outorga de autorização", viola a Constituição, especialmente a soberania (art. 1º, I), a dignidade da vida humana (art. 1º, III), do desenvolvimento nacional (art. 3º, II), e os princípios da saúde (art. 6º, *caput*), da livre-inicia-

tiva e das condições de concorrência equilibrada (art. 170, IV). Em tese, a omissão da Agência XX deveria ser corrigida por iniciativa própria, dada a competência de seus membros. Se a omissão inexplicavelmente persistir, caberá a invocação de tutela jurisdicional, pela via do controle de constitucionalidade concentrado ou pela via do mandado de injunção, observadas as legitimações processuais ativas respectivas.

7. Conclusões

1. O art. 5º da Lei 9.432/1997 não subtrai as empresas estrangeiras dedicadas ao transporte marítimo de mercadorias ao alcance da legislação regulatória brasileira desse setor da economia, pois afirmar que a navegação é "aberta" às empresas estrangeiras apenas significa que essa atividade é permitida, sem implicar que essa permissão exclua o exercício pelo Estado brasileiro do seu poder de polícia. Ademais, é juridicamente inadmissível num Estado democrático de direito criar-se, em um mesmo setor econômico, dois regimes jurídicos antípodas – um para a empresa nacional e outro para as empresas estrangeiras
2. A ausência de regulamentação e de fiscalização adequadas violam o postulado da soberania nacional (arts. 1º, I e 170, I da Constituição de 1988), na medida em que transfere às entidades representativas de governos estrangeiros atividades de inalienável interesse nacional e, portanto, que deveriam ser executadas pelo Estado brasileiro.
3. A ausência de regulamentação e de fiscalização adequadas contrariam o dever do Estado de proteger a saúde pública (arts. 6º, *caput*, 196 e 197 da Constituição).
4. A Agência XX tem competência constitucional e legal para regulamentar e para fiscalizar a atividade de empresas estrangeiras de transporte marítimo operantes em território nacional, com vistas a:
    a. Preservar o interesse nacional, ao aplicar aos navios de bandeira estrangeira tratamento não mais favorável do que aquele dispensado por cada um dos Estados estrangeiros aos navios que ostentam bandeira brasileira (arts. 1º, I e 170, I da Constituição de 1988);
    b. A Agência XX não indicou de modo expresso e analítico o alcance dos tratados internacionais que alegadamente importam

tratamento recíproco entre os Estados contratantes, de modo a impedir que se verifique se está a ocorrer ou não violação da soberania nacional.
   c. Ter papel efetivo na coordenação dos inúmeros interesses nacionais em jogo, como a proteção sanitária, a salvaguarda aduaneira, o combate às violações de direitos humanos e o fomento da livre-iniciativa e da concorrência equilibrada (arts. 170, IV, VI e VIII da Constituição de 1988).
5. Respeitados os tratados internacionais, as empresas estrangeiras estão sujeitas à outorga de autorização para executar serviços de transporte marítimo de mercadorias por longo curso.
6. A invocação de tratados internacionais para exonerar as empresas estrangeiras do controle pelas autoridades nacionais, ou para conceder-lhes tratamento favorecido de duvidosa constitucionalidade, não pode ser genérica, dada a imperatividade da motivação dos atos administrativos.
7. Para alcançar a desejada segurança jurídica, a normatização nacional deve prever as condições e o rito para cancelamento, revogação e cassação das autorizações, sempre com atenção especifica às particularidades dos tratados internacionais subscritos pelo Brasil.

Este é o nosso entendimento, s.m.j.

Brasília, 14 de outubro de 2015

JOAQUIM BARBOSA
OAB/DF 03344

RESPONSABILIDADE CIVIL

Parecer

RESPONSABILIDADE CIVIL – AÇÃO INDENIZATÓRIA – PROCEDIMENTO REALIZADO EM HOSPITAL PÚBLICO – TRATAMENTO INADEQUADO QUE ACARRETOU DANOS IRREPARÁVEIS À SAÚDE – IMPUTAÇÃO DE CULPA AOS AGENTES PÚBLICOS DE SAÚDE E À UNIDADE PÚBLICA HOSPITALAR – SUPRESSÃO INJUSTIFICADA DE UM TRATAMENTO DISPONÍVEL – OBRIGAÇÃO DE MEIO – DESCUMPRIMENTO POR PARTE DOS MÉDICOS – REDUÇÃO IMOTIVADA DAS POSSIBILIDADES DE CURA – APLICAÇÃO DA TEORIA DA RESPONSABILIDADE CIVIL PELA PERDA DE UMA CHANCE – VIABILIDADE – INVERSÃO DO ÔNUS DA PROVA – POSSIBILIDADE – APLICAÇÃO DO CÓDIGO DE DEFESA DO CONSUMIDOR – SÚMULA 7 DO STJ – INAPLICABILIDADE – REVALORAÇÃO DE PROVAS – LAUDO PERICIAL INCONSISTENTE E INCONCLUSIVO EM DIVERSOS PONTOS – DESCONSIDERAÇÃO PARCIAL PARA FORMAÇÃO DA CONVICÇÃO – INCONGRUÊNCIA ENTRE CERTAS CONSTATAÇÕES PERICIAIS E A SENTENÇA – NECESSIDADE DE REFORMA DO *DECISUM* E CONDENAÇÃO DOS RÉUS À REPARAÇÃO INTEGRAL DOS DANOS E À ELIMINAÇÃO DAS CONSEQUÊNCIAS MALÉFICAS.

1. A Consulta

O ilustre advogado MA solicita-me a elaboração de parecer sobre a atual situação jurídica de SFM e sua filha BMA, autoras da ação indenizatória por danos morais cumulada com pedido de obrigação de fazer, ajuizada em face do Estado do Rio de Janeiro e da XXX (autos nº XXXXX, que tramitaram originariamente na XX Vara de Fazenda Pública da Comarca da Capital do Estado do Rio de Janeiro).

2. Relatório

Consta dos autos que SFM foi submetida a acompanhamento médico pré-natal no Hospital XXX, da XXXX, durante a gestação de sua primogênita BMA.

No oitavo mês gestacional, SFM foi acometida por grave perda de líquido amniótico, que resultou na indução antecipada do parto – pelos próprios profissionais de saúde do XXX – de BMA, que nasceu com condições regulares de saúde, conforme apontam os relatórios médicos e o laudo do exame de erros inatos de metabolismo juntados nos autos, possuindo apenas a popularmente conhecida icterícia, patologia caracterizada pelo excesso de bilirrubina no sangue, extremamente comum entre os recém-nascidos e de fácil tratamento.

Preventivamente, ante a prematuridade e a rotura da membrana amniótica, a equipe médica optou pela internação de BMA em unidade de terapia intensiva neonatal, procedimento este considerado padrão segundo a literatura médica.

No entanto, a medida preventiva que deveria proporcionar à BMA ganho de peso, fortalecimento de seu sistema imunológico e prevenção à sepsia mostrou-se contraproducente e, diante da superlotação, das péssimas condições de higiene e da precariedade de recursos humanos e materiais da unidade hospitalar pública, a recém-nascida contraiu gravíssima infecção hospitalar que foi determinante ao desencadeamento e agravamento de uma série de enfermidades que acarretou um lamentável quadro de paralisia cerebral, surdez profunda bilateral, refluxo gastroesofágico e pneumonias reiteradas, que a tornaram incapaz à prática independente dos atos da vida cotidiana e impõem a sua mãe dedicação integral ao seu tratamento.

Por tais razões, SFM e BMA pleitearam provimento jurisdicional destinado a compelir o Estado do Rio de Janeiro e a XXXX ao custeio das despesas necessárias ao tratamento das enfermidades de BMA, bem como ao pagamento de pensão vitalícia e indenização por danos morais.

Os autos foram autuados sob o nº XXXXX e tramitaram na XX Vara de Fazenda Pública da Comarca da Capital do Estado do Rio de Janeiro, cujo Magistrado sentenciou pela parcial procedência do feito, limitando-

-se a *"determinar ao Estado do Rio de Janeiro que forneça à segunda autora [BMA] todos os medicamentos, insumos e tratamentos médicos exigidos para o cuidado da menor, pelo tempo que se fizer necessário, incluindo-a em sua folha de pagamento mensal para recebimento da integralidade da importância necessária para cobertura de suas despesas (R$ 7.520,00 – sete mil, quinhentos e vinte reais)"* meramente em razão da hipossuficiência econômica das autoras, isentando o Estado do Rio de Janeiro de qualquer dolo ou culpa, com base em ilações extraídas de laudo pericial manifestamente inconclusivo.

Inconformados com a r. sentença, SFM, BMA e o Estado do Rio de Janeiro interpuseram recursos de apelação, aos quais o Desembargador-relator MGN negou seguimento monocraticamente.

Em seguida, foram opostos embargos de declaração e interposto agravo interno, todos infrutíferos segundo acórdãos exarados pela XX Câmara Cível do Tribunal de Justiça do Estado do Rio de Janeiro, que manteve incólume a r. sentença.

Sobrevieram, então, recursos extraordinários e especiais interpostos por SFM, BMA e pelo Estado do Rio de Janeiro, que se encontram em fase de contrarrazões para posterior juízo de admissibilidade.

Diante deste quadro, a análise do caso compreenderá o exame dos seguintes quesitos:

a) O laudo pericial elaborado por perito judicial é, no presente caso, imprescindível à formação da convicção do magistrado?
b) As conclusões alcançadas pelo perito são coerentes, consistentes, intrinsecamente congruentes e comprovam a existência ou não de culpa do Estado do Rio de Janeiro e de seus prepostos?
c) O ônus probatório deve recair exclusivamente sobre as autoras?
d) Todos os tratamentos disponibilizados pelo Hospital XXXX efetivamente foram prestados à BMA?
e) O Estado do Rio de Janeiro, bem como seus entes e representantes, podem ser considerados culpados pelos danos irreparáveis causados à saúde de BMA e, caso afirmativo, possuem obrigação de repará-los?
f) A reforma da sentença mediante o acolhimento dos recursos especial e extraordinário interpostos por SFM e BMA pode ser obstada pela Súmula nº 7 do Superior Tribunal de Justiça?

É o que se passa a analisar e responder.

3. Do Laudo Pericial Inconsistente e Inconclusivo, da Incongruência entre Certas Constatações Periciais e a Sentença, da Obrigação de Meio, da Perda de uma Chance de se Evitar o Resultado Danoso e do Ônus Probatório

3.1. Da imprescindibilidade da perícia ao deslinde do caso

A perquirição da responsabilidade quando da ocorrência de erro médico é tarefa quase sempre complexa e que exige apurada análise técnica para a constatação não apenas do dano e do nexo causal, mas também para a verificação da existência de concausas, das circunstâncias do ato médico omissivo ou comissivo e do estado anterior da vítima.

Nesse contexto, imprescindível é a realização de laudo pericial minucioso, consistente, preciso e inequívoco em relação as suas conclusões, com vistas a fornecer ao magistrado informações técnicas suficientes e necessárias à formação de sua convicção.

No entanto, o que se observa no caso em análise é a existência de um laudo pericial obscuro, confuso, enleado e irresoluto, inapto ao afastamento da responsabilidade estatal tal como considerado pelo magistrado sentenciante.

3.2. Das incoerências do laudo pericial e da incongruência intrínseca da sentença

A simples leitura do laudo pericial elaborado pelo médico-perito LCP evidencia inúmeras inconsistências que jamais poderiam ser utilizadas desfavoravelmente às vítimas, conforme aduziremos a seguir.

A primeira grande falha do laudo pericial é observada quando o doutor perito afirma que *"a aquisição das infecções, convulsões e dificuldades respiratórias [de BMA]* **não** *foram derivadas das péssimas condições da UTI"* do Hospital XXXX (fl. 1.077 dos autos).

Ora, como o *expert* chegou a essa conclusão se a internação de BMA no nosocômio ocorreu entre os dias 17 de setembro e 19 de outubro do ano 2000 e a sua visita técnica foi realizada no dia 22 de março de 2012, ou seja, depois de quase 12 (doze) anos?

Além disso, o próprio perito afirmou que *"a UTI Neonatal em que a segunda autora [BMA] esteve internada não existe mais"* e que o núcleo perinatal por ele visitado *"existe desde 2006"* (fls. 1.060/1.061). Daí, repito a indagação: como o perito chegou a tal conclusão sem ter sequer vistoriado a unidade reputada insalubre e sem ter se valido de informações para perícia indireta?

Obviamente, as conclusões alcançadas pelo perito, nesse ponto, não possuem qualquer plausibilidade. Frise-se, ademais, que há informações nos autos acerca da existência de inúmeros casos de infecção hospitalar na unidade neonatal do Hospital XXXX que resultaram no óbito de alguns recém-nascidos lá internados, contrariando as conclusões lançadas pelo perito e chanceladas indevidamente pelo magistrado.

Outro ponto extremamente relevante à elucidação do caso diz respeito ao tratamento médico oferecido pelo Hospital XXXX à BMA para curar suas enfermidades ou ao menos mitigar a extensão dos danos delas decorrentes.

Consta do laudo pericial que, em 19.09.2000, durante o período de internação preventiva decorrente da prematuridade e do rompimento da membrana amniótica, diagnosticou-se que BMA desenvolvera hiperbilirrubinemia (icterícia), inicialmente tratada com fototerapia.

Em 23.09.2000, diante do insucesso do tratamento fototerapêutico, BMA foi submetida à exsanguineotransfusão (troca de sangue), que **não foi realizada em sua integralidade** porque a menor apresentou quadro de insuficiência cardíaca.

Posteriormente, superada a insuficiência cardíaca, a exsanguineotransfusão **inexplicavelmente** não foi restabelecida e, a partir de então, a saúde de BMA foi comprometida severa e irreversivelmente.

É exatamente nesse ponto, concernente ao agravamento da hiperbilirrubinemia e à não retomada da exsanguineotransfusão, que evidenciamos a principal falha no atendimento prestado à BMA, no laudo pericial e na conclusão sustentada pelo magistrado em sua sentença.

É incontroverso o fato de que a hiperbilirrubinemia pode provocar intoxicação e lesão definitiva nos gânglios de base (que modulam os comandos provenientes do córtex cerebral), evoluindo para a patologia denominada Encefalopatia Bilirrubínica ou Kernicterus, cujas sequelas principais são a paralisia cerebral tetraplégica mista e grave déficit auditivo e visual. Foi o que ocorreu com BMA, conforme reconhecido tanto no laudo pericial quanto na sentença.

Outro aspecto igualmente incontroverso diz respeito à eficácia da exsanguineotransfusão no tratamento da hiperbilirrubinemia, pela remoção mecânica da bilirrubina circulante na corrente sanguínea.

O que não está elucidado nos autos, todavia, é a razão pela qual a exsanguineotransfusão não foi restabelecida assim que BMA passou a reunir condições clínicas para tanto.

Essa dúvida foi suscitada pelo ilustre perito em diversas passagens de seu laudo. Vejamos:

"Compreensível o motivo da interrupção da exsanguineotransfusão, **mas não esclarecido o motivo da sua desistência posterior**" (fl. 1.066).

"6. Quando da piora da icterícia, era indicada a exsanguineotransfusão total?

Resposta – **Sim**" (fl. 1.071).

"8. Diante do quadro agudo apresentado pela paciente, foi correto interromper a exsanguineotransfusão total pelo risco de morte iminente? É possível creditar aos médicos a não finalização do procedimento proposto?

Resposta – Sim, para a primeira pergunta. **Discutível para a segunda**" (fl. 1.072).

"14. Pode o Sr. Perito afirmar se houve falha por parte dos prepostos da Ré no tratamento apresentado pela paciente e, caso afirmativo, se esta teria concorrido para as sequelas suportadas pela mesma?

Resposta – **É discutível**" (fl. 1.073)

15. Os agentes do hospital agiram com negligência, imprudência ou imperícia no atendimento da paciente?

Resposta – Não. **Exceto quanto à exsanguineotransfusão, a qual é discutível**" (fl. 1.073).

"A insuficiência cardíaca (ICC) era complicação esperada e foi correto, pelo menos temporariamente, suspender a transfusão de troca. **O prontuário registra que foi suspensa a exsanguineotransfusão devido a ICC, mas não aventa, em nenhum momento, a causa da insuficiência cardíaca. Determinar a causa permitiria suprimir ou remediar o fator causal. Por outro lado, o médico registrou que meia hora depois desapareceu tudo! Além do mais, o cateter permaneceu heparinizado na veia umbilical até às 10 horas de 14/09/2000** (fls. 60).

Assim sendo, para a Perícia, ficou esclarecido o motivo de suspender a exsanguineotransfusão, **mas não ficou claro porque após a normalização do evento que ensejou a interrupção, o procedimento não foi reiniciado, reprogramado ou justificado o motivo da descontinuidade do tratamento**" (fl. 1.082).

Diante dessa dúvida, o magistrado asseverou contraditoriamente em sua sentença:

> "Como a troca de sangue foi incompleta e o procedimento não foi reiniciado nem esclarecido se houve motivo técnico para o seu abandono definitivo, então, o Perito não estabeleceu, mas NÃO EXCLUIU o nexo causal entre a hiperbilirrubinemia e o resultado final desfavorável de Encefalopatia Bilirrubínica ou kernicterus".

Ora, se é inequívoco que a exsanguineotransfusão era o procedimento tecnicamente recomendável com possibilidade de curar ou mitigar os efeitos da hiperbilirrubinemia e este tratamento **não foi prestado adequadamente** mesmo após BMA readquirir as condições clínicas apropriadas para tanto, está patente ao menos uma omissão dos profissionais de saúde do Hospital XXXX, que injustificadamente deixaram de utilizar um meio terapêutico disponível, viável e eficaz que poderia ter sanado a enfermidade da menor e evitado as sequelas dela decorrentes.

3.3. Da perda de uma chance de tratamento, da obrigação de meio, da relação de consumo e do ônus da prova

Não poderia o magistrado ter utilizado a dúvida sobre a não realização da transfusão e sobre os resultados que dela adviriam como um critério de exclusão do nexo de causalidade. O meritíssimo juiz utilizou erroneamente um entendimento assemelhado à aplicação do *in dubio pro reo*, princípio inerente ao direito penal e norteado pela responsabilidade **subjetiva**, porém estranho à responsabilidade civil **objetiva** do Estado, como ocorre no caso em análise.

Diante da incerteza probatória, o magistrado deveria, por cautela, ao menos ter convertido o julgamento em diligência e ter buscado os esclarecimentos periciais necessários à correta formação da convicção, mitigando a margem de erro de sua decisão. Como assim não procedeu, a dúvida deveria ter militado em favor das vítimas, parte manifestamente hipossuficiente técnica e economicamente na relação jurídica e a quem não poderia ser imposto o ônus probatório.

Frise-se que o Tribunal de Justiça do Estado do Rio de Janeiro, em casos análogos, entendeu tratar-se de relação de consumo, impôs o ônus da prova à instituição hospitalar (invertendo-o) e, diante de dúvida, proferiu decisão favorável ao lesado, conforme se verifica no seguinte julgado:

"Direito do Consumidor. Ação indenizatória. Demora no atendimento da segunda autora, em trabalho de parto, que causou sequelas na terceira autora, sua filha. Prescrição consumada no tocante aos primeiro e segundo autores. Incidência da regra do inciso I, do artigo 198, do Código Civil em relação à terceira autora. **Relação de consumo. Aplicação das normas do Código de Defesa do Consumidor. Responsabilidade objetiva. Laudo pericial não conclusivo. Informações constantes nos documentos apresentados pelo hospital, que se mostram contraditórias. Dano moral configurado. Verba indenizatória que deve ser fixada proporcionalmente ao fato e respectivos danos. Dano material não comprovado. Pensionamento vitalício devido**" (TJRJ, XX Câmara Cível, Apelação Cível nº XXXXXX, Rel. Desembargadora DLT).

O próprio Código de Defesa do Consumidor é preciso ao determinar sua incidência sobre os órgãos públicos na prestação de serviços e ao estabelecer a obrigatoriedade de reparação dos danos por eles causados, *verbis*:

"Art. 22. **Os órgãos públicos, por si ou suas empresas, concessionárias, permissionárias ou sob qualquer outra forma de empreendimento, são obrigados a fornecer serviços adequados, eficientes, seguros e, quanto aos essenciais, contínuos.**

Parágrafo único. **Nos casos de descumprimento, total ou parcial, das obrigações referidas neste artigo, serão as pessoas jurídicas compelidas a cumpri-las e a reparar os danos causados, na forma prevista neste código**".

Retomando a análise acerca do tratamento que deixou de ser oferecido à BMA, é notório que os profissionais de saúde possuíam **obrigação de meio**, ou seja, deveriam empregar concreta e efetivamente todas as terapias, medicamentos e ferramentas possíveis, disponíveis e necessários à busca da cura da infante, sendo certo que a não utilização de meio disponível (a exsanguineotransfusão) caracteriza injustificável descumprimento obrigacional e demonstra que a equipe médica **assumiu o risco** de ocorrência dos resultados danosos oriundos da omissão.

Ainda nesse contexto referente à supressão imotivada de uma possibilidade terapêutica, deve-se analisar a questão à luz da chamada "**Teoria da Perda de uma Chance**".

O magistrado consignou na sentença que *"a exsanguineotransfusão é o tratamento indicado para evitar o kernicterus, ainda que não seja garantia absoluta (...) [sendo]* **a chance de evitar o kernicterus e a sua não realização ou desistência a chance de ocorrência do mesmo***"*. Desse modo, **a possibilidade, a chance** de a paciente não desenvolver ou ter agravada sua enfermidade lhe foi tolhida.

Essa perda da chance é suficiente à responsabilização daquele que lhe deu causa.

Na hipótese dos autos, a oportunidade perdida é de um tratamento de saúde que a literatura médica e os protocolos especializados reconhecem como aptos à interrupção de um processo danoso em curso, que afetou severamente a saúde de uma recém-nascida, lesionando-a definitivamente.

A extensão do dano é inquestionável e a verificação que se faz necessária se refere à constatação se esse dano teve como **concausas** as condutas omissivas ou comissas praticadas pelos réus. Se não há qualquer dúvida de que a conduta da equipe de saúde não provocou a doença que acometeu BMA, o mesmo não se pode dizer sobre as consequências da frustração da oportunidade de uma cura. Se por um lado somente a efetiva realização do tratamento poderia mostrar sua eficácia, não menos certo é o fato de que o cerceamento desse tratamento obstou, obviamente, sua possibilidade de sucesso.

Assim, a incerteza não está na causa vislumbrada no quadro clínico apresentado por BMA, como equivocadamente foi considerado pelo magistrado ao fundamentar sua decisão na ausência de nexo causal, mas sim na consequência inerente à possibilidade de cura que lhe foi suprimida.

Para melhor compreensão do tema, reproduziremos elucidativas lições de Rafael Peteffi da Silva[1] que, valendo-se do direito comparado, esboça os fundamentos para a admissão da responsabilidade civil pela perda da chance como uma modalidade autônoma de dano nos seguintes termos:

"A disciplina do '*Law and Economics*', tão difundida na América do Norte e comprometida a analisar os efeitos econômicos das instituições jurídicas, passou a considerar o aumento de riscos e a perda de chances como 'commodities', avaliando-os como **danos tangíveis**, merecedores de grande importância conceitual.

---

[1] **Responsabilidade Civil pela Perda de uma Chance: uma análise de direito comparado e brasileiro**, São Paulo: Atlas, págs. 71 e seg..

Note-se que essa abertura epistemológica, em relação ao **reconhecimento das chances perdidas como danos indenizáveis, é observada como algo indissociável da evolução tecnológica**.

(...)

Apesar das críticas ao baixo caráter de certeza que ainda envolvem algumas estatísticas – responsáveis pelo dito popular que estas se constituiriam em mais uma forma de mentira – acredita-se que, de acordo com o paradigma solidarista, a mesma argumentação utilizada para respaldar a reparação dos danos morais poderia ser aqui utilizada: '**a condição de impossibilidade matematicamente exata da avaliação só pode ser tomada em benefício da vítima e não em seu prejuízo**'.

Por intermédio dos argumentos expostos, grande parte da doutrina assevera que **a teoria da responsabilidade pela perda de uma chance não necessita de noção de nexo de causalidade alternativa para ser validada. Apenas uma maior abertura conceitual em relação aos danos indenizáveis seria absolutamente suficiente para a aplicação da teoria da perda de uma chance nos diversos ordenamentos jurídicos**.

(...)

A propósito, Joseph King Jr., no direito americano, vislumbra **as chances perdidas pela vítima como um dano autônomo e perfeitamente reparável, sendo despicienda qualquer utilização alternativa do nexo de causalidade**. O autor afirma que os tribunais têm falhado em identificar a chance perdida como um dano reparável, pois a interpretam apenas como uma possível causa para a perda definitiva da vantagem esperada pela vítima.

Desse modo, algo que é visceralmente probabilístico passa a ser encarado como certeza ou como impossibilidade absoluta. **É exatamente devido a esse erro de abordagem que os tribunais, quando se deparam com a evidente injustiça advinda da total improcedência de uma espécie típica de responsabilidade pela perda de uma chance, acabam por tentar modificar o padrão 'tudo ou nada' da causalidade, ao invés de reconhecer que a perda da chance, por si só, representa um dano reparável**."

Desse modo, a partir do reconhecimento de que a chance, como bem jurídico autônomo, é que foi furtada da vítima, o nexo causal entre a perda desse bem e a conduta do agente torna-se direto e patente. Portanto, não há qualquer razão para se apurar se o bem final (a saúde ou a própria vida) foi tolhido da vítima. O fato é que a chance de cura lhe foi subtraída, e isso é o bastante à configuração do dano, que deverá ser reparado não apenas mediante um ressarcimento ou indenização, mas também com a eliminação ou mitigação das consequências maléficas dele advindas[2].

No mesmo sentido da argumentação aqui aduzida, o Superior Tribunal de Justiça já enfrentou questão congênere e utilizou a Teoria da Perda de uma Chance como fundamento suficiente à caracterização do dever de indenizar decorrente de erro ou omissão médica, conforme se verifica no acórdão proferido no julgamento do Recurso Especial nº 1.254.141/PR, cuja ementa possui o seguinte teor:

"DIREITO CIVIL. CÂNCER. TRATAMENTO INADEQUADO. **REDUÇÃO DAS POSSIBILIDADES DE CURA. ÓBITO. IMPUTAÇÃO DE CULPA AO MÉDICO. POSSIBILIDADE DE APLICAÇÃO DA TEORIA DA RESPONSABILIDADE CIVIL PELA PERDA DE UMA CHANCE.** REDUÇÃO PROPORCIONAL DA INDENIZAÇÃO. RECURSO ESPECIAL PARCIALMENTE PROVIDO.

1. O STJ vem enfrentando diversas hipóteses de **responsabilidade civil pela perda de uma chance** em sua versão tradicional, na qual o agente frustra à vítima uma oportunidade de ganho. Nessas situações, há certeza quanto ao causador do dano e incerteza quanto à respectiva extensão, o que torna aplicável o critério de ponderação característico da referida teoria para a fixação do montante da indenização a ser fixada. Precedentes.

2. **Nas hipóteses em que se discute erro médico, a incerteza não está no dano experimentado, notadamente nas situações em que a vítima vem a óbito. A incerteza está na participação do médico nesse resultado, à medida que, em princípio, o dano é causado por força da doença, e não pela falha de tratamento.**

3. Conquanto seja viva a controvérsia, sobretudo no direito francês, acerca da aplicabilidade da teoria da responsabilidade civil pela perda de uma chance nas situações de erro médico, **é forçoso reconhecer sua aplicabilidade. Basta, nesse sentido, notar que a chance, em si, pode ser considerado um bem autônomo, cuja violação pode dar lugar à indenização de seu**

---

[2] Segundo Hartmut Maurer, importante doutrinador alemão, a pretensão de eliminação das conseqüências não é uma prestação meramente de ressarcimento ou de indenização, mas uma pretensão de restabelecimento ou de reaproximação do *status* existente antes da intervenção ou omissão Estatal causadora do dano (Direito Administrativo Geral. Trad. de Luís Afonso Heck. Barueri: Manole, 2006, p. 908).

equivalente econômico, a exemplo do que se defende no direito americano. Prescinde-se, assim, da difícil sustentação da teoria da causalidade proporcional.

4. Admitida a indenização pela chance perdida, o valor do bem deve ser calculado em uma proporção sobre o prejuízo final experimentado pela vítima. A chance, contudo, jamais pode alcançar o valor do bem perdido. É necessária uma redução proporcional.

5. Recurso especial conhecido e provido em parte".

Por todo o exposto, restou evidenciado que o laudo pericial foi inconclusivo em pontos nodais, o ônus da prova recaiu exclusiva e indevidamente sobre as vítimas da omissão estatal (hipossuficientes jurídico, técnica e economicamente), a equipe médica descumpriu a obrigação utilizar todos os meios disponíveis e necessários ao tratamento de BMA e subtraíram-lhe a chance de cura ou de mitigação das seqüelas advindas de sua enfermidade, razões estas mais do que suficientes à reforma da sentença proferida e ao acolhimento da pretensão das autoras tal como aduzido na petição inicial.

4. Da Inaplicabilidade do Enunciado 7 da Súmula do STJ

Inúmeros Tribunais têm inadmitido errônea e frequentemente recursos excepcionais ante o suposto óbice imposto pelo enunciado nº 7[3] da Súmula do Superior Tribunal de Justiça.

Contudo, a aplicação da referida súmula há de ser criteriosa, sobretudo porque o reexame e a revaloração das provas são institutos inconfundíveis.

A reforma da sentença aqui proposta está alicerçada na **revaloração** de cada uma das provas e dos critérios que guiaram os raciocínios presuntivo e decisório, ou seja, consiste em atribuir o devido valor jurídico a fato incontroverso sobejamente reconhecido nas instâncias ordinárias. Não se trata, pois, de **reexame** do contexto fático-probatório dos autos, mas apenas em atribuir-se outra valoração jurídica aos fatos expressamente consignados no bojo das decisões recorridas, o que afasta a incidência da Súmula nº 7 do STJ.

Nesse mesmo sentido, destacamos os seguintes julgados do Supremo Tribunal Federal e do Superior Tribunal de Justiça:

"Princípio do livre convencimento motivado do Juiz. **Valoração de provas.** (...)

---

[3] STJ, Súmula 7: "A pretensão de simples reexame de prova não enseja recurso especial".

Não constitui reexame de matéria fático-probatória a análise, em cada caso concreto, da força probante dos elementos de prova relativos a fatos incontroversos" (STF, RHC 91.691/SP, Rel. Min. Menezes Direito, DJe nº 74, publicado em 25.04.2008).

"REVOLVIMENTO DE FATOS E PROVAS NA VIA EXTRAORDINÁRIA. INOCORRÊNCIA.

O exame da prova distingue-se do critério de valoração da prova. O primeiro versa sobre mera questão de fato; o segundo, ao revés, sobre questão de direito" (STF, HC 114.174/RS, Rel. Min. Luiz Fux, DJe nº 229, publicado em 21.11.2013).

"Alegação de violação ao Enunciado 7 da Súmula do STJ. **Não houve reexame do contexto fático-probatório produzido nas instâncias ordinárias, mas tão somente uma valoração jurídica dos fatos, consentânea aos limites legalmente impostos ao recurso especial**" (STF, HC 117.083/SP, Rel. Min. Gilmar Mendes, DJe nº 51, publicado em 17.03.2014).

"VALORAÇÃO DO CONJUNTO PROBATÓRIO. POSSIBILIDADE. ÓBICE DA SÚMULA 7/STJ AFASTADO.

(...)

O juízo acerca da validade e eficácia dos documentos apresentados como o início de prova material do labor campesino não enseja reexame de prova, vedado pela Súmula 7/STJ, **mas sim valoração do conjunto probatório existente**" (STJ, AgRg no AREsp 652.962/SP, Rel. Min. Sérgio Kukina, DJe de 03.09.2015).

5. Conclusões e Respostas aos Quesitos da Consulta

Em face de todo o exposto, passe-se a resposta dos quesitos formulados:

a) **O laudo pericial elaborado por perito judicial é, no presente caso, imprescindível à formação da convicção do magistrado? Resposta: Sim.** As peculiaridades do caso exigem apurada análise técnica através do labor especializado de perito para a constatação não apenas do dano e do nexo causal, mas também para a verificação da existência de concausas, das circunstâncias do ato médico omissivo ou comissivo, das condições físicas do nosocômio e do quadro clínico da vítima antes e depois das condutas danosas que recaíram sobre ela. Maiores detalhes foram apresentados no **item 3.1** da presente Consulta.

b) **As conclusões alcançadas pelo perito são coerentes, consistentes, intrinsecamente congruentes e comprovam a existência ou não de culpa do Estado do Rio de Janeiro e de seus prepostos?**

Resposta: O laudo pericial é contraditório em diversos pontos. Por exemplo, mesmo afirmando que a UTI Neonatal do Hospital XXXX onde BMA foi internada "não existe mais" e tendo a visita técnica sido realizada após quase 12 (doze) anos contados da internação da infante, o perito asseverou que "a aquisição das infecções, convulsões e dificuldades respiratórias [de BMA] não foram derivadas das péssimas condições da UTI" do XXXX", sem apresentar qualquer fundamentação para tal conclusão.

Ademais, por diversas vezes o perito se limitou a consignar que pontos nodais eram "discutíveis", titubeando em análises quase sempre inconclusivas.

Uma das poucas certezas que se extrai do laudo diz respeito à injustificada não retomada da exsanguineotransfusão, tratamento este que seria a única chance de cura da hiperbilirrubinemia adquirida por BMA, ceifando-lhe a possibilidade ao menos de mitigação de sua enfermidade e suficiente à caracterização de culpa do Estado pelo evento danoso.

Maiores detalhes foram apresentados nos **itens 3.2 e 3.3** da presente Consulta.

c) **O ônus probatório deve recair exclusivamente sobre as autoras?**
Resposta: Não. A prestação de serviços médico-hospitalares por ente público enquadra-se perfeitamente nas relações de consumo e, diante da manifesta hipossuficiência técnica, jurídica e econômica das autoras SFM e BMA, admite-se a inversão do ônus da prova, conforme sedimentado entendimento doutrinário e jurisprudencial.
Maiores detalhes foram apresentados no **item 3.3** da presente Consulta.

d) **Todos os tratamentos disponibilizados pelo Hospital Universitário Pedro Ernesto efetivamente foram prestados à BMA?**
Resposta: Não. A exsanguineotransfusão (troca de sangue) é, segundo os protocolos médicos, o tratamento a ser ministrado para a cura da hiperbilirrubinemia quando a fototerapia se mostrar insuficiente para tanto, como se verificou no caso. Contudo, apesar da imprescindibilidade da exsanguineotransfusão, esta deixou de ser prestada à BMA mesmo quando a menor reunia todas as condições clínicas para ser submetida a tal procedimento.
Maiores detalhes foram apresentados nos **itens 3.2 e 3.3** da presente Consulta.

e) **O Estado do Rio de Janeiro, bem como seus entes e representantes, podem ser considerados culpados pelos danos irreparáveis causados à saúde de BMA e, caso afirmativo, possuem obrigação de repará-los?**
Resposta: Sim. As péssimas condições da UTI Neonatal do Hospital XXXX, onde diversos recém-nascidos contraíram infecção hospitalar e vieram a óbito durante o período de internação de BMA, e o tratamento (exsanguineotransfusão) que injustificadamente deixou de ser fornecido à vítima, suprimindo-lhe a única chance de cura, decorrem ao menos da omissão Estatal e de seus agentes e foram determinantes à enfermidade e às sequelas irreparáveis que afligiram a menor.

Por consequência, a reparação dos danos é ônus que se impõe aos agentes que lhe deram causa ou contribuíram para sua ocorrência, devendo-se-lhes impor a obrigação não apenas de ressarcimento ou indenização, mas também da eliminação ou mitigação das consequências maléficas advindas do ato ilícito.

Maiores detalhes foram apresentados nos **itens 3.2 e 3.3** da presente Consulta.

f) **A reforma da sentença mediante o acolhimento dos recursos especial e extraordinário interpostos por SFM e BMA pode ser obstada pela Súmula nº 7 do Superior Tribunal de Justiça?**
Resposta: Não. A reforma da sentença tal proposta pelas autoras está alicerçada na revaloração abstrata de cada uma das provas e dos critérios que guiaram os raciocínios presuntivo e decisório, ou seja, consiste em atribuir o devido valor jurídico a fato incontroverso sobejamente reconhecido nas instâncias ordinárias. Não se trata, pois, de reexame do contexto fático-probatório dos autos, mas apenas em atribuir-se outra valoração jurídica aos fatos expressamente consignados no bojo das decisões recorridas, o que afasta a incidência da Súmula nº 7 do STJ.

Maiores detalhes foram apresentados no **item 4** da presente Consulta.

Este é o nosso entendimento, s.m.j.

Rio de Janeiro, 13 de outubro de 2015.

Joaquim Barbosa
OAB-DF 3.344

ÍNDICE

DIREITO PENAL E PROCESSUAL PENAL

PARECER – CRIMES CONTRA A ORDEM TRIBUTÁRIA	15
PARECER – CRIME DOLOSO CONTRA A VIDA	39
PARECER – PRISÃO EM FLAGRANTE	55

DIREITO TRIBUTÁRIO

PARECER – TRIBUTÁRIO. SUJEIÇÃO PASSIVA INDIRETA OU POR DERIVAÇÃO. GARANTIAS DO DEVIDO PROCESSO LEGAL	69
PARECER – CONSTITUCIONAL. TRIBUTÁRIO. PROCESSO ADMINISTRATIVO-TRIBUTÁRIO	103
PARECER – PARCELAMENTO CONDICIONADO À CONFISSÃO E À RENÚNCIA DE DIREITOS. EVENTUAL HIPÓTESE DE INDEFERIMENTO. INVALIDADE	121
PARECER – RECURSO ESPECIAL – AÇÃO COBRANÇA – COBRANÇA DE VALOR REFERENTE À RELAÇÃO JURÍDICA DE GESTÃO DE BENS, NEGÓCIOS E INTERESSES ALHEIOS	157

DIREITO REGULATÓRIO

PARECER – CONSTITUCIONAL. ADMINISTRATIVO. REGULATÓRIO	171

RESPONSABILIDADE CIVIL

PARECER – RESPONSABILIDADE CIVIL – AÇÃO INDENIZATÓRIA – PROCEDIMENTO REALIZADO EM HOSPITAL PÚBLICO	203